商行大道

——我与民营经济40年

郭运敏 著

郑州大学出版社

图书在版编目(CIP)数据

商行大道：我与民营经济 40 年／郭运敏著. —郑州：郑州大学
出版社，2023.8(2024.6 重印)
ISBN 978-7-5645-4060-9

Ⅰ.①商… Ⅱ.①郭… Ⅲ.①民营经济－经济发展－中国－
文集 Ⅳ.①F121.23-53

中国国家版本馆 CIP 数据核字(2023)第 133527 号

商行大道——我与民营经济 40 年
SHANG XING DADAO——WO YU MINYING JINGJI 40 NIAN

策划编辑	李勇军	封面设计	孙成春
责任编辑	暴晓楠	版式设计	孙文恒
责任校对	孙精精	责任监制	李瑞卿

出版发行	郑州大学出版社	地　址	郑州市大学路 40 号(450052)
出 版 人	孙保营	网　址	http://www.zzup.cn
经　销	全国新华书店	发行电话	0371-66966070
印　刷	永清县晔盛亚胶印有限公司		
开　本	710 mm×1 010 mm　1／16		
印　张	24	字　数	357 千字
版　次	2023 年 8 月第 1 版	印　次	2024 年 6 月第 2 次印刷

书　号	ISBN 978-7-5645-4060-9	定　价	88.00 元

仅以此书献给关心支持民营经济发展，与民营企业甘苦与共、砥砺前行的朋友们！

鉴往知来　任重道远

　　常言说得好，无巧不成书，我的《商行大道——我与民营经济 40 年》也不例外。若有人问，为什么要写这本书？那要从改革开放说起。1978 年 12 月 28 日，党的十一届三中全会在北京召开。会议决定，党的中心工作要转移到以经济建设为中心上来，改革开放的大幕由此拉开，神州大地的面貌和每个人的命运也都在悄然发生变化。

　　我曾说过，一个人一生最大的幸运莫过于赶上一个好时代和拥有自己喜爱的那项事业。也许是历史的机缘巧合，1979 年 5 月，我结束了在农村学大寨、带知青的工作，调到刚成立不久的周口地区社队企业局任办公室秘书。社队企业，是指原来人民公社和生产大队办的企业，1984 年以后改称乡镇企业，都是民营企业的前身。我当时对社队企业了解并不多，只知道这是一项让农民和农村脱贫致富的事业，作为农民的儿子，我对这项工作还是很喜爱的。随着民营企业的逐步发展和职务的不断变化，我对民营企业的认识在不断提高，感情在不断加深，由喜爱到热爱，由热爱到执着，时间愈久，感情愈深。就这样，与其风雨同行，甘苦与共，一起走过了 40 多年。

　　40 多年来，我亲眼见证了民营企业由小到大、由弱到强成长壮大的过程，看着它从一棵无人知道的小苗成长为枝繁叶茂的参天大树，看着它从涓涓细流汇成波澜壮阔的澎湃江河。当初民营企业在希望的田野上刚刚出现时，真是一片荒芜，被人们称为"草根经济"。但是由于它深深地根植在祖国大地的沃土里，扎根在亿万人民的心窝里，因此具有顽强的生命力。经过 40 多年的发展，如今的民营企业已令世人刮目相看，成为中国改革开放奇迹中的奇迹。数据显示，2012—2021 年，我国民营企业数量从 1085.7 万户增长到 4457.5 万户，10 年间翻了两番，民营企业在企业总量中的占比由 79.4% 提高到 92.1%。这是一支多么了不起的力量啊！

40 多年来，我亲眼见证了民营企业在国民经济中的地位越来越高，贡献越来越大。改革开放初期，民营企业总体水平较低，在国内生产总值中的比重小到微不足道。随着民营企业的不断发展壮大，其在国内生产总值中的比重由"三分天下有其一"到"半壁江山"，现在已呈现出"56789"的特征，即贡献了 50% 以上的税收、60% 以上的国内生产总值、70% 以上的技术创新成果、80% 以上的城镇劳动就业、90% 以上的企业数量。今天，让我们放眼望去，天上飞的，地上跑的，水里游的，从农村到城市，从生产到服务，从脱贫攻坚到抗疫救灾，民营企业的身影无处不在，民营企业的贡献无处不有。可以说，民营经济已成为推动我国发展的不可或缺的重要力量，成为创业就业的主要领域、技术创新的重要主体、国家税收的重要来源，为我国社会主义市场经济发展、政府职能转变、农村富裕、劳动力转移、国际市场开拓等发挥了重要作用。我国经济发展能够创造世界奇迹，民营企业功不可没。

40 多年来，我亲眼见证了民营企业家队伍的健康成长。那些本来名不见经传的平民百姓，在改革开放的东风和党的富民政策的激励下，成长为叱咤风云的时代英雄。改革开放初期，他们白天当老板，晚上睡地板，凭着"走遍千山万水，想尽千方百计，说尽千言万语，历尽千辛万苦"的"四千"精神，闯出了自己的一片天地。1992 年，邓小平南方谈话之后，一大批"九二派"企业家下海经商，使民营企业家队伍出现了崭新的气象。他们凭着"读万卷书，行万里路，交万人友，创万年业"的"四万精神"，向着民营企业更广阔的领域发展，向着高科技、高质量的目标进军，涌现出以任正非为代表的一大批知识型、创新型、智慧型的企业家。长期以来，广大民营企业家以敢为人先的创新意识和锲而不舍的奋斗精神，组织带领百万劳动者奋发努力，艰苦创业，不断创新，形成了具有中国特色的企业家精神，即爱国敬业、遵纪守法、艰苦奋斗的精神，创新发展、专注品质、追求卓越的精神，履行责任、敢于担当、服务社会的精神。广大的民营企业家不仅为创造物资财富做出了巨大贡献，也为推进精神文明建设做出了巨大贡献。

40 多年来，我从民营经济发展的光辉历程中，得出了这样五个结论：一是党的正确领导是民营经济健康发展的根本保障；二是党的方针政策是民营经济生存发展的生命线；三是"两个毫不动摇"是我们党指引民营经济发展的理论基石，是民营企业家坚定发展信心的"定海神针"；四是民营经济的发展是改革开放的伟大成果，也是改革开放的伟大动力；五是民营企业家是先进生产力的重要代表，是改革开放中涌现出的时代英雄。

40 多年来，我和民营企业命运与共，休戚相关，从青年到老年，从黑发到白发，建立了割舍不断的深厚感情。我的苦，我的累，我的心血和汗水，都融进了民营企业那不朽的年轮。我把宝贵的青春和美好的年华都献给了我心爱的事业，我无怨无悔，而且感到无比欣慰和自豪。

历史是一面镜子，改革开放史是一面镜子，民营企业发展史也是一面镜子。透过这面镜子，我们不仅可以看到民营企业的昨天和今天，而且可以预见民营企业的明天。历史已经做出结论，民营企业的发展不可能再走回头路，也不可能出现"回头浪"。它将会沿着中国特色社会主义的康庄大道一往无前，行稳致远，将会拥有一个更加美好的明天。从这个意义出发，我为本书起了一个非常好听的名字，名曰《商行大道——我与民营经济 40 年》。

这本书是我 40 多年来人生经历的浓缩，也是我 40 多年来心血汗水的结晶。如果民营企业家朋友在创业创新中，能从中汲取一点智慧，增加一份信心；如果管理和服务部门的朋友，能从职能转变中得到一点启迪，增加一分力量；如果从事理论研究的朋友能够从中获得一个有用的数据或案例，那就是我最大的心愿。

中国共产党已经走过一百年的历程，一百年来，我们党带领中国人民从站起来、富起来到强起来所建立的经天纬地的丰功伟绩，已经载入光辉的史册。作为一名受党培养教育多年的共产党员，40 多年来，我始终与党同心，与国同运，与民同行，与时俱进。退休之后，我继续发扬"老牛自知夕阳短，不用扬鞭自奋蹄"的老牛精神，发扬"春蚕到死丝方尽，蜡炬成灰泪始干"的春蚕精神，发扬"落红不是无情物，化作春泥更护花"的落红精神，满怀激情地歌唱新时代，赞美新生活，弘扬真善美，传播正能量，为实现党的第一个百年奋斗目标做出了应有的贡献。现在，全党全国人民正在意气风发地向着全面建设社会主义现代化强国的第二个奋斗目标迈进，我将和全国人民一道，不忘初心、牢记使命，再接再厉，砥砺前行，为实现第二个百年奋斗目标，做出新的贡献。

郭运敏

2022 年 4 月于郑州

目 录

辑一　与民企情缘

辑二　商为人之道

辑三　民营企业之光

辑四　与民营企业家谈心

辑五　为民营经济建言

附录

创造特色人生

辑一

与民企情缘

改革开放春风暖　社队企业花烂漫

一个人一生最大的幸运，莫过于赶上一个好的时代和拥有自己喜爱的那项事业。

1978 年年底，党的十一届三中全会在北京胜利召开，改革开放的大幕渐渐拉开，我朦胧地感觉到我的命运也在悄然发生着变化。

1979 年 5 月，我从当时的周口北郊公社被调到刚成立的周口地区社队企业局任办公室秘书。社队企业局是干什么的，当时我并不十分清楚，只知道两条，一是服从组织分配，"革命干部是块砖，哪里需要哪里搬"，二是社队企业是负责农村办企业，让农民致富的。作为农民的儿子，我心里很高兴。其实当时社队企业局的工作条件非常艰苦，正像人们形容的那样，"办公没有桌，吃饭没有锅，住房没有窝，下乡没有车"，那时的办公房还是租用一家生产队的旅社。当时，虽然条件较差，但是社队企业局的同志们工作热情却很高，经常骑着自行车或乘公交车下到各地搞调查研究。后来行署给了一辆老掉牙的"华沙"轿车，局领导下乡总算有了车。

作为秘书，写材料自然是责无旁贷的事，晚上加班更是家常便饭。三伏天，住室里不要说没有空调，电扇也没有，经常是汗流浃背，汗水有时浸湿稿纸，只好用报纸把胳膊裹起来，这本来已够难受，奇痒难耐的蚊叮虫咬就更增添一番滋味在心头。三九天，住室里不要说没有暖气，连炉火也没有，夜深人静，寒气袭人，我只好用儿子的小被子裹住患有关节炎的双腿，手脚冻得发疼。就这样，寒来暑往，日复一日，简报、文件、领导讲话、新闻报道，记不清写了多少。渐渐地，在省局也有点小名气。

1979 年 11 月，河南省社队企业会议在郑州召开，我被抽调到会议上协助工作，这对我来说是一个长见识、开眼界、学习提高的极好机会。我首先利用这次机会加强对全省社队企业的发展过程和当前情况的了解。通过了解，我认识到，社队企业和其他事物的发展一样，不是一帆风顺的，而是几经起伏、艰难曲折的。正如农业部（现为农业农村部）社队企业总局一位副局长概括的那样，社队企业的遭遇是：一说发展就抓它，一说调整就压它，一说整顿就砍它。

社队企业就其概念来说，主要是指人民公社和生产大队办的集体企业。1958 年，在人民公社"一大二公"的思想指导下，全省家庭副业停止，在"人民公社必须大办工业"的号召下，公社举办了一些集体性质的企业：将农村集镇上的一些手工业合作社转为人民公社的工厂；将原农业社举办的企业收为公社企业，从而使社队企业有了较大发展。1959 年 2 月，中央政治局扩大会议（即第二次郑州会议）在郑州召开，毛泽东同志在会议上谈到社办企业时指出，"我们伟大的、光明灿烂的希望也就在这里"。但到三年"困难时期"，绝大部分社队企业停办。直到 1964 年后，随着国民经济的调整，社队企业才又开始适当恢复和健康地发展。

通过对社队企业发展过程的全面了解，我不仅对社队企业发展规律有了基本的认识，而且对完成好这次会议的各项任务也有了充分的思想准备。

河南省委、省政府召开的这次会议主要任务是贯彻落实国务院《关于发展社队企业若干问题的规定（试行草案）》的文件精神，省委、省政府领导对这次会议高度重视，时任省委书记段君毅、省长刘杰亲自到巩县（现为巩义市）、新乡等地调查研究，省委常委听取汇报，制定了发展决定和规划。这次会议规模 500 多人，各地、市、县的主要领导和社队企业局的负责同志参加会议，会期由 7 天延长至 10 天。会议期间，时任省委副书记戴苏理作了工作报告，段书记、刘省长作了重要讲话，社队企业先进单位介绍了经验，会议还组织与会人员到新乡县刘庄进行了参观学习。大家通过认真学习文件讲话，深入开展讨论，分析了近期社队企业发展滑坡的原因，破除了糊涂观念，提高了思想认识，增强了发展信心，一致认为要想加快农业发展，壮大集体经济，广开生产门路，提高社员生活水平，发展社队企业是必由之路，决心早日把伟大的、光明灿烂的希望变成美好的现实。

在参加大会服务的十多天里，我从未放过一点一滴的学习和锻炼的机会。会议结束时，我还写了会议报道和评论，被河南人民广播电台发表。十多天的大会服务，在我一生成长的过程中留下了难忘的记忆，而且从此以后，省局每次召开大型会议，我都成了借调对象。

全省社队企业会议结束后，各地掀起宣传贯彻会议精神的高潮。周口地区各县也争先恐后，积极行动，有召开大会的，有组织参观的，有表彰先进的，形式多样，热火朝天，给我留下了深刻印象，但印象最深的还是有一次我陪同时任局长胡明参加沈丘县召开的社队企业工作会议暨社队企业产品展销会。

那是1980年的初春，桃花、油菜花开得正闹，可想不到老天却下了一场"桃花雪"。农村实行生产责任制以后，农民种粮的积极性空前高涨，在绿油油的麦田里，不少农民披着雨衣冒着大雪撒化肥，有的在扬鞭赶着耕牛深翻土地。坐在车上望着这如诗如画充满希望的田野，令我心旷神怡。

到沈丘后，先是看了几个企业。当天晚上，胡局长告诉我："明天上午是大会，县里让我先讲话，你要给我准备一个稿子。"

晚上看完演出回到住室，我开始动笔为胡局长写讲话稿。夜深了，又赶上停电，我赶忙点上蜡烛。在这个万籁俱寂、春寒料峭的深夜，我在闪烁的烛光下奋笔疾书。当时在周口地区9县1市中，沈丘县的社队企业发展比较好，在全区具有举足轻重的地位，我想应该给予充分的肯定和鼓励。另外，我对沈丘发展社队企业的优势和先进典型比较熟悉，写起来也比较得心应手。到凌晨 5 点多，几千字的讲话稿终于写完了。在第二天上午的大会上，收到了意想不到的效果，在胡局长讲话过程中，座无虚席的会场上，时而响起阵阵掌声和笑声。散会时，会议代表议论纷纷，有的说，今天胡局长的讲话真对咱的口味，有的说，讲话稿写得不错，让人听了浑身是劲儿。听到这些赞扬声，我心里美滋滋的，忘记了一夜的劳累。

那天上午，沈丘县委书记沈发启同志讲得也很好，他除了讲大力发展社队企业的意义和措施，还讲了一个很重要的问题，就是社队企业产销不对路，供销渠道不畅通。为了解决这个问题，县里举办了社队企业产品展销会，他亲自担任这次展销会的总经理，帮助推销社队企业产品。在展销会上，他把本地生产的产品和从外地购进的产品从质量、价格上作了详细的对比，说明当地社队企业的产品不仅质量好，而且价格也便宜。在他的引导和推动下，两天时间就签订购销合同 88 份，成交额达 250 万元。我连夜写了一篇通讯——《书记当了总经理，全县做笔大生意》，向全区发了简报，河南人民广播电台在联播节目里播发了这篇通讯。一时间，县委书记为发展社队企业架桥铺路的故事传为美谈。

沈丘县的做法引起了周口地委、行署领导的重视，为了发挥市场调节作用，促进社队企业发展，地委、行署决定举办一次全区社队企业产品展销会。从制定方案、发布广告、收集产品、布置展览，到有些企业的洽谈订货，直到最后总结，我参加了全过程。历时半月的展销会展出产品 3187 种，成交额达 915 万元，取得了圆满成功。时任省委副书记戴苏理到周口视察工作，听取汇报后，给予了很高评价，并要求在全省宣传推广周口的经验。

根据省、地领导指示，我和《河南日报》一名记者当天下午赶到河南日报社招待所连夜准备稿件。经过两天紧张的准备，由我执笔写出了长篇报道《周口地区举办社队企业产品展销会，了解了市场的需求，疏通了产销渠道》和一篇评论《促进社队企业发展的一个好办法》。1980 年 6 月 9

日，《河南日报》以一版头题、二题的显著位置予以发表，河南人民广播电台也于当天播发了这篇报道和评论，在全省产生了轰动效应，对推动社队企业发展起到了一定的促进作用。

社队企业在发展的过程中也遇到了新情况，新问题。例如，农村实行联产承包责任制以后，农业生产发展了，农民的收入增加了，而且出现了许多专业大户，当时流传着"三十元四十元，不如种好一亩田""五十元六十元，不如种好一亩棉"的顺口溜，意思就是务工不如务农收入多。当时有不少社队企业的务工人员和业务骨干离开了企业，这给社队企业的发展带来很大的冲击，原来社队企业实行的"厂评等级，队记工分，厂队结算，回队分配"的办法已经难以为继。社队企业要继续健康发展，必须借鉴农村改革的经验，把企业经济效益和个人所得紧密结合起来。我们深入沈丘县纸店乡、项城县（现为项城市）孙店乡等地进行调查研究，发现他们采取的大包干、计件工资制、"五定一奖"责任制等办法很快稳定了务工人员队伍，便总结他们的经验，在全区及时推广，收到很好的效果。

除此之外，对有些行业过于集中，布局不够合理和原料无来源，长期亏损的企业，根据国务院"调整、改革、整顿、提高"的八字方针，调整了企业的产业结构，在实行"关停并转"的同时，又发展了一些适销对路的企业。在实行分配制度改革和产业调整之后，企业经营者和务工者积极创办企业的热情进一步被调动起来，大家积极想办法，加强企业管理，进行技术改造，提高产品质量，扩大销售门路，社队企业出现了蓬勃发展的新局面。如沈丘县付井乡办食品厂，原来生产的麦芽糖由于质量不过关，几乎到了倒闭的边缘，改制后，厂长从上海请来技术人员，不仅使原来的产品供不应求，而且又开发了不少新产品，成为后来全国有名的"金丝猴"集团。

2021 年 6 月 23 日

乡镇企业结硕果　异军突起创奇迹

1984 年年初，当时的农牧渔业部向中央呈送了《关于开创社队企业新局面的报告》。3 月，党中央、国务院 4 号文件批转了这个报告。社队企业正式更名为乡镇企业，肯定了乡镇企业发展的方向，并且要求各地党委和政府对待乡镇企业要像对待国有企业一样，一视同仁，给予必要的扶持。也是从这时起，"四个轮子"（乡办、村办、户办、联户办）一起转、"三大产业"（农业、工业、服务业）同发展的局面开始形成。

1984 年 5 月，中共河南省委和省政府召开了全省乡镇企业工作会议，制定了《关于发展乡镇企业的决定》（以下简称《决定》）。《决定》指出，发展乡镇企业主要坚持大中小一齐上，集体、个体、联营一齐上，采取多种形式，发展各种类型企业。《决定》调动了广大基层干部和农民兴办企业的积极性，许多地、市、县都把发展乡镇企业作为振兴农村经济的一项战略任务来抓。

1984 年 7 月，我被调到河南省乡镇企业管理局。我记得那年 8 月，省局领导带队组织一个调研组，重点调查中央 1984 年 4 号文件和全省乡镇企业工作会议精神贯彻情况。这次调查历时近一个月，到了开封、商丘、周口、驻马店、信阳、南阳、洛阳、郑州等 8 个地市 26 个县。从城镇到农村，从平原到山区，乡镇企业如雨后春笋遍地崛起。干部群众大办乡镇企业的热情异常高涨，到处出现了办厂热、集资热、信息热。通许县有一位农村妇女从广播里听说信息能致富，便抱着孩子到郑州找信息，结果带的干粮吃完了，钱也花光了，也没有找到信息，在走投无路时碰到了河南农业大学的一位教授，该教授教给她种甜叶菊的技术，后来她成了当地种植甜叶菊的致富带头人。这次调研使我了解了不少情况，增长了很多知识，受到了很大的教育和鼓舞，进一步看到了乡镇企业强大的生命力和广阔的发展前景。

但这次调查也是很辛苦的，而且有几次也是很危险的。由于工作需要和其他原因，调研组由开始的十多人，最后只剩我们四个人。有一次，我们从卢氏县出发到嵩县去，中间要翻过海拔2000多米的熊耳山。这里重峦叠嶂，群峰秀丽，林木繁茂，景色宜人，刚出发时，我们一个个谈笑风生，一边欣赏沿途的风景，一边议论近几天的见闻。想不到山区的天气说变就变，转眼间就下起雨来，而且越下越大。我们的破吉普车行到熊耳山顶峰时，大雨滂沱，电闪雷鸣，山谷里云雾茫茫，上不见山顶，下不见谷底。车窗外面就是悬崖峭壁，雨刷不停地刮着玻璃上的雨水，但仍看不清楚道路，司机两手紧握方向盘全神贯注地看着前方。汽车正在行驶中，忽然听到前面传来"哗啦"的响声，原来山坡出现塌方。车到跟前一看，碎石几乎堵塞了道路。怎么办呢？后退是没有出路的，因为车无法掉头。前进，只有前进，我们搬开了石块，车轮切着悬崖的边缘，一点一点地向前蠕动，刚刚过去，又传来了塌方的声音。说实在的，那阵子心情还真有点紧张，稍有不慎，我们就有可能车毁人亡，葬身山谷。所以，当我们翻过山岭，赶到嵩县招待所时，大家开玩笑说："今天最大的收获，就是捡回了一条命。"

调查结束后，我们向省委、省政府写了调查报告。报告定稿后，由我负责到印刷厂校对。由于我校对时有些麻痹大意，一个小标题用错了字号，也没有看出来。印成后我送给刘局长看，他指着错误的地方非常严肃地对我说："这样的材料能送给省领导看吗？重印！"这件事给我教训很深，以后写材料和处理事情时总是格外细心，唯恐出错，逐渐形成了习惯。1984 年 10 月，我被任命为调研处副处长。1988 年 6 月，被任命为处长。

实事求是地讲，调研处处长是一个非常清苦的差事，经常下基层调查研究，整理典型材料、编写简报，几乎样样都要参与，劳心费神，但这也是一个很能锻炼人的工作。由于要经常了解全省乡镇企业的新情况、新问题，并提出建议和对策，因此，领导对这项工作也是很重视的。有一次，局领导对我说："我省平原农区占的比重较大，这些地方如何发展乡镇企业，要理出一条路子来。"我将地处平原的地市进行了比较，最后选定周口地区作为调查重点。1989 年春节前后，我和有关同志两次到周口调查，总结出了周口地区"一二三四"发展战略的经验："一"是一个基础，农业集约化经营；"二"是两个先导，交通和能源；"三"是三个面向，即面向周口实际，面向国内和国际市场；"四"是充分发挥资源和劳力优势，逐步形成"四大加工系列"，即棉麻加工系列（依靠棉花、红麻，发展纺织、印染、针织、劳保、服装加工业）、粮油加工系列（依靠粮食优势，发展粮油加工和生物化学工业、酿造业）、林果畜牧加工系列（依靠林果、畜牧产品优势，发展果脯、果汁、果酒、罐头、皮革加工业）、林木农作物加工系列（利用林木和农作物秸秆发展板材业、家具业和造纸业）。

周口的经验受到了省政府领导的高度重视，决定在该地区召开全省乡镇企业工作现场会。这年 10 月的周口现场会对在治理整顿中艰难爬坡的乡镇企业起到了极大的推动作用。

到这时，我从事乡镇企业工作已十多年，我深深体会到，处在计划经济和市场经济夹缝中的乡镇企业，历经风雨历尽坎坷。每次国民经济调整，乡镇企业总是首当其冲，各种奇谈怪论也不绝于耳。什么"乡镇企业是不正之风的风源"啦，什么"和国有企业争原料，争市场"啦，什么"上联自由化，下联私有化"啦，什么"乡镇企业是浮夸风的产物"啦，等等，一盆盆污水和冷水劈头盖脸地向乡镇企业泼来。在调整整顿期间，由于一些同志不能正确理解中央治理整顿方针的精神，对乡镇企业大加

"砍伐"，使其发展受到严重影响，也使一些厂长、经理和基层干部大办乡镇企业的积极性受到很大挫伤。

调查时遇到的几个事例让我印象特别深。有一个厂长，因建厂时的贷款不能按时偿还，法院通知他，三日之内再不还清，就要到法院起诉他，使他一夜之间急白了头发。有一位厂长面对贷款、原材料供应等方面和国有企业的不平等待遇，愤愤不平地说："在国外有白人、黑人之分，乡镇企业就像黑人一样，比白人矮三分。"有一位乡党委书记面对靠干部群众集资建起来但因缺乏流动资金无法生产的啤酒厂无可奈何地说："我们现在是'武大郎爬杠子'，上不去，下不来，真叫人发愁哪。"目睹这一幕幕情景，作为一个与乡镇企业休戚相关的人，我心里有说不出的酸楚与苦涩。面对一个又一个的挑战与难关，乡镇企业的创业者们并没有畏缩不前，他们有时有埋怨，有牢骚，甚至也会有犹豫和动摇，但他们更有战胜困难的智慧和力量。等我过一段时间再去看这些企业，他们都投产了。我问他们是怎样渡过难关的，他们说："只要思想不滑坡，办法总比困难多，没有翻不过去的山，也没有过不去的河。"然后，他们向我介绍是怎样引进资金，怎样引进人才，怎样疏通有关部门的关系，使问题得到解决。不管用什么办法，他们终于成功了。是的，成功的滋味是最甜美的，而磨难的滋味是最苦涩的，但是没有磨难之苦，哪有成功之甜呢？因此，"爱拼才会赢""不经风雨，怎能见彩虹"就成了乡镇企业家的口头禅。

几年来的调查研究工作使我体会到，搞好调查研究是做好一切工作的前提和基础。调查研究也是一门学问，最怕调查不细，研究不深，写材料最怕分析不深，内容不新。而要做到这一点，的确也不是一件容易的事。为了写好一篇文章，不仅需要谋篇布局，认真思考，有时为了一个观点，一个标题，甚至一个词语的运用，都要苦思冥想，绞尽脑汁。1989 年 4 月，省局要向省委、省政府汇报工作，李局长要我和其他两位同志准备材料。我们讨论后，先起草了一个详细提纲向李局长汇报。他听后说："还是老一套，一不新，二不深。要从我们的大量调查中，用新鲜的语言把成绩和特点归纳起来，把问题和原因分析透，从而找出解决问题的办法和建议。"

根据他的意见，我们重新调整了思路，写出了一稿。这次汇报受到了省政府领导的充分肯定。时任省长程维高批示道："材料写得很好，很精干。像这样有情况，有分析，能提出问题，又有解决办法，观点明确、清晰，分析准确实际，措施比较扎实，用数字说明问题的材料，在省直部门的材料中是少有的。如果省直部门都能这样，我们省委、省政府就轻松多了，只是决策了。"时任副省长宋照肃批示说："汇报工作不能一盆糨子端上来。这个材料之所以好，是他们这一段做了大量的调查研究工作的。"作为这个汇报材料的主要参与者，听到省委、省政府领导的赞许，我深深感到欣慰和鼓舞。

乡镇企业的迅猛发展受到中国改革开放总设计师邓小平的高度赞扬，1987 年 6 月，他在《改革的步子要加快》一文中指出："农村改革中，我们完全没有预料到的最大收获，就是乡镇企业发展起来了，突然冒出搞多种行业，搞商品经济，搞各种小型企业，异军突起……乡镇企业的发展，主要是工业，还包括其他行业，解决了占农村剩余劳动力百分之五十的人的出路问题。农民不往城里跑，而是建设大批小型新型乡镇。"同年 3 月，他还指出："大量农业劳动力转到新兴的城镇和新兴的中小企业。这恐怕是必由之路。"

我省乡镇企业的发展改变了农村经济结构，打破了过去单一经营的局面，使农、工、商、运输、建筑等行业得到全面发展。1987 年，全省乡镇企业总产值占全省社会总产值的 28%，占全省工农业总产值的 35%，占全省农村社会总产值的 55%。乡镇企业比较发达的巩县，乡镇企业产值已达 11.3 亿元，占该县工农业总产值的近 90%。乡镇企业异军突起，在河南国民经济中已处于举足轻重的地位。

乡镇企业的发展给各级政府开辟了新的财源，增加了国家财政收入。1987 年，全省乡镇企业实现利润 38.8 亿元，上交国家税金 7 亿元，是全省农业税的 2 倍多，占全省财政收入的 11.2%。乡镇企业发达的县，其财政收入主要靠乡镇企业的税收。

乡镇企业的发展安排了大量的农村剩余劳动力，改变了农村劳动力结构。从农业中分离出来的大批劳动力转移到乡镇企业，成为离土不离乡、务工不进城的新型农民。既避免了农村人口盲目流入城市，又促进了农村工业化和农村城镇化的发展。全省乡镇企业 1987 年从业人员 770 万人，占全省农村劳动力的 25%。巩县、林县（现为林州市）、密县（现为新密市）、临汝（现为汝州市）等地均占农村劳动力的 50% 以上。有些县、乡还吸引了一部分城镇待业青年到农村务工。

我省乡镇企业的发展正处在一个由扩大外延上规模到苦练内功上水平的大转变时期：由以资源型为主向以资源开发与加工并重型转变，由单一生产型向产供销一体化转变，由较多的依靠国家优惠政策向依靠技术进步、提高企业素质转变，由偏重产值向提高产品质量和经济效益上转变。在技术结构上，由传统技术向现代技术、先进技术发展，由"大而全""小而全"向"小而专""小而精"发展。乡镇企业的发展使河南广大农民参加到国家工业化、农村城镇化、农业现代化这个历史必然的进程之中。

2021 年 6 月 28 日

乡镇企业扎下根　　县域经济面貌新

中国有句古话："郡县治，天下安。"意思是，只要郡县治理好，国家就没有治理不好的道理。在我们党的组织结构和国家政权结构中，县一级处在承上启下的关键环节，是发展经济、保障民生、维护稳定的重要基础，是乡镇企业、民营企业大展宏图的广阔天地，也是干部锻炼成长的最好训练基地。

1990 年 5 月，我被省委组织部下派到许昌县（现为建安区）任副县长。县政府分工，由副县长王有桓和我分管经委、科委、乡镇企业局、电业局、交通局、二轻局等 8 个局委，我侧重抓乡镇企业。

一个县的乡镇企业怎样抓？我到任之后，并没有急于发表意见，而是先从调查研究入手，了解县情，在摸清情况的基础上，厘清工作思路，选准工作重点，找出工作突破口，然后强力组织实施。当时，我白天下乡下厂，向基层干部和厂长经理了解情况，征求意见，晚上回到住室查看有关资料，并翻阅了《许昌县志》。

通过调查与思考，我认为，许昌县发展乡镇企业的优势主要表现在三个方面：一是农副产品资源优势。该县盛产小麦、玉米、大豆、红薯、烟叶、棉花、花生等，因此，围绕"农"字做文章，开展农副产品的综合加工利用，可以实现多层次增值。二是劳力资源优势。许昌县人多地少，劳力资源丰富，而且有档发加工、皮毛加工等各种能工巧匠 2.5 万多名，发展劳动密集型的出口创汇企业将大有可为。三是得天独厚的人文地理优势。许昌县是曹魏故地，环抱许昌市区，名胜古迹遍布许昌境内，交通条件便利。发展为城市建设服务的建筑建材业、为城市人民生活服务的第三产业的条件十分优越。为此，我们提出了"突出三个重点（重点发展乡村集体企业、工业企业、出口创汇企业）、发挥三大优势（农副产品资源优质、劳力优势、人文地理优势）、走出三条路子（农工商一体化、贸工农一体化、城乡一体化）、发展八大支柱产业（农副产品加工业、机械加工业、建筑建材业、档发皮革加工业、交通运输业、纺织服装业、饮食服务业、造纸工业）"的发展思路。同时，针对许昌县缺乏典型和骨干的实际问题，提出要突出抓"5118 工程"，即重点抓住 5 个强乡镇、10 个强村、10 个强企业和 8 个专业生产区，充分发挥它们的示范带动作用。这个整体思路得到了县委、县政府的肯定和重视。

　　怎样把一个好的思路变成各级领导干部和广大群众的实际行动，那还要做大量的宣传发动和组织工作。许昌县的乡镇企业从 20 世纪 70 年代创办"五小工业"起，经历了三起三落，不少干部群众存在着畏难情绪和"一朝被蛇咬，十年怕井绳"的心理，而且温饱即富、小成即安的小农经济思想相当严重。再加之许昌县是一个烟叶大县，财政收入的将近一半来自烟叶，因此不少干部群众工业意识比较薄弱。一个县的乡镇企业要想有一个大的发展，首先必须确立乡镇企业在全县经济中的战略地位，并把它放到突破口的位置上。通过学习贯彻中央和上级有关文件和会议精神，这个问题很快在县委、县政府领导层中达成了共识，并出台了《关于大力发展乡镇企业的决定》和《发展乡镇企业的若干政策规定》。1990 年 7 月，县委、县政府召开了乡镇企业工作会议，大力表彰了为发展乡镇企业做出突出成绩的先进集体和个人，总结了经验，查找了差距，动员全县上下为乡镇企业跃上新台阶而奋斗。8 月，全县开展了乡镇企业宣传月活动。9 月，召开了乡镇企业流动现场会，一环扣一环的工作，一浪高一浪的发动，使全县乡镇企业开始出现了充满生机和活力的良好势头。

在市场经济秩序逐步建立的新形势下，一个地方思想观念解放的程度，决定着对外开放的力度和经济发展的速度。如果思想封闭，观念守旧，那么，再好的优势也得不到发挥，再好的政策也用不活，再好的机遇也抓不住。许昌县乡镇企业发展相对滞后，原因很多，其中对外开放不够也是重要原因之一。我在郑州联系工作跑项目的过程中，经常向许昌籍的同志宣传家乡的变化和新的奋斗目标，希望他们为家乡各项事业的发展贡献力量。他们反映说，他们也很想为许昌的发展做点工作，但是平时联系和了解得太少。我想，应该在郑州召开一次许昌籍同志座谈会，请他们为振兴许昌献计献策。我把这个想法告诉了县委、县政府的主要领导，得到了他们的肯定和支持，并确定由我负责在郑州筹备这项活动。

我和县协作办的同志邀请在省会工作的同志一块儿筹备，克服了交通、通信等方面的困难，把许昌籍的科级以上干部逐个登记，编印成册，并登门送去了请柬。经过一番紧张筹备，"振兴许昌县座谈会"于 1991 年 5 月 12 日下午在郑州福乐尔大酒店召开，会场上悬挂着醒目的大标语"同心同德共展宏图，群策群力繁荣许昌"。县委、人大、政府、政协的主要领导，县直各局委负责同志，在郑州工作的许昌籍的同志和在许昌县工作过的老领导共计 180 多人出席了座谈会。时任县委书记党国典、县长刘汝婷向会议致辞，介绍了许昌县经济社会发展情况及"八五设想"，许昌籍的许多同志都发表了热情洋溢的讲话，提出很多好的意见。整个座谈会安排得紧凑有序，开得热烈隆重且富有成效，受到了方方面面的称赞。这次座谈会不仅为发展乡镇企业和全县经济获得了大量信息，也为许昌的"老乡"到郑州找项目、搞合作开辟了广阔的渠道。

在县里工作，繁忙而辛苦，紧张而充实，经常连节假日也顾不上休息。但真要忙出点成效，就必须办实事，办成一件实事，比讲一百篇大道理更有说服力。领导者的责任，就是抓住有指导意义的典型，总结经验，加以推广。我在调查中发现榆林乡有一个眼镜玻璃厂，生产焊接护目镜和炉窑护目镜的冷门产品，供不应求，就是扩大不了规模。主要原因是两个，一是厂长满足现状，二是扩大生产缺少资金。我一边多次找他们谈心，拓宽他们的眼界和胸怀，一边帮助他们到省、市乡镇企业局联系，帮助解决了资金问题，新建了一个炉子，使生产能力扩大了一倍。

1991 年冬天，为了帮助眼镜玻璃厂申报国家星火计划项目，我和县科委的同志连夜赶往北京。深夜，车里没有暖气，冻得手脚发麻，而且又遇上了大雾，看不清道路，车走得很慢，到北京已是第二天上午 11 点了，直到这时我们才吃早饭。经过几次到国家科委汇报，并请有关人员到眼镜玻璃厂实地考察，眼镜玻璃厂终于被列入了国家星火计划项目。眼镜玻璃厂的不断扩大和变化，使许多乡镇企业受到启发。当时在全县推广了该厂的发展经验，提出了通过"嫁接改造"，使一批"小铁树"企业上规模、上水平；通过"救死扶伤"，使一批已经停产、半停产企业起死回生，焕发生机。

为了充分发挥许昌县发制品的优势，县里决定要办毛发制品厂。办厂就要有厂长，大家一致认为灵井乡的郑有全是最合适的人选。于是我和王有桓同志就到他家做工作，请他出山就任厂长。郑有全早有此意，他说制作档发利润很低，只有生产假发才能赚大钱。这样一拍即合，说干就干，郑有全便带着 30 多名乡亲来到县城办起了发制品厂。当时一无设备，二无技术，他就带着人到青岛等地参观学习。后来，他从韩国高薪聘请有经验的师傅，经过反复试验，终于掌握了脱胶、染色等关键技术。在闯过生产工艺难关之后，他们采取了"借船出海"的办法，解决了出口销售渠道。经过多年发展，瑞贝卡发制品成了全国著名品牌，带动了许昌灵井周边几个乡镇的上百家档发制品企业，为成千上万名女工就业开辟了门路，受到了党和国家领导人的高度称赞。

我在许昌县工作期间，和不少乡镇企业家结下了深厚的友谊，成了真诚的朋友。他们艰苦创业的精神，务实苦干的作风，迎难而上的性格，以及战胜困难的智慧，都给了我很大的教育和启发，我信任和尊重他们，也理解和支持他们。长村张乡烟机配件厂厂长常永福和有关科研部门联合研制的烟箱封口机，产品质量很好，就是销路打不开，他提出如果能列入国家和省烟草局定点企业，这个问题就可以解决。我就和他一起到省烟草局联系，并帮助他研究如何到国家烟草局联系。经过努力，烟机配件厂终于成了烟草部门的定点生产厂家，企业的规模和效益有了很大提高。

有一个书法家给我书写了一个横幅"求实为民"，这也是我的从政宗旨。在许昌县工作两年多，由于县委、县政府的重视和省、市乡镇企业局的支持，加之全县人民的共同努力，许昌县乡镇企业在全省各县的排序中上升了 11 个位次，全县经济也出现了蓬勃发展的新局面。虽然我只做了一些微不足道的工作，但是市、县领导却给予了高度评价，基层干部和厂长经理们的溢美之词更是不绝于耳。但是我深信一句古训："政声人去后，民意闲谈时。"一个人只有当他离开工作的地方之后，人们的议论和评价才是客观真实的。至于人们怎样评说，我并不在意，重要的是这段经历使我得到了锻炼，增长了见识，进一步加深了对乡镇企业的感情和认识，这对于我以后做好乡镇企业工作是很有意义的。

2021 年 9 月 26 日

乡镇企业上台阶　古都开封展新姿

　　开封，八朝古都，闻名中外的历史文化名城，曾是许多人向往的地方。但是到开封工作，我过去是连做梦也没想过的事，然而这没想过的事却意外地成了现实。1992 年 8 月，我被组织上安排到开封市乡镇企业管理局任党组书记、局长。

　　上任不久，经过初步的了解和体验，我才感到，开封市乡镇企业管理局局长可不是一副轻松的担子。由于多种原因，当时的开封市乡镇企业在全省已是连续 5 年滑坡，局机关办公条件也比较差，干部职工思想比较涣散，纪律比较松弛，上班的人员只有一半多。

　　为了克服困难，打开局面，关键是要统一思想，加强纪律。我首先召开党组会，统一领导层的认识，并坚持实行民主集中制，各位副局长实行分工负责制，谁主管的工作谁负责。接着召开全体党员会，要求每个人都要重新学习一遍入党誓词，然后对照入党誓词、党员的权利和义务检查自己的思想和行为。党员通过学习和开展批评与自我批评，精神面貌发生了很大变化，组织纪律性明显加强了。在此基础上又召开了全体干部职工会，首先讲明乡镇企业局的职能，就是对上当好参谋，对下搞好服务，对外搞好协调，自身搞好建设；其次讲明市委、市政府对我们局的期望和要求，同时指出要想有进步，必须有作为的道理；最后提出"团结奋进，争创一流"的奋斗目标，要求每个人都要重视自己的价值，维护自己的尊严，施展自己的才华，展示自己的风采，为促进全市乡镇企业的发展贡献自己的力量。

在加强思想教育的同时，加强了制度建设，局党组制定了《关于加强机关制度建设的决定》《关于开展为基层为企业提供优质服务的意见》，严格了考勤制度，规定了奖罚办法，并把近期的 5 项工作、25 件实事，逐个落实到科室和个人。局办公地点和条件在市领导的支持下也有很大变化，大家的情绪也变了，机关面貌也开始出现了生动活泼的局面。

一个单位要想工作有起色，重要的是怎样把大家的潜能最大限度地发挥出来，去从事创造性的工作。为了彻底改变机关面貌，局党组决定对所属科室和公司实行目标管理责任制，即把市政府对局下达的目标任务和局本身的重要工作都实行量化分解，百分制考核，制定出具体的管理办法，然后落实到科室和公司。为此分别下发了对科室和公司实行目标管理的专题文件，并签订了目标责任书。这样各项工作都做到奋斗有目标、考核有办法、奖罚有标准，效率明显提高，作风明显好转。1993 年年底，我局首次被评为全市目标管理先进单位。我总结的《正确处理十个关系，切实抓好目标管理》受到市委、市政府的充分肯定，省乡镇企业局转发全省，《中国乡镇企业报》也做了连载报道。

作为市委、市政府的参谋和助手，我的主要职责是向市领导提出对发展乡镇企业有指导意义的建议。开封市乡镇企业的特点是起步晚，规模小，产品老，农副产品加工型和劳动密集型的企业较多，而规模较大的科技含量较高的企业较少，因此在市场上的竞争能力比较差，并且有些人的思想也比较封闭保守。对于怎样加快开封市乡镇企业的发展，我和同志们经过深入调查研究，认为必须走开放促开发、开放促发展的路子。乡镇企业要面向国内、国际两个市场，走联合之路。于是就提出一个"四联"战略，即"老乡"和"老大"（国有大中型企业）联合，发展城乡联合企业；"老乡"和"老九"（科研单位、大专院校）联合，发展科研生产联合体企业；"老乡"和"老外"（外资企业）联合，发展"三资"企业；

"老乡"和"老乡"联合，发展集团公司。这个意见得到了市委、市政府的高度重视，时任市委书记王日新要求下发专题文件，作为振兴开封经济的战略举措广为实施，收到明显成效。

市委、市政府还组织各县和有关局委的负责同志到江浙一带参观学习，进一步提高了认识，开阔了眼界，全市从上到下大力发展乡镇企业的积极性空前高涨。到 1994 年年底，全市乡镇企业中的三资企业从无发展到 22 家，城乡联合企业发展到 64 家，科研生产联合体企业发展到 42 家，乡镇企业成立集团公司 49 家，使乡镇企业的实力大为增强，在全省的位次逐步攀升。当时，开封市正在广泛深入地开展"开封何时能'开封'的大讨论"，乡镇企业率先实行开放战略并取得明显成效的做法，受到广泛关注，《中国乡镇企业报》和《河南日报》在显著位置都刊登了《开封从老乡"开封"》的报道。

为了让基础较好的乡镇、村和企业率先跃上新台阶，我们还提出了"18 罗汉 200 强，龙腾虎跃闹汴梁"的"重点突破"战略，即重点抓好 18 个强乡镇、100 个强村、100 个强企业，发挥他们的示范作用，带动全市乡镇企业发展，也收到了较好的效果。

在具体工作中，我们强调办实事，鼓实劲，见实效。为了解决企业资金不足的问题，在主管副市长的大力支持下，我们向市里争取到了 700 万元的财政贷款，作为发展乡镇企业基金，用于重点企业的技术改造。为了解决企业缺少技术和人才的难题，我们成立了专家经济技术咨询服务团，创办了项目库和人才库，举办各类专业技术培训班，为企业提供切实有效的服务，受到了企业的欢迎和好评。

到开封乡镇企业局工作以来，使我最为烦恼的就是原来局属一些公司遗留下来的债务问题。在 20 世纪 80 年代中期"公司热"时，一些个体公司挂靠到乡镇企业局，后来相继垮掉，而他们欠下的债务却要由局里负连带责任，有的已诉诸法院，经过判决，要求执行，而乡镇企业局作为行政单位无力偿还，所以查封汽车和账号的事情时有发生。所以我们一方面想法处理好遗留问题，一方面想法抓好现有的公司。局党组加强了对公司的领导和管理，并为他们解决经营中的难题。有一次供销总公司和首钢销售处有一份钢材供货合同拖了好几个月得不到兑现，并且首钢提出要停止供货，这将给公司造成几十万元的损失。我和有关人员三上北京，经多方努力，终于妥善解决了问题。

人生舞台就像是一个大考场，有时候会遇到什么样的考题，是自己也难以想象的。1995 年 1 月的一天下午，我正在开封县（现为祥符区）陪同外地的同志参观乡镇企业，突然接到市委组织部的电话，让我明天上午九点到省委组织部招待所报到。我问，什么事情？对方回答说，我们也不知道。第二天上午，听完时任省委组织部副部长黄晴宜的讲话后才知道，原来省直机关七个厅局（包括乡镇企业局）缺少副职，省委要在全省范围内通过笔试、面试、组织考核实行公开选拔。其中，组织好笔试是关键环节，我们今天参加会议的人员都是出题组成员，而且我被明确为乡镇企业出题组组长。黄副部长还特别强调，一定要遵守纪律，绝对保密，大家当场上交了手机和 BB 机。下午稍做准备，当晚就住进了开封的 20 军内部招待所。

第二天上午，有关领导讲了命题的内容与原则，笔试题分为公共知识和专业知识两种试卷，内容包括一个副厅级领导干部应掌握的基本知识，强调要紧紧围绕选拔副厅级领导干部的要求和我省实际，侧重理解、分析、判断和决策方面的命题。每个专业知识组要出包括填空题、选择题、判断题、问答题、案例题在内的 200 道题，分为 A、B 两张卷，以防万一。在几乎没有任何参考资料的情况下，用不到十天的时间完成这个任务，其难度可想而知，那真是搜肠刮肚，绞尽脑汁。但经过我和省局陈根成同志的共同努力，顺利完成任务，而且还受到了领导的肯定和表扬。参加这次笔试命题工作对于我来说，不仅是一次严格的考验，也是一次学习的极好机会。事后我十分感慨地写了一首小诗："不是厅长考厅长，其间甘苦尽品尝。历来考人先考己，人生无处非考场。"

1994 年 10 月，开封市委、市政府决定在举办"中国开封菊花花会"期间，在龙亭公园附近举办经贸展销活动，并将乡镇企业作为重要内容之一。全市经贸活动展销区总长 200 米，乡镇企业占了 100 米。这对乡镇企业来说是一次极好的展示机会，也是一次极大的考验。接到任务后，我们局立即成立了指挥部，由我任指挥长，韩振中、安洪海两位副局长和各县乡镇企业局长任副指挥长，并召开专题会议进行动员部署。由于时间紧，任务重，要求高，我和同志们一起夜以继日地进行紧张筹备。王辉、黄纬等同志为了制作展板，连续加班十多天。经过认真筹备，精心制作了 70 多块展板，展出 500 多种产品，组成百米展销长廊，出动了 27 辆彩车，进行了声势浩大的宣传活动。前来参观、购物、订货的人络绎不绝，充分展示了"老乡"的风采，受到了省、市领导和社会各界的交口称赞。

为加快全国乡镇企业的改革与发展，农业部根据国务院和中央书记处有关领导同志尽快制定中央关于大力发展乡镇企业文件的指示，于 1995 年 12 月组成中央文件起草小组。我和 12 个省市乡镇企业局的领导同志受农业部指派到山东省淄博市参加起草组。在时任农业部副部长齐景发的主持下，从讨论、起草、修改到完成初稿，我参与了全过程。在为期半个月的起草活动中，我付出了艰辛的劳动，做出了积极的贡献，同时也学到了不少东西，认识了不少朋友，留下了难忘的印象。

在平时工作中，我比较注重理论研究和工作总结，经常把乡镇企业出现的新情况、新问题，以及工作中的探索和思考写成文章，如《"五子登科"看袁楼》《乡镇企业快速发展动因试析》《发展乡镇企业必须注重环境保护》《论乡镇企业主管部门的职能转变》《情系老乡苦与甜》等，在《中国乡镇企业报》和其他报刊上发表后，产生了一定影响。1995 年 12 月，我被《中国乡镇企业报》等首都十几家媒体评为"中国乡镇企业十大新闻人物"，这在全国乡镇企业系统尚属首次，旨在宣传 1995 年度为推动乡镇企业发展做出探索和贡献的人物，其中就有江苏省江阴县（现为江阴市）华西村党委书记吴仁宝。

　　1996 年 1 月 24 日，在北京亚运村国际会议中心举行了隆重的颁奖仪式，国家有关领导人、农牧渔业部和《中国乡镇企业报》主要领导出席会议，时任全国人大常委会副委员长费孝通、雷洁琼向我颁发了奖杯和证书。获得这样的荣誉，对于我来说还是第一次，虽然很高兴，但心情却很平静。我觉得，奖杯、证书、鲜花和掌声只能说明过去。这就像登山一样，当你面对一座山峰时，感到很神秘，很向往，但一旦登上顶峰时，会有一种征服感和成就感，于是眼睛又盯上了新的目标。人生就是这样，这山望着那山高，登上一峰又一峰，生命不息，攀登不止。

　　我虽然在开封只工作了四年多，但我深深爱上了这座美丽的城市，更爱我倾尽心血的乡镇企业。乡镇企业是中国农民的伟大创造，也是使亿万农民走向共同富裕的伟大事业。我热爱乡镇企业，我选择了乡镇企业，并为它的发展和崛起进行了不懈的奋斗。回顾这些年来的经历，我感到欣慰和自豪，我所吃的苦，我所受的累，我所付出的心血和汗水，都融进了乡镇企业那不朽的年轮。一个割舍不断的"情"字，把我的生命和乡镇企业紧紧地联系在了一起。

2021 年 9 月 14 日

一法一会一文件　乡镇企业正春天

1997 年的春天，是一个不寻常的春天。乡镇企业历史上具有里程碑意义的三件大事，在头三个月里就迫不及待地发生了。1 月 1 日，《中华人民共和国乡镇企业法》（以下简称《乡镇企业法》）公布实施；1 月 14 日，国务院首次召开全国乡镇企业工作会议；3 月 11 日，中共中央转发了关于加快乡镇企业发展的文件。这标志着我国乡镇企业发展进入了一个新阶段，迎来了又一个美好的春天。

1996 年 10 月，我从开封市乡镇企业管理局局长的位置上调到省乡镇企业管理局任总经济师，这是一个新设的职位，主要职责是贯彻落实国家经济政策法令，督促检查国家和省下达的有关经济计划指标的落实；协同计划财务处组织制定全省乡镇企业中长期发展规划和年度计划；深入基层调查研究，针对乡镇企业发展中的新问题，提出切实可行的意见和解决办法。同时，我还兼任法规处处长和《中国乡镇企业报》驻河南记者站站长，宣传贯彻"三件大事"成了我责无旁贷的头等大事。

《乡镇企业法》是一部促进、引导、保护和规范乡镇企业发展的"根本法"，是我国社会主义法治建设的一个重大成果。这部法律的公布实施，有利于更好地贯彻落实中共中央、国务院关于发展乡镇企业的方针政策，有利于维护广大农民和乡镇企业的合法权益，有利于规范乡镇企业的经营行为。同时，《乡镇企业法》确立了各级政府乡镇企业行政管理部门的法律地位，并对如何完善管理职能，加强队伍建设，更好地担负起对乡镇企业的规划、协调、监督和服务提出了明确要求，使广大管理部门的工作人员受到了极大的鼓舞。

当时，我以极大的热情和省局法规处的同志一起紧紧围绕《乡镇企业法》的正式实施，开展了多种形式的宣传活动。首先，会同省人大农工委、法工委、省法治局召开了由各地市乡镇企业局局长参加的学习贯彻《乡镇企业法》动员会，并以省局名义下发了《关于宣传贯彻实施〈中华人民共和国乡镇企业法〉的通知》。然后又分别在郑州、洛阳等地举办了四期学习《乡镇企业法》培训班，由我主讲了《乡镇企业法》的起草过程、地位作用、主要内容及如何宣传贯彻落实，受训人员达 2000 人。据统计，全省为配合"一法一会一文件"三件大事的宣传，发表电视讲话 50 多次，出动宣传车辆 5000 多部，印制《乡镇企业法》宣传板 20000 多块，办专栏板报 400 多期。在广泛宣传、深入调查的基础上，我们组织起草了《河南省关于〈中华人民共和国乡镇企业法〉的实施办法》。

为了广泛深入宣传普及乡镇企业法律法规和有关知识，我们和有关部门一起组织举办了河南省"黄河旋风杯"乡镇企业知识竞赛。为确保这次竞赛圆满成功，省局下发了《关于开展河南省"黄河旋风杯"乡镇企业知识竞赛的通知》，就组织机构、竞赛内容、参赛对象、竞赛程序、奖励办法、宣传工作、竞赛经费等问题作了明确规定。经过全省范围内预赛、初赛，层层选拔，最后进入决赛。农业部乡镇企业局发来贺电，称赞我省本次竞赛活动为全国乡镇企业第一家。中国乡镇企业报社社长陆贵生专程赶来祝贺。时任省委副书记范钦臣、副省长张义祥、省人大常委会副主任胡廷积等领导出席竞赛现场观看并为获奖者颁奖，胡主任还发表了热情洋溢的电视讲话。经过激烈角逐，许昌黄河、洛阳南庄、周口鞋城、漯河龙云等 6 个代表队参加了决赛，洛阳南庄一举夺冠。竞赛和颁奖活动内容丰富，形式多样，生动活泼，组织严密，受到了省领导同志和社会各界的好评。

中发〔1997〕8号文件，是继《乡镇企业法》公布施行，国务院召开全国乡镇企业工作会议后不久，中央出台的一个关于乡镇企业的重要文件。这个文件全面系统总结了改革开放以来我国乡镇企业的巨大成就和基本经验，充分肯定了乡镇企业的地位作用，指出了存在的问题和困难，分析了面临的机遇和挑战，指明今后15年乡镇企业改革与发展的大政方针、指导思想、目标任务和政策措施，为乡镇企业的改革发展和提高提供了强有力的保证。根据局领导的指示，我们在深入学习中发〔1997〕8号文件精神的基础上，经过深入调查研究，起草了《河南省关于加快乡镇企业发展的意见》，报省委、省政府修改后，以豫发〔1997〕14号文件向全省下发。这是近年来我省出台的一个重要的综合性文件，对指导推动乡镇企业发展产生了重要作用。

为贯彻落实全国乡镇企业"一法一会一文件"的精神，针对全省一度出现的对乡镇企业乱收费、乱检查、乱摊派、乱罚款、乱集资的"五乱"现象，为保护乡镇企业的合法权益，坚决制止各种加重乡镇企业负担的行为，我们起草了《河南省乡镇企业监督管理办法》，受到了省政府领导的高度重视。1997年6月24日，时任省长马忠臣签发了省人民政府第35号令，发布了《河南省乡镇企业监督管理办法》。该办法实施后不久，收到了明显成效，全省加重乡镇企业负担的部门和收费项目由原来的89家、170多种，减少到20多家、50多种。

为推动我省乡镇企业加快实现两个转变，深入开展二次创业，由省局法规处承办，省委宣传部、省乡镇企业局、河南日报社、河南黄河实业集团公司共同组织召开了"河南省乡镇企业二次创业研讨会"，时任省委常委、宣传部部长林炎志到会作了重要讲话。来自省内外的30多位专家、学者和乡镇企业管理部门领导同志就河南省乡镇企业二次创业的方向、目标、遇到的困难问题和对策，进行了深入的探讨。《中国乡镇企业报》、《河南日报》、河南电视台、河南广播电台等新闻媒体都在黄金时段和显著位置进行了报道，对促进我省乡镇企业二次创业产生了积极的推动作用。

　　为推动河南农村经济全面发展，我们和河南日报社农业处的同志一起对乡镇企业发展好、农村面貌变化大的先进村进行调研，组织策划了以郑州市宋砦村为代表的社会主义新农村十个典型的宣传活动，并召开了"总结推广河南省农村十个新典型座谈会"。时任省委副书记范钦臣在座谈会上指出，在市场经济条件下迅速崛起的河南十个新典型，为全省农村经济发展提供了新的思路和丰富的经验，各地要认真学习这十个农村新典型，把他们作为活教材，充分发挥他们的典型示范作用，促进全省农村经济快速健康发展。此次活动以河南省委宣传部、省委政研室、河南日报社、河南省乡镇企业局四家联合发起举行，在社会上引起很大反响。

　　在宣传贯彻乡镇企业"一法一会一文件"的日子里，紧张而有成效的工作，让我和法规处的同志经常加班。虽然工作很辛苦，但大家的热情却十分高涨。为筹备召开全省乡镇企业工作会议，我们为省领导准备了讲话稿和典型材料 20 多份，虽然当时没有召开，却受到了领导的肯定与表扬。

　　为配合"一法一会一文件"的深入宣传，我们组织召开了首次全省乡镇企业宣传工作会议，对前段宣传工作进行了总结，起草了《关于加强全省乡镇企业宣传工作的意见》，明确了"突出一个主题，把握十个重点，打好三个战役，组织十项活动"的总体思路，对深入开展宣传工作进行了全面部署，进一步加强了宣传队伍建设，并创办了《中国乡镇企业报·河南特刊》，每周一期的彩色胶印报纸受到了普遍欢迎。1997 年，我们在《中国乡镇企业报》《河南日报》等报刊发表报道和理论文章 17 篇，其中在《中国乡镇企业报》上发表 14 篇，头版头条 6 篇。由于局领导的高度重视和大家的共同努力，1997 年，我局被农业部评为贯彻落实法律法规政策先进单位。

　　在任总经济师的这段时间里，其中一项重要工作就是深入开展调查研究，为领导科学决策、指导工作提供依据。不仅是上面所说的社会主义新农村十个典型，还有我们写的《关于全省乡镇企业安置下岗职工情况的调查》都受到了省委、省政府和农业部乡镇企业局领导的重视和好评。该调查报告曾被《中国乡镇企业报》《农村·农业·农民》等多家报刊发表。1988年7月上旬，为了探索总结乡镇企业在困境中如何发展的经验，我对许昌、南阳、漯河三市部分乡镇企业进行了调查，并写出了《战胜困难求发展》的调查报告，在《中国乡镇企业》杂志上公开发表。

为了贯彻落实党的十五届三中全会精神，推动非公有制经济发展，经局领导同意，我和河南日报社时任农业处处长杜时国等同志对长垣县（现为长垣市）大力发展非公有制经济的情况进行了长达七天的调查，《河南日报》用七个版面做了连续报道，"长垣现象"的报道与讨论一时间成了河南舆论的热点，引起了省委、省政府领导的高度重视，要求各地学习推广长垣经验，为推动我省非公经济发展发挥了重要作用。当时我分别在《河南日报》和《中国乡镇企业报》上发表的《发展区域经济要向特色要效益》和《发展要选准起飞的跳板》也受到了广泛欢迎。

2002年，党的十六大提出：必须毫不动摇地巩固和发展公有制经济，必须毫不动摇地鼓励、支持和引导非公有制经济发展。这里需要说明一点，非公有制经济的主要成分是民营经济，但民营经济不包括港、澳、台经济和外商经济。

为了深入贯彻党的十六大精神，强力推进非公有制经济发展，省委、省政府继1999年颁发《关于大力发展个体私营等非公有制经济的决定》之后，2003年又出台了《关于进一步促进非公有制经济发展的决定》，我省民营经济的发展出现了蓬勃发展的新局面。

随着民营经济的不断发展，我的职务也在不断发生变化。1998年11月任河南省乡镇企业管理局（中小企业服务局）助理巡视员，2001年12月任河南省乡镇企业管理局（中小企业服务局）党组成员、纪检组长，2003年12月任河南省乡镇企业管理局（中小企业服务局）党组成员、巡视员。不管职务如何变化，我对民营企业兢兢业业的态度和甘苦与共的感情始终没有变。特别是在担任党组成员、巡视员期间，局党组分工让我抓科教处，当时河南省乡镇企业局（中小企业服务局）上面有两个"婆婆", 一个是农业部乡镇企业局, 一个是国家发改委中小企业司。我和科教处的同志充分利用这两个平台的优势, 把网络建设和服务体系建设做成了全国第一流, 并在全国会议上作了典型发言, 受到了两个单位的肯定和表扬。2005 年 5 月, 我站完最后一班岗, 欣然退休。

2021 年 9 月 22 日

退休未敢忘民企　春泥护花更尽力

英国文学家萧伯纳有句名言，"60 岁以后才是真正的人生"。也有不少人认为，人生 60 岁至 80 岁是最美好的黄金时期，是决定人生是否精彩的关键所在。我 2005 年退休，从十多年的亲身感受中得出的结论是："人过 60 又一春。"这十多年之所以过得充实舒畅而又有意义，是因为我虽然退出了为民营企业服务的工作岗位，但并没有忘记为民营企业服务的责任，更没有割舍和民营企业长期建立的深厚感情，而是比以往更加关心关注民营企业的发展，尽心尽力地想为民营企业发展做点事情。正如清代诗人龚自珍的诗写的那样："落红不是无情物，化作春泥更护花。"

回想我这一生，有两大幸运，一是改革开放初期的 1979 年，我开始从事民营企业（当时称社队企业），使我有了心爱的事业，一直干到退休。二是我临近退休之前的 2003 年，经人推荐并经组织批准，我参加了河南省民营经济维权发展促进会（以下简称"省民促会"），并当选为副会长，退休后又兼任秘书长，让我为民营企业发挥余热有了一个良好的平台。省民促会当时是在省委、省政府主要领导的关怀下成立的，会长是河南省人民检察院原检察长李学斌，人们都亲切地称他为李检。他带领省民促会一班人，按照"文化倡商，法律维权，集合重力，促进发展"的宗旨，尽其所能为民营企业发展提供了诸多切实有效的服务。省民促会被民政部评为先进社会组织，得到了广大会员企业的拥护和支持。

　　李学斌多次强调，省民促会的主要工作就是结合河南实际情况，认真贯彻落实中共中央、国务院关于"两个毫不动摇"方针，鼓励、支持、引导非公有制经济在遵守国家法律法规、党的方针政策和市场规则的前提下健康发展。为此，省民促会进行了深入广泛的调查研究，针对企业发展中存在的问题，提出了重要的意见和建议，并及时开展了一系列重要活动。建会之初，李学斌和省民促会办的第一件事就是先后到 7 个省辖市和 30 多个县进行调查研究，向省委、省政府提交了《关于促进我省民营经济发展的一些思考》的调研报告，分析了我省民营经济存在的问题，提出了六条切合实际的建议。省委、省政府领导对这个报告给予了高度评价，转发到全省，并在全省民营经济工作会议上作为会议文件，发给全体与会人员，产生了广泛影响。作为这项活动的参与者，我不仅受益匪浅，而且感到倍受鼓舞。

　　为了便于开展工作，省民促会成立了法律维权部、发展服务部、宣传交流部和综合联络部，明确了各部分工和职责。我分管的综合联络部主要职责是，负责内外部协调，会员联络和办事机构的综合，办文、办会、办事，接待会员来访，反馈会员反映的问题，组织会员参加社会公益活动。在李学斌的指导下，我和联络部的同志积极主动地和其他部门搞好协调，配合省民促会的中心任务和民营经济发展的需要组织开展各种活动，如开展以"民营经济与中原崛起""民营经济危机与机遇""民营企业创新发展""民营经济 30 年"等为主题的大型论坛、报告会、座谈会，举办各种活动 40 多次，收到了很好的效果。为了使会员企业深入了解有关法律法规和有关政策，我们邀请法律专家讲《合同法》（已于 2021 年 1 月 1 日废止）和《物权法》（已于 2021 年 1 月 1 日废止），请国税、地税有关部门的领导专家讲税收优惠政策，请中小企业管理部门的领导讲民营企业发展中存在的问题和对策，请农业银行等金融部门的领导与专家和企业家代表举行银企对接座谈会，请科技厅的领导专家联合民营企业举行科技创新报告会，等等。通过这些活动为民营企业发展赋能助力，排忧解难，受到了民营企业家的普遍欢迎，得到了省领导的肯定与支持。这些活动也得到了多家媒体的报道与宣传，产生了广泛的社会效应。同时我们还自办了《河南民营经济参考》《会员通讯》和《商道》杂志，不仅及时传递了民营企业的各类信息，也促进了企业文化建设。

作为副会长兼秘书长，我在省民促会工作期间，是快乐而紧张的。虽然已过退休年龄，加班加点也是家常便饭。正是在这种辛苦并快乐的工作中，我也有许多新的收获和提高，特别是在李学斌身边工作，他那种忘我的工作精神和追求完美的工作作风时时刻刻都在影响着我。他不仅善于抓大事，也注意抓细节，比如对每一篇调研报告、讲话和文章，他都是反复修改，字斟句酌，而且非常诚恳地征求大家的意见，哪怕是你只提出一句有用的话，一个有用的词，甚至一个有用的字，他都会及时采纳。他常说："文章不厌千遍改，改一遍是一遍的功夫。"这些年来，他发表的《河南：从"三放"到"四上"力推全民创业》《改善民营经济法治环境需从五个方面努力》等署名文章，以及以省民促会的名义发出的文件和资料，从没有在文字上出现过问题。他对省民促会组织的每一次活动和会议，都反复强调要精心组织，万无一失。他对会议安排的每一个细节也都十分关心，从会场布置、领导接待到座签摆放等，都要亲自过问。有一次，省民促会要召开二届一次会议，省有关领导和部门领导都要来参加。他夜里12点给我打电话，我已关机休息。第二天早晨看到他发给我的短信："明天开会前，再检查一下座签摆放，看看有无不当。"第二天，我提前赶到会场，将座签逐个又检查了一遍，果然有的顺序有误，幸亏及时纠正。

经常举办会议和活动，我也积累了一些经验和体会。我在实践中感到，要想办好每次活动，必须抓好五大要素，我称之为"五子登科办活动"。第一，要有人"出点子"，就是对于举办活动的背景、主题、内容、目的要有一个完整的策划方案。第二，要有人"搭台子"，就是做好组织工作，活动的时间、地点、规模、接待、食宿、送客等，每一个环节都要落到实处。第三，要有人"说段子"，就是会议的发言材料，谁来讲，讲什么，怎么讲，必须事先做好准备，准备不好不开会。第四，要有人"拿银子"，不管是会里解决或是有人资助，经费都要落实好。第五，要有人"收果子"，一个活动是否成功，最终要看结果。如果参加人员都感到收获满满，资助单位也得到应有的回报，方方面面皆大欢喜，那才叫圆满成功。后来不少商会、协会也学习这种做法，对提高活动的水平和质量，起到了积极作用。

维护民营经济合法权益，促进民营经济健康发展，是省民促会的主要职责，也是广大会员企业的迫切要求。十多年来，省民促会共接待和受理会员企业投诉近900件，办理各类维权案件258件，为会员企业直接挽回和避免经济损失5亿多元。通过广泛开展对会员企业学法、懂法、用法活动，不仅增强了企业家的法律意识，而且也提高了他们依法维权的能力。

2015年，根据有关文件精神，我辞去了在省民促会的一切职务，创办了自媒体微信公众号"胜春光郭运敏"。我在首发文中写道："互联网+"大潮滚滚而来，我也被"+"了进去。本着"歌颂新时代，赞美新生活，弘扬真善美，传播正能量"的指导思想，今天正式开通个人微信公众号"胜春光"。主要发表自己的所见所闻、所言所行、所思所悟、所创诗文，以期为民营企业的健康发展、民营企业家的健康成长尽绵薄之力。想不到这小平台也能发挥大作用。到目前已推送240多期，发表各种文章、诗词250多篇，共计40多万字，阅读量早已超过百万人次。

通过这个平台，我及时宣传了党的十八大、十九大精神和习近平总书记的重要讲话精神，宣传了中共中央、国务院和省委、省政府关于引导支持民营企业大力发展的方针政策，结合实际，引导民营企业家把个人梦、企业梦和中华民族伟大复兴的中国梦紧密结合起来，大力弘扬爱国、敬业、创新、守法、诚信、贡献的企业家精神，建功新时代，再创新辉煌。

通过这个平台，我还和省内外的民营企业、民营企业家以及商会协会组织建立了广泛的联系，通过演讲、座谈和发表文章向企业家讲做人之道和经商之道，既讲"商圣"范蠡三聚千金、三散千金的故事，江南首富沈万山炫富招祸的故事，康百万"留余忌尽"家业传承 12 代、400 多年的故事，近代爱国主义企业家张謇强国报国的故事，也讲华为集团任正非、福耀玻璃集团曹德旺、格力集团董明珠等人创业创新的故事，引导企业家树立正确的财富观，正确处理好企业和国家与社会的关系，勇于承担社会责任，做一个受人尊重的企业家。

作为一个老年志愿者，我还利用一切机会为民营企业发展建言献策，为创新创业加油鼓劲。我在兰考县的演讲《弘扬焦裕禄精神，让创业之花开遍兰考大地》，在全省中小企业创业创新大赛上的演讲《为中小企业创新创业鼓与呼》，在河南省职业技术学院的演讲《和大学生谈人生与创业》，等等，不仅给创业者、企业家讲形势、讲政策、讲前景，还向他们赠送"望远镜""显微镜"等"五大法宝"，不仅坚定了他们创业的信心，而且使他们在前进的道路上少走了许多弯路。

加强民营企业党的建设，是促进民营企业健康发展的根本保证。按照习近平总书记和党中央关于加强两非组织党的建设的重要指示精神，我总结并宣传圆方集团、大桥石化等民营企业党建先进单位"围绕发展抓党建，抓好党建促发展"的经验，从理论和事实的结合上说明，党建抓实了就是生产力，党建抓细了就是凝聚力，党建抓强了就是竞争力。我关于《加强民企党建要处理好五个关系》的演讲，受到了省市组织部门和基层党组织的肯定和称赞。在"不忘初心、牢记使命"主题教育中，我多次应邀为民营企业、商协会组织和街道社区讲党课，努力做到深入浅出、通俗易懂，通过大量生动的故事、有力的数据、典型的案例和自己入党几十年来成长的经历和感悟，让大家听起来津津有味，入脑入心，受到大家的普遍欢迎。

多年来，我和民营企业、民营企业家的联系从来没有间断过，即使在新冠肺炎疫情最严重的日子，我也坚持和他们联系，关心他们的生活和企业情况，在甘苦与共、风雨同行中建立了深厚感情。党的十九大代表、圆方集团党委书记兼总裁薛荣在抗疫一线发给我的微信令我动容。在抗疫中，圆方集团的 6 万名员工都站在第一线，特别是物业服务的 126 家医院的 16000 名员工都在疫情的高风险岗位上。她和共产党员、入党积极分子冲锋在前，用行动、用生命去诠释圆方共产党员"平时看出来，困难站出来，危急豁出来"的铮铮誓言。大桥石化集团董事长张贵林在抗击疫情的第一时间，代表企业捐款 500 万元，用于建立郑州的"小汤山"医院。他们的事迹让我深受感动和振奋，我在微信里公众号上连续发表了《抗疫期间和民营企业家的八次通话》《令我感动的薛书记短信》《民营企业是抗疫的"硬核"力量》和《抗疫赞歌》，产生了良好的社会反响。

我爱春花勤护养，春花对我情更长。有付出就会有收获，我付出的是心血和热情，收获的是民营企业和民营企业家的信任和尊重。且莫说我的每篇演讲和文章发表后，都会收到数不清的点赞，给我带来的是喜悦，也莫说不少人通过各种形式关心我的生活和健康，让我感到温暖。使我更难忘怀的是，在我生病住院期间，许多企业家朋友，还有夫妇一起到医院看望，让我感到欣慰。特别是郑州美林通科技公司董事长张学现，从晚上 10 点到凌晨 3 点上网查阅有关资料，为我早日康复提出了很多宝贵意见，令我十分感动。我在为民营企业继续提供服务的同时，也积极参加各种社会公益活动，特别是为青少年健康成长助力，传承红色基因，得到了有关部门的肯定和鼓励。2017 年，我被河南省委老干部局评为"时代老人"。2019 年，出版了《商海宝典——创业者必读的 365 个经典故事》。2020 年，被中国关工委评为"全国关心下一代先进工作者"。面对这些成果和荣誉，我不仅为"盛世心映夕阳美，老树迎春更著花"充满了自豪感，而且也增强了继续前行的信心和力量。

2021 年 9 月 26 日

辑二

商为人之道

"商圣"范蠡的经商之道

在我国历史上，巨商大贾，不计其数，而被历代尊奉为"商圣"的只有范蠡。范蠡，春秋时代楚国宛（今河南南阳市）人，他从小博学多才，胸怀大志。年轻时和文种由楚国到越国谋求发展。那时越国刚被吴国战败，正处在危难之中。为了取得吴王夫差的理解和信任，范蠡和越王勾践到吴国为奴三年，受尽了艰辛和屈辱。回国后又和文种一起制定了"十年生聚""十年教训""灭吴九术"等兴国灭吴的战略规划。越国强大之后，范蠡亲率大军一举大败吴国，立下奇功，被封为上将军。正当功成名就、政治生涯处在顶峰之时，因他看透勾践是一个只能共患难、不能共富贵的人，便毅然离去，而文种因不听范蠡劝告，结果被勾践杀害。范蠡辞官下海，二次创业，在19年时间里又创造了三致巨富、三散千金的人生辉煌。这不仅在当时无人企及，连后人也不能望其项背。范蠡不愧是杰出的政治家、军事家、实业家、慈善家。人们曾以"忠以报国、勇以克敌、智以保身、商以致富"来赞誉他传奇的一生。今天当我拨开历史的雾霾，重新审视和解读这位中国公认的商界圣星，依然认为他富有哲理的经济思想、商业理念、经营智慧和商业美德是值得我们学习和借鉴的典范。

一、审时度势、择地生财的战略眼光

经商如作战，商场如战场，选择有利的经营地点和环境，对取得经营成功至关重要。范蠡首先选中了齐国临海的一片地方，这里有得天独厚的资源优势，土地肥沃，地多人少，适合发展农业，濒临海边，可以用水煮盐，还可以下海捕鱼。他还因地制宜发明了"水池养鱼"，并著有《养鱼经》，成为世界上第一部养鱼专著。范蠡不但重视资源开发，而且特别重视资源的加工利用，使其不断增值。他把别人不买的竹子，以极低的价格收购，长的制作战塔竹，短的制成竹扫帚；把别人不买的芦苇以极低的价格收购，长的编成苇席，短的制成芦花扫帚；把别人不要的树垛买回来，粗的制成砧板，细的制成棒杆。由于范蠡会经营，善管理，很快成为齐国拥有千金的首富。由于他经营有方又乐善好施，被齐国聘为副相，后来他觉得一个布衣久受尊名，恐怕不祥，又挂印封金，飘然离去。

范蠡辞官后，带领全家迁至齐国西北陶，再次白手起家，开始创业。在范蠡看来，陶的地理位置十分优越，是天下的中心，东邻齐、鲁，南通楚、越，西达秦、郑，北连晋、燕。而越国产蚕桑，齐国广耕助，秦国多冶炼，赵国善土木，各国有各国的特产和需求，通过促成各国间的商品交流，从中获得丰厚利润，是经营贸易的极佳地方。果然，在范蠡的推动下，陶这个地方不久就成为春秋末期东周的经济枢纽，贸易之都，而范蠡本人再次成为千金巨富。

二、农末俱利、平粜各物的经济思想

范蠡作为杰出的政治家、实业家，他不仅具有治国理政的丰富经验，而且具有发展商业经济的远见卓识，他看问题往往着眼于经济发展和商业繁荣的大局。在那个农耕时代，他认为在发展农业的基础上，也要发展工商业，提出"劝农桑，务积谷"，为了实现经济的均衡发展，他还提出要做到"农末俱利""平粜各物"。

春秋末年，范蠡提出的"农末俱利"的思想具有重要意义。首先，他提出了谷贱伤农、谷贵伤末的问题，通过把价格调整到一定范围内而做到"农末俱利"，这样既可以促进农业发展，又利于工商业的发展，使国民经济各部门能够协调发展。其次，他明确提出了商品价格对生产与流通的作用，尤其是恰当地处理好农产品价格与其他商品价格的关系对生产与流通的作用。最后，范蠡在强调价格调节等经济手段的作用时，也强调了政府在平抑物价方面的重要作用。这就是在丰收年国家要把粮食收购储藏起来，在歉收年平价出售。在今天，如何切实保护农民的利益，仍然是个大问题，而且农产品的价格浮动又直接影响着种植业、养殖业、加工业和商业零售业的价格浮动，可以说是牵一发而动全身。要实现农业稳定，各业繁荣，既要发挥市场的调节作用，也要发挥政府的控制作用。作为企业家，眼光不能只盯着企业的局部利益，而要有大局意识，战略眼光，这样才能在市场发生变化时，及时应对，站稳脚跟。

三、仁义为本、诚实守信的商业美德

仁义诚信是商业文化的核心和灵魂，也是范蠡商业美德的最大特点。他到齐地后，和妻儿一起下田耕作，对待雇佣的人员生活上十分关心，遇到灾年减产，就减免地租，同时开粥场救济灾民。在年初，他和一些农民、商人签订商品收购合同，到年底如果商品价格上涨，范蠡就按照市场价格收购；如果价格下跌，就严格按照合约价格履行，因此，当地农民和各国商人都愿意和他做生意，工匠和农民也愿意为他做工。这样表面好像吃了亏，但是由于拥有大量稳定的优质客户，使成本大大降低，使规模不断扩大。范蠡的行为再次说明只有让别人得到利益，自己才能获得更大的利益；只有走合作共赢的道路，才能使企业发展壮大。

范蠡诚实守信的美誉也赢得更多人的帮助和支持。有一次，范蠡因资金周转不灵，向一个富户借了十万块钱。一年后，这个富户带着各家的借据出门讨债，不慎将包裹掉到江中，几十万元的借据和路费都没有了。无可奈何之际，他来到范蠡家里，在没有借据的情况下，范蠡不仅如数还清了本钱和利息，还额外赠送他一笔路费。由此，范蠡讲究诚信的美名更是远播天下。之后，范蠡为了扩大生意，每次资金短缺，各富户都主动送钱上门，帮助范蠡渡过了危机。范蠡抓住了商机，生意越做越红火。

相传范蠡还是十六两秤的发明者，据说当时为了设置秤的度量衡单位，范蠡用南极六星和北斗七星，外加福禄寿三星，组成了十六称的"秤星"，并告诫商人，缺一两折福，缺二两折禄，缺三两折寿，在任何情况下都要诚信经营，公平交易，不能干缺斤短两的事。这种十六两秤，一用就是两千多年。这些寓意深刻的故事，说明人们把范蠡当作仁义诚信美德的化身，作为商人仿效的榜样和供奉的偶像，这便是范蠡作为"商圣"千古流芳的真实原因。

四、人弃我取、人取我予的经商智慧

范蠡在经商实践中，善于认识和运用经济规律，提出许多精辟独到的商业理论和经营规则，今天对我们仍有重要的借鉴价值。

一是人弃我取，人取我予。在农耕时代，市场上流通的主要是粮食、皮货、丝绸等农产品，这些产品的多少，和天时变化的规律密切相关。范蠡按照时节、气候、民情、风俗等自然特点进行灵活经营，制定了"人弃我取，人取我予，顺其自然，待机而动"的经营策略。

二是加速周转，行如流水。范蠡主张在充分做好商品储备的前提下，要做到"货无留""无息币"，就是说无论是商品还是货币，都不要停留在手中而要像流水一样，不停地加快周转。不要老是等更高的价格再出手，因为价格总是会向其反方向发展，"贵上极则反贱，贱下级则反贵"，一味追求高价，就可能错失良机，应该把握好机会，该出手时就出手，快进快出，才能赚到更多的利润。

三是薄利多销，不敢居贵。在商品的营销过程中，薄利是手段，多销是目的。范蠡主张"不敢居贵"，不要通过抬高价格，牟取暴利，而要以薄利多销为主要手段，仅"逐什一之利"就可成交。范蠡讲究的是价格合理，公平交易，他与投机奸商不同之处在于进不压价，出不抬价，靠薄利多销，加快周转来增加盈利的总额，这在今天仍然是一项重要的营销原则。

四是预测行情，抢占先机。范蠡认为市场上货物的多少，价格的涨落是有规律可循的，商品供不应求时则价格贵，而供过于求时则价格贱，物之多少，价之贵贱，都会向其反面转化。他按照他的老师计然"论其有余不足，则知贵贱"的理论，预测行情和价格的变化，提出一套购销原则，即"贱取如珠玉，贵出如粪土"。要像重视珠玉那样对待降低的物品，尽量购进，并像收藏珠宝一样精心地把货物储存起来，等到商品的价格上涨之后，要像抛弃粪土那样毫不吝惜地将货物全部卖掉。在"贱取""贵出"中收取合理的差价，这样可以旱涝保收，只赚不赔，可见范蠡的经商艺术是何等的精妙绝伦。

五、富行其德、三散千金的慈善情怀

如何创造财富，显示的是企业家的才能和智慧，而如何使用财富，显示的则是企业家的胸怀和境界。在这两个方面范蠡都为后人树立了楷模。范蠡到齐国先是搞滨海开发，开荒种地，兼营商业，没几年就积累了数千万家产，他仗义疏财，施善乡梓，此为一散千金；到齐国为相三年，再次急流勇退，散尽家里财产给知交和老乡，此为二散千金；到陶后，没出几年，经商积资又成巨富，再次将财产施与贫困人家和亲朋好友，此为三散千金。范蠡三致巨富，三次"裸捐"的壮举，在我国历史上绝无仅有。史学家司马迁称赞"范蠡三迁皆有荣名"。所以范蠡不仅是著名的政治家、军事军、实业家，而且也是著名的慈善大家。范蠡为什么会有如此超出常人的慈善壮举呢？首先，这是由于他"富好行其德"，具有高贵的道德品质，同时也和他的物极必反、盛极必衰的哲学思想有密切关系。这正如他在辞去齐相时所说的，"居官致卿相，治家达千金，这对一介布衣来讲，已经到了极致，久受尊名，恐怕不祥"。另外，我想这也和范蠡明哲保身的思想有关，他看惯了人生的起起落落，不可能不考虑自己的荣辱进退。正因为范蠡善于"智以保身"，故活到 88 岁的高龄，寿终正寝。

作为一代"商圣"的范蠡，他所处的时代和经商环境与当今社会大不相同，但从他所代表的优秀传统商业文化中，我们可以得到丰富的滋养和有益的启迪。首先，做一个新时代的企业家要志存高远，目光远大，敢于谋大事，创大业。其次，要做到君子爱财，取之有道，要靠诚实劳动，正当经营创造财富，而不能靠巧取豪夺，非法牟利发不义之财。最后，在具有一定财富后，不能炫富耀富，更不能为富不仁，肆意挥霍，要自觉回报社会，关心民祉，积极参与公益事业，为建设和谐社会做出应有的贡献。

2016 年 8 月 15 日

"四留余"是康百万的传家宝

　　我曾到苏州看过"沈万三故居",到杭州看过"胡雪岩故居",到山西看过"乔家大院",到四川看过"刘文彩庄园"。但是看的次数最多的还是河南的"康百万庄园"。这些地方各有特色,都给我留下了深刻的印象,但仅从怎样把民营企业做大、做强、做久引发的思考和启迪来说,给我印象最深的还是康百万庄园。

　　康百万庄园坐落在巩义市的康店镇,2001 年被公布为全国重点文物保护单位,其面积是乔家大院的九倍。明清时期,康百万、沈万三、阮子兰被民间称为三大活财神。民国时期,"东刘、西张,中间夹个老康",是形容中原三大巨富的。"东刘"是指尉氏的刘小武;"西张"是指新安的张钫;"老康"不是特指某一个人,而是明清以来对以康应魁为代表的整个康氏家族的统称,因慈禧册封而名扬。从历史的角度看,康百万不愧是豫商的杰出代表,其庄园也已成为豫商的精神家园。我在文章和演讲里,曾多次提到过康百万作为企业做大、做强、做久的典型案例,今天就和大家一起来探究康百万是怎样发家致富的,其致富的秘诀何在,对今天民营企业的发展又有哪些启迪。

一、康百万"大、强、久"的发展史

"千里始足下，高山起微尘。"康家的发家史要从康店的地名说起。明代洪武年间，始祖康守信随母亲赵氏从山西洪洞县迁至洛河边，为了维持生计，在洛河岸边开了一家小店铺，取名为康家店，主要经营餐饮、住宿之类的生意。因为讲究信誉，对人谦和，这个店铺慢慢有了名气，后来这个地方就正式更名为康店。这说明康氏家业也是由小到大逐步发展起来的。

康家生意从第六世康绍敬开始慢慢有了起色，他任山东东昌府大使，管理地方盐业和水陆交通。盐业自汉代以来都由国家专营，明清时期发展成为官督商办，使官与商交往甚密，为康家后来经商山东打下了非常重要的基础。到十一世康惠时，与明朝皇族后裔联姻，获得丰厚的经济基础，实力大增。经过几代人的努力，生意发展到十二世康大勇时有了重要转折。这个时期是清朝初年，康熙皇帝非常重视漕运，康大勇紧抓机遇，毅然改变仕不经商的世俗观念，开辟了自家的船队。当时康家大小船只应有尽有，在山东和河南之间贩盐贩粮，康家的土地在这个时期已达到数千亩。到十四世康应魁时，他利用清廷镇压白莲教之机，贿通清廷百万大军的将领勒保，供应全军十年的粮食、棉花、布匹，发了横财，开辟了三原、泾阳、富平等棉花基地，家族生意已经遍及豫、陕、鲁三省十八县，船行洛、黄、沂、泾、渭、运六河，土地达十八万亩，家产达到鼎盛时期，两次悬挂"良田千顷"金字匾额。这个时期的家业之大被形容为"富甲三省，船行六河""头枕泾阳、西安，脚踏临沂、济南，马跑千里不吃别家草，人行千里尽是康家田"。直到第十八代，由于社会和家族的原因，才逐渐败落下来。

中国人常说"富不过三代"，康氏家族却富了十二代，而且规模之大，实力之强，时间之久，也都是绝无仅有的，可以说，他们在我国历史上创造了致富的神话。那么，康家致富的秘密何在？秘密就在康百万庄园。

二、"四留余"是康百万的传家宝

康百万庄园不同于其他地主庄园的最大特点，就是文化氛围特别浓厚。它给我印象最深的就是，康百万家族 400 年来不仅积累了大量的财富，而且积淀了深厚的思想和文化，从某种意义说，康百万庄园就是一座家族文化、企业文化的宝库。一走进庄园，那无处不在的楹联、匾额、石碑，让人应接不暇，内容包含修身、治家、孝悌、教子、经商、为官、做人等诸多方面。比如"志欲光前惟是读书教子，心存裕后莫如勤俭持家""克俭克勤思其艰以图其易，是彝是训言有物而行有恒"等，告诫后代要懂得创业的艰难，守成的不易，从而一代一代发奋图强。这些内涵丰富、充满哲理的楹联，无不让人深受启迪，收益良多。

当然，在康百万庄园众多的楹联、匾额中，最值得称道的还是被称为传家之宝和镇馆之宝的"留余"匾。"留余"匾是康家珍藏的中华名匾之一，现悬挂于康百万庄园主宅区一院过厅内，是康家教育子弟的家训匾，也是儒家"财不可露尽，势不可使尽"中庸思想的集中体现。"留余"匾造型独特，上凹下凸，形似一面招展的旗帜，上凹意为"上留余于天，对得起朝廷"，下凸意为"下留余于地，对得起百姓与子孙"。匾上共 174 个字，正文为：

> 留耕道人《四留铭》云："留有余，不尽之巧以还造化；留有余，不尽之禄以还朝廷；留有余，不尽之财以还百姓；留有余，不尽之福以还子孙。"盖造物忌盈，事太尽，未有不贻后悔者。高景逸所云："临事让人一步，自有余地；临财放宽一分，自有余味。"推之，凡事皆然。坦园老伯以"留余"二字颜其堂，盖取留耕道人之铭，以示其子孙者。为题数语，并取夏峰先生训其诸子之词，以括之曰："若辈

知昌家之道乎？留余忌尽而已。"时同治辛末端月朔，愚侄牛瑄敬题。

其大意是，留耕道人王伯大的《四留铭》中说："留有余地，不把技巧使尽以还给造物主；留有余地，不把俸禄得尽以还给朝廷；留有余地，不把财物占尽以还给老百姓；留有余地，不把福分享尽以留给子孙后代。"大概老天爷反对贪得无厌，做事过分。因为太过分了，没有不留下悔恨的。明朝隐士高景逸说过："遇事让人一步，自然有周转的余地；遇到财物放宽一分，自然就有其中的乐趣。"推而言之，所有的事情都是如此。坦园老伯把"留余"二字题于匾额，挂在堂上，大概就是采用留耕道人的《四留铭》来告诫他的后代子孙吧！为你们写这几句话，并取夏先生教训他儿子的话，概括起来说："你们这些后辈知道发家之道吗？那就是凡事留有余地，不做尽做绝罢了。"

在康百万庄园除了"留余"匾，还有一个值得一提的"石案铭"。"石案铭"比较隐蔽，我去过几次都未发现。它隐藏在一个普通的石桌下面，康家人只有用水盆或镜子在石案下映照才能看到。"石案铭"中有九个"留余"，彰显了康氏家族的做人准则：

知人不必言尽，留三分余地于人，留些口德于己；

责人不必苛尽，留三分余地于人，留些肚量于己；

才能不必傲尽，留三分余地于人，留些内涵于己；

锋芒不必露尽，留三分余地于人，留些收敛于己；

有功不必邀尽，留三分余地于人，留些谦让于己；

得理不必抢尽，留三分余地于人，留些宽容于己；

得宠不必恃尽，留三分余地于人，留些后路于己；

气势不必倚尽，留三分余地于人，留些厚道于己；

富贵不必享尽，留三分余地于人，留些福泽于己。

如果说"留余"匾是从宏观上讲家族企业与造化、朝廷、百姓、子孙的关系，那么"石案铭"则是从微观上讲人与人之间的关系。因此，也可以把"石案铭"看作"留余"匾的补充和延伸。其总的原则就是"留余忌尽"，无论是经商还是做事，都要留有余地，穷奢极欲，登峰造极，则树大招风，物极必反，越是站得高越是跌得重，而处处留余才能宠辱不惊，成不招人嫉恨，败也有回旋余地，从头再来。这可以看作康家致富守富的精神内涵，或者说秘诀所在。

三、"留余"文化值得民营企业借鉴

"留余忌尽"的文化思想，是我国儒家中庸之道的重要体现，它不仅是康家致富守富的传家之宝，也是我们中华民族传统文化宝库中的一颗耀眼的明珠。今天，民营企业特别是家族企业仍然需要认真学习和借鉴，从中汲取有益的滋养。结合民营企业的发展实践，我认为一定要正确处理好以下几个关系。

第一，要处理好企业发展与保护好资源的关系。"四留余"的第一条讲"不尽之巧以还造化"，造化就是造物主，就是老百姓常说的老天爷，实际上也就是大自然。企业发展一定要坚持"天人合一"的理念，要敬畏大自然，爱护大自然，保护大自然，做到人与自然和谐相处，共荣共生。前些年有些地方对森林乱砍滥伐，对矿产无序开采，破坏了生态平衡，已经得到了大自然的报应，这些教训，必须记取。所以一定要牢固树立"绿水青山就是金山银山"的发展理念，只有在保护好资源的前提下合理开发利用资源，企业才能得到永续发展。

第二，要处理好企业和政府的关系。政商关系，历来都是经商者在处理各种关系中最重要的一个关系，也是考验经商者能力和智慧的一个试金石，即便是像沈万三、胡雪岩这些有名的巨商大贾，也因为政商关系处理不当，而落得个家破人亡的可悲下场。康百万家族之所以家业兴旺，久传不衰，和他们能够巧妙地处理和朝廷以及地方政府的关系分不开。"禄之不尽以还朝廷"，一是要有感恩思想，二是不能有过高的要求，三是还要做出贡献，这样才能得到官府的支持。时代不同，今非昔比，现在民营企业是国民经济的重要组成部分，民营企业家是社会主义建设者，我们的各级政府是为人民服务的政府，企业和政府都要努力按照党的要求，建立新型的"亲清"关系。

第三，要处理好企业和社会与民众的关系。企业是社会的细胞，只有在稳定和谐的社会环境中才能得到生存和发展。因此，奉献社会，服务民众也是企业应尽的责任。康氏家族按照"留有余，不尽之财以还百姓"，坚持义中取财，财归于义，彰显了他们的深谋远虑。他们处处与人为善，例如为当地修建学校、修筑黄河大堤、赈济救灾等，从而为自己营造了一个良好的营商环境，为兴家致富奠定了坚实的基础，同时也为自己赢得了"康善人"的口碑。民营企业家也要富而思源，回报社会，多做扶贫济困、捐资办学、尊老助老等公益事业，不要做一毛不拔的"铁公鸡"，而要做一个多行善举受人尊重的企业家，企业才会有更加广阔的发展前景。

第四，要处理好创业者和子孙后代的关系。富不过三代的问题，不仅中国有，外国也有，可以说是个世界性的问题，康家能富过十二代实属难能可贵。我认为其中最重要的是两条，一是财富传承，二是人才培养。"福之不尽以留子孙"，这样才使财富传承有了基础。现在有些老板致富之后，缺乏长远观念，今朝有酒今朝醉，香车豪宅，挥金如土，甚至寅吃卯粮，负债消费，不仅没有留下财富，而且也使子女沾染上了高消费的恶习。所以艰苦创业，勤俭持家，是企业家对下一代传承的永恒主题。康家在长达 400 年的历史中，由于重视人才培养，所以康家可以说是人才济济，从明代到现代，有功名的人物就有 412 位。康家对人才的培养，可以说费尽心机，不仅不惜重金办最好的学校，请最好的老师，就连厕所里边都布置了一个读书的场景，用"寸金难买寸光阴"的古训鞭策子孙后代求学上进。而康氏家族的衰落，虽然有历史、社会的各种原因，但根本的原因还是接班人出了问题。在第十七代、十八代的 25 个子孙中，有 18 个都吸食大烟，号称"18 杆大烟枪"。据说，他们一天吸大烟耗费的银两相当于 5000 人的口粮。这些纨绔子弟肆意挥霍，坐吃山空，终于使这一显赫的家族逐渐败落，想来真是令人痛心。

第五，要处理好人与人之间的关系。企业的生存和发展不但需要良好的社会环境，也需要良好的人际关系。作为一个企业家，和四种人的关系特别重要，首先是员工。光靠严格的管理制度是不行的，关键是要保护好员工的合法权益和利益，得其应得，有其应有，并给予员工真心真情的关怀，才能留住人留住心。其次是顾客，必须做到诚实守信，货真价实，让顾客感到物有所值，如果能做到增值服务，那就会吸引更多的顾客。再次是竞争对手。尽管讲市场如战场，但绝不可到处树敌，而是要像康家那样"有钱大家赚"，坚持共商共建共赢，学会抱团取暖。最后是家庭成员，常言说"家和万事兴"，凡是成功的企业，背后都有一个幸福的家庭，而家庭的破裂，也往往导致企业的败落。

我想每一位民营企业家，都会从康百万家族盛衰成败的经验教训中得出有益的启迪，从而使自己的企业在做大、做强、做久的道路上迈出新的步伐。

2021 年 8 月 12 日

明朝首富沈万三的教训与启迪

大凡去过苏州周庄古镇旅游的人，无不对那里小桥流水人家的江南水乡留下美好的印象，有人曾赞美它好像镶嵌在淀山湖畔的一颗明珠。周庄四面环水，全镇依河成街，桥街相连，河埠廊坊，过街骑楼，商铺林立，游人如织，显得既繁华富足又古朴幽静。

周庄从一个名不见经传的乡村小集，发展成为闻名遐迩的商业名镇，和明朝首富沈万三是分不开的，这里曾是他发迹致富的风水宝地。坐落在周庄的沈万三故居，参照沈万三致富的各种传说、经商的坎坷历史、一生的传奇经历和沈家生活起居的场景，通过各种艺术手段予以展示，已成为周庄重要的人文旅游景点。

但我们今天要探究的既非旅游，也非历史，而是要穿越历史的风云，揭开沈万三种种神秘的面纱，从他创富、暴富、炫富到败落的过程中得出应该汲取的教训与启迪。

一、创富暴富，成为首富

沈万三究竟是怎样发家致富的，众说纷纭，根据有关资料，我觉得有三种说法是比较可信的。

一是躬耕起家垦田致富。在我国漫长的农耕时代，沈万三也和其他豪商巨富一样，是靠经营农业发家致富完成原始积累的。沈万三随父亲来到周庄后，起初耕种的是一片低洼的田地，只出产芦苇和茅草，他们勤于耕作，使之成了产量颇高的熟地。周庄一带土地肥沃、气候温和、灌溉方便，历来是种植粮食和油菜、种桑养蚕的好地方。沈万三"躬耕起家"后，随即"广辟田宅，富累金玉"，以致"资巨万万，田产遍于天下"。周庄八景之一的"东庄积雪"，那里曾有许多巨大的粮仓，每年都储藏着不计其数的粮食，那便是沈氏庄园的真实写照。

二是陆氏赠财如虎添翼。常言说，马不吃夜草不肥，人不得外财不富。当时苏州有一富翁陆德源，富甲江左，他很欣赏沈万三的聪明才智和经商信用，觉得自己已经年老，也看破了红尘，手里的巨额财产如果不传给别人，一旦时局动荡，反而会酿成祸害。于是便全部赠送给了沈万三，自己去澄湖边的开云馆当了道士，直到寿终。沈万三得到了陆家的这笔巨资，如虎添翼，这笔巨资在沈万三以后暴富的过程中发挥了重要作用。

三是出海通番国际贸易。沈万三完成了原始积累并得到了陆氏的巨资后，一方面继续开辟田宅，另一方面他利用周庄"东走沪渎，南通浙境"，水路交通发达的优势，把内地的丝绸、瓷器、粮食和手工艺品等运往海外，又将海外的珠宝、象牙、犀角、香料和药材运到中国，开始了"竞以求富为务"的对外贸易活动，很快使自己成为江南第一豪富，也是全国的首富，创造了令世人难以想象的经商奇迹。有关他"点金术""聚宝盆"的种种带有神秘色彩的传说故事，一方面反映出他财富多到不可胜数，另一方面也反映了他生财聚财的技巧高超。

二、炫富招祸，彻底败落

人们不禁要问，沈万三作为当时全国首富，他到底有多少钱呢？现在比较正规的说法是，沈万三巅峰时期有白银 20 亿两，按照如今的购买力折算，大约相当于 2 万亿。沈万三拥有巨额财富后，不仅过着花天酒地、骄奢淫逸的生活，而且特别爱炫富显摆。明朝开国皇帝朱元璋取得政权后，准备在南京建都，并决定扩建应天城，把它建得非常有气派。但由于战事频繁，开支浩大，根本无钱修筑城墙。富豪沈万三得知后，答应负责完成三分之一的工程，修建聚宝门至水西门一段，还有廊坊、街道、桥梁、水关和署邸等相关工程。他不仅聘请了一流的建造师，还整天在工地上督促进度，检查质量，结果比皇家修筑的城墙提前三天完成。他自以为得意，不承想驳了皇帝的面子，使朱元璋大为不悦。

随后，他竟又向朱元璋提出，以自己的百万两黄金代替皇帝犒赏三军。朱元璋质问沈万三："我有百万大军，你有多少钱可以赏赐？"沈万三回答说："我先每人赏金一两。"朱元璋听后大怒说："匹夫敢犒劳天子的军队，绝对的乱民，该杀。"马皇后进谏说："我听说法律这个东西，是用来诛杀不法之徒的，不是用来诛杀不祥之人。老百姓富可敌国，是老百姓自己不祥，不祥之民，苍天必然会降灾祸给他，陛下又何必再杀他。"朱元璋听了有些解气，饶了沈万三的死罪，把他流放到云南去了。

沈万三客死云南之后，沈家又遭到两次大的打击，财产被没收，亲属子弟有的被处死，有的被流放，有的隐姓埋名散落他乡，盛极一时的沈万三家族就这样灰飞烟灭在历史的长河之中。

三、发人深省，引以为鉴

沈万三从发家致富到登峰造极，又从财富的巅峰滑落到人生的深渊，这些跌宕起伏的传奇故事引发了我们的种种思考，我们从他的教训中可以得出三点有益的启迪。

一是金钱不是万能的。像沈万三一样的有钱人，思想上往往容易犯一种毛病，总认为"钱可通神""有钱能使鬼推磨"，有了钱就可以摆平一切，得到一切。沈万三曾经支持过农民起义领袖张士诚在苏州的大周政权，张士诚也曾为沈万三树碑立传并为他经商致富提供了不少方便。朱元璋定都南京后，沈万三故伎重演，帮助朱元璋修建城墙。其实他也从中得到了不少好处，比如朱元璋给他两个儿子封了官，并为他在南京修建宅院等方面提供了不少优惠政策。沈万山为了得到更大的利益，提出替皇帝犒赏三军，想不到这下触动了朱元璋那根最敏感的神经，被贬云南，客死他乡。

二是金钱是把双刃剑。金钱可以给人带来幸福，金钱也可以给人带来痛苦；金钱可以给人带来快乐，金钱也可以给人带来烦恼；金钱可以把人送进天堂，金钱也可以把人带进地狱。如何创造财富，需要的是胆识和能力，但如何对待财富，需要的则是智慧和情怀。"商圣"范蠡三聚千金，三散千金，成为千古美谈。同为活财神的康百万，以"四留余"的经营理念，使家族企业传承了24代、400多年。和他们相比，沈万三既没有范蠡的高尚情怀，也没有康百万的商业智慧，只会赚钱玩钱、造富炫富，最终落得个可悲的下场。

三是民营企业家要树立正确的财富观。首先要坚守"君子爱财，取之有道，视之有度，用之有节"的古训，要依法经营，诚实守信，用正当的手段创造财富、积累财富，用正确的态度对待财富、利用财富。其次要正确处理好个人和国家的关系。要牢固树立"天下兴亡，匹夫有责"的家国情怀，富而思源，富而报国，把为国家做贡献当作应尽的责任和担当。最后要处理好企业和社会与民众的关系。企业是社会的细胞，只有依靠社会和民众的滋养，企业才能健康地生存和发展。所以企业拥有财富后，要回报社会，要关爱民众，特别要关注弱势群体，多做一些扶贫济困、捐资助学、敬老爱老的公益活动。企业只有深深地根植于社会与民众之中，才能基业长青。

企业家和创业者一定要牢记两个基本的观点：一是企业家的最高境界就是慈善家；二是一个心无国家、目无民众的老板，哪怕拥有再多的财富，最终都不会有好的结局。

2019 年 3 月 30 日

"财神"的启示

我国民间素有信奉、祭拜财神的习俗，特别是春节期间，迎财神、送财神几乎是家家户户必须上演的节目。人们燃放鞭炮，摆上供果，毕恭毕敬地向财神顶礼膜拜，希望财神保来年大吉大利。这一举动真切地反映出人们期盼平安吉祥、求财纳福的心理与追求。

随着时代的变迁，在不同的区域，人们祭拜的财神也各有不同。总的来说，财神分为两大类：一是道教赐封的，二是民间信仰的。目前，我国民众供奉的财神主要有子贡、范蠡、白圭、关公、比干、赵公明、康百万、沈万三、阮子兰等。在财神中，又分为武财神和文财神，武财神主要是赵公明和关公。赵公明即赵公元帅，原是道教的冥神，能驱雷役电，呼风唤雨，除瘟降灾，在《封神演义》中，被姜太公封为"金龙如意正一龙虎玄坛真君"，管辖招宝、纳珍、招财、利市四神，成为一位真正的财神爷，故由他分配民间的财富最为公平，被称为"镇宅之神"和"公平之神"。关公因有"千古忠义第一人"的美誉，被奉为"武圣人"。由于商贾们敬仰他的忠诚和信义，故称他为"忠义财神"。在文财神中，主要有比干和范蠡。比干本是殷纣王的叔父，为人忠耿正直，因直言劝谏，被纣王剖膛挖心。民间传说，比干怒视纣王，自己将心摘下，扔于地上，走出王宫，来到民间，广散财宝。因为他没了心，办事公道，无偏无向，所以被尊为"公正财神"。范蠡是春秋时期越王勾践的重臣，他在扶助勾践灭吴复国成就霸业后，急流勇退，辞官经商，成为一代巨富。他乐善好施，足智多谋，正直仗义，疏财济世，故被世人敬奉为"智慧财神"。至于子贡、白圭、康百万、沈万三、阮子兰，有些是既有致富实践又有经商理论的鼻祖，有些是富甲一方的巨商大贾，也被人们当作神明供奉。

通过人们祭拜的财神的不同可以看出，所谓财神，实际上是财富精神的化身。它反映的是人们对生财致富的愿望和对诚信经营、公平交易的期盼，或是把那些既富有高尚精神又富有商业智慧的巨商大贾作为崇拜的偶像。今天，我们所处的时代与环境和历史上的"财神"完全不同，作为民营企业，无论是经商还是创办企业，有党的一系列富民政策的指引和支持，有相关法律法规的保护和规范，而且改革开放以来，涌现出了一大批闪耀着时代精神的优秀企业家为我们树立了学习的榜样。但对于那些长期被人们供奉的"财神爷"，我们只要揭开其神秘的面纱，把他们作为成功的典型重新加以理解和审视，对他们所体现的中华民族的传统美德和超人的致富智慧进行研究和借鉴，对民营企业家如何把企业做大、做强、做久也会有一些有益的启示。

一、依靠大"后台"，才能发大财

纵观历史上那些成功的商业巨子，大都有一个共同的特点，就是善于处理和当时官府的关系。他们在经商过程中，特别注意发挥政府的优势，利用政府的资源，借助政府的政策，从而把自己从事的生意做大做强，这方面突出的代表当属康百万。康百万家族立足当时的国情和政策，走出了一条农、商、官结合，相互发展的路子。康百万家族从康家六世康绍敬开始发迹，到十二代康大勇破除"仕不经商"的世俗观念，改变过去只在洛河上做生意的传统习惯，开辟了山东基地，使康百万的经济势力范围由中原扩大到鲁南广大地区和江、淮一带。到十四代康应魁（堂号崇公），利用清廷镇压白莲教之机，为清廷全军供应棉花、布匹，开辟了三原、泾阳、富平等棉花基地，使康家进入"富甲三省，船行六河"的鼎盛时期。到十七代康建德，为接驾慈禧太后和光绪皇帝两宫逃难回鸾，花巨资大建行宫，受慈禧太后封赐而名扬天下，被民间奉为"活财神"。

像对待一切历史文化遗产一样，对待康百万的经营之道也要一分为二，批判继承，特别是对其官商结合中的有些做法，未必可取。但对康百万在长达 400 年的时间里，能够顺应历史潮流，着眼社会需求，依靠官府支持，用足当时政策，促使家族企业加快发展的经验，对今天的民营企业还是有借鉴之处的。笔者认为，要处理好政府与市场的关系，学好用好党和政府的相关政策，是一门大学问，应该成为每一位民营企业家的基本功和必修课。

二、抓住大机遇，做成大生意

经商盈利的诀窍在于低买高卖，做成生意的关键在于及时发现商机，并牢牢抓住商机，这都需要有敏锐的商业眼光和睿智的经营理念。在这方面被称为"商祖""财神"的白圭可以给我们许多有益的启迪。

白圭，初周（今河南洛阳）人，生活在群雄并起的战国时代。司马迁在《史记·货殖列传》中说："盖天下言治生，祖白圭。"意思是说，谈到天下做生意之事，白圭堪称众人的祖师。白圭以经营农产品为主，因擅长经营累至巨富并能回报社会而名满天下。他不仅有丰富的经商实践，而且总结出了一套系统的商业理论，"人弃我取，人取我与"这一著名的经营理念就是白圭最先提出来的。白圭致富取财之道的特点是，善于从大处着眼，通观市场全局，抓大机遇，做大生意，从不贪图小利，更不用阴谋诡计和商业欺诈牟取暴利。有一次，众多商户听说棉花要大丰收可能会降价，故而争先恐后地抛售棉花，有的怕压在手里而不惜狠压价格，以求尽快出手。白圭根据长期的经验和周密的调查分析，果断决定收尽市场上所有现存的棉花。由于收购的棉花太多，只好花钱租地方来存放。而那些卖光棉花的商户，听小道消息说，最近皮毛货物紧缺，又一窝蜂地抢购皮货。当时白圭的仓库里正保存着一批上好的皮毛货品，听到这个消息，他立刻卖出所有的库存皮货，从中获利颇丰。后来，由于天气阴雨连绵，棉花不但没有丰收，而且严重歉收，于是那些手中已经没有棉花存货的商户便开始到处求购棉花。这时，白圭便以很好的价格卖出了库存的全部棉花，赚得盆满钵满。

白圭如此巧妙地获取丰厚利润，并非巧合，也非靠运气，而是他长期研究商业规律的结果。白圭提出："夫岁熟取谷，予之丝漆；茧出取帛絮，予之食。"意思是说在丰收时节，粮食供过于求时低价收购，同时将各种丝织、漆器等生活用品卖向市场，等到蚕茧形成时节，低价买进丝帛丝絮等商品，同时把库存的粮食高价卖出。白圭认为一个有智慧的商家必须学会"知时"，即通过研究气候的变化，从中预测粮食生产的丰收、歉收、农灾等规律，再决定是否买进卖出。现在有些企业不善于清醒地认识市场形势和准确地把握商机，而是跟风逐浪，看别人干什么就跟着干什么，或是看什么赚钱就干什么，这种靠机会经营，靠运气赚钱经商办企业的做法，带有很大的盲目性和危险性。在当今国内外市场瞬息万变的形势下，我们学习借鉴白圭的经商理念和智慧仍然具有很强的现实意义。

三、拥有大智慧，才有大富贵

每一个经商办企业的人，都想拥有一个辉煌而完美的人生，既有巨额财富、尊贵地位，又家庭美满、长康长寿，但事实并非如此。即便是富甲江南被奉为"财神"的沈万三，也因过于炫富，要自拿银两"犒劳三军"而激怒了皇帝朱元璋，被贬云南，客死他乡。还有富可敌国的胡雪岩，因在向英国贷款时虚报利息，被清廷抓住把柄，虽未获罪入狱，但也晚年凄凉，郁郁而终。真正一生辉煌而又流芳百世的，还是"智慧财神"范蠡。司马迁曾用16个字对范蠡进行了概括："忠以为国，智以保身，商以致富，成名天下。"笔者以为，范蠡的人生智慧可以用 9 个字概括：懂舍得，晓利害，知进退。

在范蠡长达 80 多年的人生中，可圈可点、可歌可颂之处很多，其中有几大亮点，尤其闪耀着他伟大人生智慧的光芒。一是他在辅佐勾践灭吴复越中所建立的不朽功绩。二是在吴国灭亡后，不贪恋权势，急流勇退。三是经营有道，且乐善好施，他"三聚三散"的善举，已成为千古佳话。

物极必反，盛极必衰，有舍才有得，有退才有进，这些简单而朴实的道理，似乎人人都懂得，但是真正做到却很不容易，这难道不是需要每位企业家朋友深思吗？

本文所谈到的三位"财神"，都是我们河南老乡，他们是河南人的骄傲，也是豫商的杰出代表。河南的民营企业家应该从他们身上汲取更多的智慧和力量，努力把自己的企业做大、做强、做久，创造出无愧于时代的辉煌业绩，为加快中原崛起、振兴河南做出应有的贡献。

2016 年 1 月 3 日

金山有路诚为径

　　金山银山，财富无边；路在何方，诚信为径。诚信是成功之基，失信是失败之根。这是笔者近来在探讨财富和诚信关系时的一点感悟，并想就此问题和大家一起讨论。

一、丧失信用其害无穷

　　常言说，"君子爱财，取之有道"。我理解这个"道"字起码有三层意思：一要诚信，二要仁义，三要合法。离开这三点，要么难以发财，要么即便发财，也是不义之财。

　　或许有人会问，靠诚信就能兴业致富吗？有些不讲诚信的人，靠假冒伪劣、坑蒙拐骗不也发财致富了吗？坚守诚信的人往往吃亏上当，难以致富，这又该如何解释呢？

　　是的，创造并拥有财富是一个非常复杂的过程，需要很多因素，诚信不是万能的，但没有诚信是万万不能的。因为诚信是中华民族的传统美德，是中国人行为的重要准则。经济上的交往，实际上是人与人之间的交往，一个诚实守信的人，人格就有魅力，就有人愿意给以合作和支持，事业自然就兴旺；而一个背信弃义的人，就会众叛亲离，无人与之往来。一个企业也是这样，失去了信誉，就失去了市场，企业的效益也就无从谈起。所以说，诚信是人安身立业的根本，是企业发展壮大的基石，如大树之根，高楼之基，根基不牢，地动山摇，迟早是要出问题的。靠欺骗等手段牟取不义之财只能是暂时的，而且一旦假象被揭穿，就会身败名裂，企业衰败倒闭，这样的例子是不胜枚举的。

如南京冠生园食品厂，曾是多年的老名牌，因使用往年的剩馅做月饼被曝光，信用扫地，一蹶不振。

河北三鹿奶粉厂，曾是奶业巨头之一，并以为航天工业专供奶粉而名噪一时，但因其生产的奶粉中含有三聚氰胺，导致多名儿童食用后出现问题，全国临床诊断与其有关的结石患儿多达 1000 多例。真相被披露后，企业在一片谴责声中关门停产，其董事长田文华也锒铛入狱。

双汇瘦肉精事件，也使这个曾经创造了"中国肉类第一品牌"的著名企业遭受重创。双汇发展的股价在媒体曝光当日以跌停收盘，市值蒸发 100 多亿元，参与制售瘦肉精和玩忽职守的犯罪分子也受到了法律的严惩。

国内是这样，国际上也是这样。美国麦道夫，曾是纳斯达克的创始人，他靠一个巨大的"庞氏骗局"，以高息揽存吸引资金，用新客户的存款还老客户的利息，20 年的时间里骗取资金多达 500 亿美元。在金融危机时期，麦道夫因不能按期偿还客户的利息，骗局终于败露，这座靠欺骗手段堆起来的"金山"顷刻之间变成了"雪山"，因发生剧烈雪崩而灰飞烟灭，昔日风光无限的麦道夫也成了阶下囚。

任何事物的发展都会经历三种境界，即由"看山是山，看水是水"到"看山不是山，看水不是水"，最终"看山还是山，看水还是水"。我们说"诚信是做人之道，也是兴业之本"，就好像说"好人有好报"一样，有人开始对此相信不疑，可是看到很多好人被误解、被愚弄、被欺骗，甚至被暗算、被陷害，而那些小人却志得意满、作威作福，就对"好人有好报"这句话有些怀疑，但当历史的烟云散去之后，人们得出的最终结论还是"好人有好报"。

在当前这个物欲横流、心浮气躁的社会，一些诚信和道德缺失的人，见利忘义，唯利是图，甚至目无法纪，制假售假，以次充好，欺世盗名，危害社会，不仅食品药品安全案件接二连三，还有因"豆腐渣"工程而导致的楼塌桥断现象也时有发生，不仅给人们的生命财产造成危害，而且污染了社会风气，影响了社会稳定，引起了人们的强烈不满和愤慨。那些以损人开始的不法之徒，到头来以害己的结果告终，也付出了惨痛的代价。只有充分认识丧失信用的危害性，才能增强诚实守信的坚定性，我们决不能因为看到一些不正常的现象而动摇对诚信的信念。

二、诚信经营基业长青

其实，一部经济发展史，就是一部诚信史。古往今来，凡是成功的巨商大贾和企业家，无不闪耀着诚信的光辉。就拿被人们称为"商圣"的范蠡来说，世人誉之为"忠以为国，智以保身，商以致富，成名天下"。由于坚持诚实守信，以义求利的经营之道，范蠡登上了财富的巅峰，成为后世敬仰的商业鼻祖。

诚信不仅是企业生存发展的基石，也是企业长盛不衰的法宝。我曾去杭州胡雪岩故居和庆余堂参观，给我留下印象最为深刻的就是至今仍悬挂在庆余堂内侧的"戒欺"匾额。在宽大的匾额上，有富可敌国的红顶商人胡雪岩亲笔题写的店训，他告诫属下："凡百贸易均着不得欺字，药业关系性命，尤为万不可欺。"即做生意要讲诚信，老少无欺，贫富无欺，不能有丝毫掺假，"采办务真，修制务精"。"戒欺"已成为庆余堂以"江南药王"饮誉120年的立业之本。

说起杭州的庆余堂，便自然想起北京的同仁堂。同仁堂始建于清代雍正年间，已有近300年的历史，其长盛不衰的秘诀就是始终如一地坚持诚实守信的经营理念。同仁堂的创始人和以后历代经营者，都把行医卖药作为济世养生、效力社会的崇高事业，对求医购药的八方来客，无论是达官显贵还是平民百姓，一视同仁，童叟无欺。同仁堂有一副有名的对联："品味虽贵，必不敢减物力；炮制虽繁，必不敢省人工。"正是这种诚实守信、一丝不苟的精神，使同仁堂穿越历史的风风雨雨，从一家小药店发展为国药第一品牌，现已形成 5 个生产基地，拥有 41 条生产线，能够生产 26 个剂型，在国内外拥有 500 多家连锁门店的大型医药集团。现在有些企业到处寻找企业做大、做强、做久的秘籍，同仁堂和庆余堂的发展历史已经做出了明确的回答，如果不把诚信的根基打深打牢，而是去迷信其他的所谓灵丹妙药，只能是舍本求末，缘木求鱼。

三、恪守诚信勇担责任

当然，并不是说每个成功的企业在发展的过程中都没有遇到过诚信的问题，关键是他们一旦发现问题，便以对企业、对民众、对社会高度负责的精神，采取果断措施加以解决。如香港首富李嘉诚，刚刚创立长江实业时，正赶上塑胶热，他接了一大批生产订单。为了抓住机会，加快生产，他购买了大量二手设备，招聘了大批工人，有的经过短暂培训，有的连短暂培训也没有，就让他们上岗生产。由于过于急迫，忽视了质量问题，很多客户宣称长江的塑胶制品质量粗劣，要求退货和赔偿损失。新客户上门考察生产规模和产品质量，见此情况扭头就走。由于不能按期支付，原料商催要货款，提出停止供货。银行得知长江出现危机，提前派人来催还贷款。真是墙倒众人推，鼓破众人播，弄得李嘉诚焦头烂额，束手无策。李嘉诚的母亲虽不懂得经营，却谙通世理。看到李嘉诚焦急而无奈的样子，知道厂里一定出了问题。她便给李嘉诚讲了一个故事，既是安慰，又是开导。她说，过去有个云寂和尚，到了垂暮之年，自知时日不多，便将两个弟子一寂和二寂叫到方丈室，交给他们每人一袋谷种，要他们去播种，秋天谷子成熟季节再来见，谁收的谷子多就可以做住持。谷熟时，一寂挑了满满一担谷子来见师父，二寂却两手空空而归。云寂方丈便指定二寂为寺院未来的住持。一寂不服，要云寂说出道理。云寂说，我给你们的谷种都是煮过的。

李嘉诚听完母亲的故事幡然醒悟，明白了诚实是做人处世的根本。于是他振作精神，回到厂里先向职工道歉，承认自己经营有误，损害了工厂的信誉，也损害了大家的利益，今后要同舟共济，同甘共苦，齐心协力，共创大业，并对要去要留的工人都做了妥善处理，此举得到了员工的谅解。紧接着，李嘉诚又分别登门拜访银行、客户、原料商，向他们认错道歉，求得了谅解和支持。他还发挥自己的推销特长，把有瑕疵的产品打上次品的标签，以极低的价格卖给专营旧货次品的批发商，同时把正品也以次品的价格卖了一部分，使资金迅速回笼。经过多方周旋，李嘉诚终于站稳了脚跟，并严把质量关，使企业规模不断扩大，很快赢得了"塑胶大王"的称号，并成为雄踞香港的首富。李嘉诚在谈到成功的体会时，颇为感慨地说："我现在就是有多十倍的资金，也不足以应付那么多的生意，而且很多都是别人主动来找我的，这些都是为人守信的结果。"

诚信作为企业生存发展的法宝，其作用往往是不能用金钱来衡量的。"海尔，真诚到永远"这句亲切感人的广告词，既是海尔的宣言，也是对广大顾客的承诺。1985年，刚刚上任不久的张瑞敏为了教育全厂职工树立讲诚信、重质量的意识，亲自带头抡起铁锤砸掉了76台有质量问题的冰箱。这无情的铁锤，不仅砸碎了职工在质量问题上的陈旧观念，也为日后的健康发展夯实了基础。三年后，海尔人捧回了我国冰箱行业的第一块国家质量奖。历经数年努力，海尔人成功打造了享誉国内外的家电行业质量和服务的知名品牌，成为我国企业界诚信经营的一面旗帜。

个人成功，享有富贵，需要诚信；企业兴旺，长盛不衰，需要诚信；经济发展，社会进步，需要诚信；人民幸福，国家强盛，需要诚信。让我们用诚信去铺平通往财富的阳关大道，让我们在创造物质财富的同时，也创造出无愧于国家和民族的精神财富，让我们在拥有财富的同时，也为社会拥有和谐和美好贡献一份力量。

2011 年 10 月 20 日

凡是能人三分傻

何谓能人，何谓傻人，见仁见智，说法不一。我的看法是，凡是把别人当能人，把自己当傻人的人才是真正的能人，而把别人当傻人，把自己当能人的人才是真正的傻人，谓予不信，我这里有几个事例可以说明。

有一位企业家叫刘诚实，他三岁丧父，和母亲相依为命，家里很困难。母亲想让他换一个好的人家，刘诚实哭着说，我决不到别人家去，今后的生活我自有办法。有一次他随母亲到一熟人家串门，因他生就一副憨相，那家主人就想逗逗他，便拿出一些五角和一元的硬币放在他面前说道："小子，这是两种硬币，你挑吧，挑了就归你。"刘诚实憨笑一下，就把五角的挑出来，拿在手里，围观的人都大笑不已。从此，刘诚实挑小钱剩大钱的傻事便流传开来。人们出于好奇，于是不管他走到哪里，总会有人拿出不同面值的硬币让他挑，他总是拣小额的挑。挑的次数多了，一天就能攒好几块钱，这一招儿对帮他母子熬过艰难岁月起到了一定作用。

刘诚实八岁那年，没钱上学，母亲便把家里养大的鹅挑到集上去卖，一连去了几天都没有卖掉一只，很难为情。刘诚实对母亲说："娘，别发愁了，明天我去集上卖，保准卖个好价钱。"第二天，他挑着鹅来到集市上，哪儿人多偏往哪儿挤，边挤边大声叫喊："卖鸭子啦，二十元一只，十八元两只。"别人一看这明明是鹅，怎么当鸭子卖，而且价钱又这么便宜，这样的好事可不能错过机会，于是很快，挑来的鹅便被抢购一空。

就是这样一个傻得出了名的刘诚实，从小学、中学到大学的学习成绩都名列前茅。大学毕业后，他创办了一家电子公司，因他长得憨厚又诚实守信，深得职工和客户的信任。他既有胆识又会管理，因此财源滚滚，生意兴隆，没几年，便拥有几亿资产，成了当地有名的企业家。刘诚实致富不忘乡亲，为家乡捐资兴建了教学楼、养老院，还投资几百万元为村里修了一条柏油路。通车剪彩那天，县里、乡里的领导也来了。有的乡亲问他，你现在这么精明能干，小时候为什么那么傻呀？刘诚实笑着说："小时候我挑小钱剩大钱，那不过是为了吸引人用的计策而已，试想我第一次就挑大钱剩小钱，以后谁还让我挑钱呢？那岂不是自断财路？至于把鹅当鸭子卖，那是抓住人们爱占便宜又怕上当的心理，引诱人们买鹅，虽说便宜一点，总比卖不掉强。"这时人们才明白，原来他装痴卖傻，其实是大智若愚呀。

第二个事例，是众所周知的"傻子瓜子"的创始人年广久，曾因被邓小平于 1980 年、1984 年、1992 年三次点名而闻名全国。年广久原是安徽省芜湖市的一个个体户，从小失去父亲，一家人靠乞讨、摆小摊糊口。1972 年，年广久和邻居一位姓熊的师傅学会了炒瓜子的手艺。随后不断摸索，不断创新，采用传统配方、技术与现代新配方、新工艺相结合精制瓜子。和别人不一样的是，年广久卖的瓜子，不仅颗粒饱满，个大味香，久食不厌，回味无穷，而且分量十足，价廉利薄，不管批发、零售，他总要多给别人一点儿，同行都称他是"傻子"。改革开放之后，随着政策的变化，年广久的瓜子公司规模越来越大，销售越来越广，1979 年 12 月，他正式注册"傻子瓜子"商标，1985 年 4 月被评为全国乡镇企业名特优商品，多次荣获全国食品展销会一等奖，全国最佳企业奖。年广久于 2004 年又光荣地被聘为中国瓜子协会会长，2008 年被评为中国开放三十年风云人物。"傻子瓜子"也随之走红，遍销全国各地。

第三个事例，是河南喜鹊愉家酒店的老板张鸿举，这些年他一直坚持自己总结的"傻子经营法则"，在酒店行业蹚出一条独具特色的创新发展之路。他曾这样诠释"喜鹊愉家"的成功秘诀：客户骗不得、哄不得、坑不得，欲取之，必先与之。如果想成功就先做一个"傻子"，一个真正的"傻子"。张鸿举为了开办酒店，曾用一年半的时间考察了全国各地的酒店，既学习他们的长处，也查找他们的不足。他坚信只要把别人做生意过程中存在的不足加以改进，自己就会成功。

张鸿举的酒店在经营中以"傻子精神"颠覆了眼下许多酒店实行的规定。比如，大部分酒店都是要求顾客在下午两点前退房，"喜鹊愉家"却规定顾客可以在六点或更晚一点儿时间退房，这不仅为顾客节省了开支，而且带来很大便利。比如所有酒店都规定损坏东西必须赔偿，而且往往是加倍赔偿，而在"喜鹊愉家"却实行免赔，即便是贵重物品，也不用赔偿。有一对夫妻在酒店发生争吵，不小心将价值近3万元的65英寸三星电视碰坏，"喜鹊愉家"也没让客人赔付。这件事通过微博传出后，受到了广泛好评。还有房间里摆放的消费品，其他酒店往往高于市场价数倍，而在"喜鹊愉家"这些消费品和超市一个价格。再如房间里配备的顾客用品全是名牌产品，客人可以随意带走。像这样的"傻事"还可以举出很多，正是这些在常人看来的"傻人"之举形成了"喜鹊愉家"独具特色的竞争优势。开店四年张鸿举已由一家店发展到了四家店，创造了客房日均开房率90%以上，有时达到120%的奇迹，经济效益在业内遥遥领先。

从刘诚实、年广久、张鸿举这些"傻人"身上可以看出，他们有一个共同的特点——都深谙"吃小亏、求大利"的经营诀窍，都领悟了"欲取利，先让利"的商业精髓，都真正具有"不舍不得，小舍小得，大舍大得"的人生智慧。他们看上去很傻，其实是真正的能人。有些人靠缺斤短两、弄虚作假、以次充好欺骗顾客，甚至无视法规，千方百计坑害消费者和合作者，也可能一时得手，赚些小利，但经不起时间考验，到头来落得个害人害己、身败名裂的下场，这些人表面上很精明，实际上才是真正的傻人。

2015 年 8 月 7 日

"六看六想"话定位

什么是定位？简而言之就是确定某一事物在一定环境中的位置。作为一个企业来讲，就是要明确企业发展什么和怎样发展，从而确立企业的战略定位和产品定位。对于民营企业家来说，给企业定位不仅是一门必修课，也是一个企业家决策能力、眼光和智慧的集中体现。因此，定位被誉为"EMBA（高级管理人员工商管理硕士）学不到的商战知识"。一个企业在日渐激烈的商场打拼，如果对自己企业和产品的优势、潜力、前景没有清晰的把握和定位，将会成为"没有航标的河流"，陷入十分被动的局面。那么，面对新形势和新机遇，如何做好企业定位，这方面有很多专家的论述和企业的经验值得学习和借鉴。笔者通过长期对企业发展的观察和思考，提出一个"六看六想"定位观点，供大家参考。

一要向上看，看一看党中央、国务院、省委、省政府有什么新精神、新部署、新政策，想一想这些新政策对自己和企业的发展有什么新机遇、新要求。一个企业的发展必须和国家利益、社会发展相一致，因此企业家必须关注党和政府的大政方针，认真学习研究党和政府的方针政策，真正弄清楚党和国家鼓励什么、支持什么、允许什么、限制什么、禁止什么，从而确立企业的发展方向和目标。党的十七大以来，党中央多次提出要加快转变经济发展方式，推动产业结构优化升级，促进国民经济又好又快发展，为我国国民经济发展指明了方向。进入"十二五"时期，党中央又提出我国将围绕科学发展主题和加快转变经济发展方式主线，开启了现代化建设新篇章。党的十七届六中全会在推进文化改革发展方面作出了新部署：深化文化体制改革，推动社会主义文化大发展大繁荣，公益性文化事业和文化产业将迎来新的发展机遇。《国务院关于支持河南省加快建设中原经济区的指导意见》里明确提出"加快新型工业化进程，构建现代产业体系"：发展壮大优势主导产业，积极培育战略性新兴产业，加快发展服务业，促进产业集聚发展。指导意见的出台，标志着中原经济区正式上升为国家战略，这是河南经济社会发展中的一件大喜事、大好事，对全省民营企业的发展来说也是一件大喜事、大好事。河南省第九次党代会的胜利召开，又为全省深入学习贯彻指导意见，加快建设中原经济区吹响了嘹亮的号角。每一个民营企业家都要认真学习、深刻领会中共中央、省委、省政府的一系列指示精神，用这些精神武装自己的头脑，进一步厘清工作思路，找准企业定位，抓住机遇，乘势而上，争取在中原经济区这个大战略中大显身手，为加快中原崛起、振兴河南做出应有贡献。

二要向下看，看一看市场发生了什么变化，企业的职工队伍是什么状况，想一想怎样使这支队伍适应市场变化的要求。在社会主义市场经济条件下，市场是企业生存和发展之本。市场定位的关键是企业要设法在自己的产品上找出比竞争者更具有竞争优势的特性，确定品牌在顾客心中的位置。只有密切关注市场的风云变幻，才能及时做出科学的决策，引导企业健康发展。从国内市场看，首先，由于改革开放以来的快速发展，各种商品极大丰富，早已由卖方市场变为买方市场。那种在短缺经济时代所形成的生产什么卖什么、"萝卜快了不洗泥"的经营思想和经营方式无异于"刻舟求剑"。其次，由于市场的激烈竞争，企业也随之进入了微利时代，那种追求暴利的思想也是不合时宜的。企业要想获得丰厚的利润，就必须开发生产科技含量高、市场竞争能力强的新产品。最后，由于人们消费观念的改变和消费水平的提高，对产品的品种、质量、品牌等方面也提出了更高的要求。因此企业要想在市场上占有一席之地，就必须在细分市场、加强管理、提高质量、打造品牌上下功夫。从国际市场看，随着全球经济一体化进程的加快，国外企业和产品大量涌入我国市场，这既为民营企业参与国际竞争提供了良好机遇，同时也带来了严峻挑战。作为一个企业家，要认真审视企业和团队能否适应这些挑战。如果不能适应，那就要在激烈的竞争中败下阵来。而要在国内外的市场竞争中成为强者就必须树立强烈的机遇意识、竞争意识、创新意识，眼睛向内，苦练内功，努力打造能够经受起风雨洗礼的过硬本领。

三要向前看，看一看自己的发展方向和目标是什么，想一想目标定得是否科学，采取什么办法去实现奋斗目标。确定发展方向和目标对于一个企业家来说至关重要，它是企业寻求创新和成长的动力，保持永不满足、奋发向上的力量源泉。然而，令人遗憾的是，不少民营企业的发展目标却总是见异思迁，变幻不定，不是根据企业的实际情况去确定目标，而是把某些领导的主观臆断作为企业的发展目标，有的企业家把拥有多大产业作为发展目标，有的企业家则把赚多少钱定为发展目标，什么赚钱就搞什么，今天搞酒店洗浴，明天投资地产，有的企业家贪大求洋，盲目扩大经营规模，乱上项目，结果不仅赚不到钱，反而导致企业顾此失彼，骑虎难下。正确的目标应该是根据市场需求和自身的优势，确定你在哪一个行业中，要成为一个什么样的企业，在市场占有中处于什么位置，使企业有一个明确的定位。假如你的企业已经具备了一定的竞争和扩张能力，那就要选定谁是你学习和赶超的对象，你用什么办法、用多长时间去追上或超过他。如果你的企业在行业中已经位居前列，你就要争取成为行业的龙头老大。如河南黄河旋风股份有限公司在 1985 年就以超前的眼光贷款 10 万元购买了人造金刚石水磨石机专利，开发出了"旋风"牌金刚石水磨石机，填补了国内空白，由于产品工艺先进、质量过硬、技术含量高，迅速占领市场成为名牌产品。多年来，黄河集团坚持"隔行不取利"的原则，果断地砍掉与此不相关的产业和项目，一直瞄准超硬材料的研制开发与生产，在超硬材料及制品行业逐步成为中国第一、亚洲第一，现在已经成为世界上最大的超硬材料生产基地。黄河集团发展壮大的历程是一个典型的成功案例，正是因为黄河集团定位准确，企业才会取得辉煌业绩，打造出了世界知名的强势品牌。因此，一个有远见和雄心的企业不应以利润和资产为目标，而应以行业地位、社会贡献以及人生价值的最大化作为企业发展的宏伟愿景。

四要向后看，看一看企业的发展历程，想一想有什么经验教训值得借鉴。改革开放以来，民营企业由小到大，由弱到强，走过了一段极不平凡的发展历程。每一个民营企业的成长和发展都不是一帆风顺的，其间的酸甜苦辣、风雨坎坷都是在所难免的。当然，这里面既有创业的艰辛，也有胜利的喜悦。认真反思一下，为什么有时候企业发展顺风顺水，有时候却停滞不前，有时候又陷入困境，这对今后的发展是十分有益的。凡是企业发展快的时候，都是抓住了改革开放的政策机遇，这几乎是所有民营企业的共同经验，牢牢记住这一点在当前尤为重要。想一想你是否紧紧瞄准了市场变化，准确做到了市场定位，及时调整了产品结构，开发出了有市场竞争力的新产品。想一想是否积极开展了技术创新，依靠科技进步推动企业发展。想一想是否树立了以人为本的思想，加强了企业管理，提高了经济效益。想一想是否不断调整了营销战略，扩大了营销网络，使企业的产品迅速占领市场。如果你在这些方面都做得很好，那就要继续坚持，继续发扬。如果你在这些方面没有做好，或是在某一方面没有做好，就要总结一下为什么没有做好，有哪些经验和教训值得借鉴。企业发展如逆水行舟，不进则退。在当前民营企业发展面临转轨变型、优胜劣汰的严峻考验面前，每一个企业不但要研究自己怎么发展，还要研究同行们在想什么、干什么。要想不被别人超过又要超过别人，那就要树立敢为人先的思想，使自己的企业在竞争中处于优势地位。

五要向右看，看一看成功的企业都是怎样发展起来的，想一想他们有哪些经验值得学习和借鉴。虚心学习别人的经验，是一个企业家成熟的表现，也是一个企业不断发展进步的重要动力。成功的企业各有自己的独到之处，但也有许多共同的特点。比如诚实守信、依法经营，看起来好像是老生常谈，其实这是企业发展壮大的根基。一个企业拥有良好的信誉，就会拥有众多的合作者和支持者，拥有众多的客户和市场，企业在发展中就会左右逢源，越做越大；而一旦失去了信誉，也就失去了一切。成功的企业家都懂得只有占领人才的制高点，才能占领市场的制高点，他们都非常重视人才，爱护人才，既愿意重金聘请人才，又愿意投入大量资金培养人才，为他们施展才华、建功立业提供舞台，创造环境。企业有了高科技人才，才能开发出具有自主知识产权的新产品，才能培育出企业的核心竞争力。成功的企业家还有一个特点，就是乐于变革，而不是害怕变革。因为在一个机构里，如果内部的变革速度低于外部的变革速度，那么它的末日也就不远了。万向集团等著名企业之所以在全国同行业一直处于领先地位，就是因为他们根据市场形势的变化，不断推进企业内部的管理制度、人事制度、分配制度等方面的改革，逐步建立现代企业制度。他们的成功经验，对于一些家族企业来说，特别值得学习和借鉴。另外，成功的企业都比较注重企业文化的建设，用先进的思想和理念教育职工、凝聚人心，形成了独具特色的团队精神。成功企业的经验还有很多，我们的民营企业家不仅要学习国内企业的先进经验，而且还要学习国外企业特别是世界500 强企业的先进经验。通过不断学习和提升，我省民营企业的发展就一定会跃上一个新的台阶。

六要向左看，看一看失败的企业是怎样一步步走向衰落和破产的，想一想怎样使自己的企业保持基业长青。常言道：前车之鉴，后事之师。一个成功的企业家不但要研究"胜鉴"，也要研究"败鉴"，这一点对民营企业尤为重要。有人说民营企业生得也快，死得也快。相关资料显示，全国每年新生 15 万家民营企业，但同时又死亡 10 万多家；民营企业有 60%在 5 年内破产，有 85%将在 10 年内死亡。这些民营企业为什么如此短命呢？这既有外部原因，也有内在因素。从外部来讲，一是市场发生了变化，产品的调整不能适应市场骤变，那就会被市场淘汰；二是国家的产业政策发生了变化，企业不能及时跟上，比如国家实施可持续发展战略，淘汰落后产能，走低碳环保的路子，有的企业却在生产污染环境、浪费能源的产品，那就会成为强行关停的对象；三是在市场的无序竞争中不注意保护自己的合法权益，那就会遭到严重侵害；四是对有些执法部门和行政部门的违规行为，不能依法进行有效的抵制，或妥善地化解矛盾，甚至使矛盾激化，那就有可能把企业推向绝境；五是现在社会上陷阱很多，稍不注意就会上当受骗，企业一旦被套进去，将可能血本无归。当然造成民营企业陷入困境甚至彻底失败的外部原因还有很多，这里就不再一一赘述。而造成民营企业失败的内部因素也有很多。有些企业缺乏正确的经营理念，不是靠合法的经营取胜，而是靠投机取巧，钻政策的空子，可能一时侥幸获利，但迟早要走向失败。有一些民营企业把制售假冒伪劣产品作为自己的看家本领，这不但坑国害民，最后也害了自己。有些民营企业的领导层只能够共患难，但不能共富贵，一旦企业有了效益，便争权夺利，四分五裂。有的企业家在带领企业打个胜仗之后，便居功自傲，独断专行，结果是众叛亲离，不欢而散。有的企业家不注重学习和提高，缺乏科学决策，急功近利，结果欲速则不达，反而使企业陷于困境。民营企业家要认真吸取这些教训，让自己始终保持清醒的头脑，才能使企业发展沿着正确的方向和道路前进，保持企业基业长青，立于不败之地。

2011 年 11 月 4 日

谈谈孝道与商道

所谓孝道文化，就是关爱父母长辈，尊老敬老的文化传统，它是我国古代社会的基本道德规范，也是中华民族尊奉的传统美德。孝道文化经过千百年来历史的发展，已经成为中华民族繁衍生息、代代相传的优秀传统与核心价值观。

但是，一个时期以来，由于孝道文化传承的断层和缺失，使得有些人的道德观念发生了严重扭曲，在社会上出现了很多不正常的现象，甚至是丑恶现象。比如我们常说的人间的三种真情——亲情、友情和爱情，有些早已变质变味，亲情不那么亲啦，友情不那么深啦，爱情也不那么真啦。再如有些人不但不孝老养老，敬老爱老，反而啃老坑老，欺老骗老。更有甚者，有些人见利忘义，不惜生产假冒伪劣商品、食品和药品，把黑手直接伸进了老年人的钱包，简单是丧尽天良，令人痛恨。因此在当前，我们在广泛宣传落实社会主义核心价值观的同时，必须强调全社会都要关心关注孝道文化的弘扬与传承。

在这里，我要特别指出的是，近些年来，我省民营企业和民营企业家队伍中涌现出一大批恪尽孝道、爱老助老的先进单位和个人，发挥了很好的作用，产生了很好的影响，但和社会的要求相比，还有很大差距，还要继续努力。希望我们的民营企业家在传承孝道文化、弘扬传统美德方面担负更重的责任，做出更大的贡献。为此我提出以下五点建议，和大家一起讨论。

第一，民营企业家一定要摆正孝道和商道的关系。孝道和商道如鸟之两翼，车之两轮，是并行不悖、缺一不可的。孝道是做人之道，是一个人安身立命之本。商道是做事之道，生财之道。一个人只有首先把人做好，然后才能把事做好，做人就像是铺路，做事就像是走路，只有把人做好了，把路铺好了，才能在人生的道路上走得稳，行得远。我最近研究了古今中外成功企业家的一些案例，从"商圣"范蠡到著名实业家邵逸夫，从石油大王洛克菲勒到首富比尔·盖茨，等等，最后得出一个结论，企业家的最高境界就是慈善家。因此，一个企业家如果没有孝心、爱心和善心，也就不可能把企业做大、做强、做久。

第二，民营企业家要把拥有一颗孝心，尊老爱老作为一项识人用人的重要标准，不论是招人用人也好，还是寻找合作伙伴也好，都要把一个人的品德放在第一位，经商也要讲商德。一个连自己父母都不孝不养的人，一个连尊老敬老起码的道德都没有的人，他怎么会考虑你的利益呢？用人不准，交友不慎，必有后患，这是很多企业家的沉痛教训。

第三，民营企业家要把孝道文化作为核心内容融入企业文化建设。要引导员工把爱父母、爱家庭、爱企业、爱社会、爱祖国紧密联系在一起，坚持质量第一，诚信为本，老少无欺，公平交易的经营原则，把为老年人提供优质服务当作义不容辞的责任，为促进社会和谐做出应有的贡献。

第四，民营企业家要拥有一颗感恩的心。首先是对父母要有一颗感恩的心，这不仅是因为父母把我们养大成人，还因为在我们创业过程中遇到困难和风险的时候，最为我们担心的人，对我们帮助最大的人也是父母。不仅要感谢父母，也要感谢企业员工和合作伙伴，还要感谢我们这个伟大的时代，是这个时代给了我们干事创业的机会，更要感谢我们伟大的祖国，没有国哪有家，更不会有企业的存在和发展。一个企业家感恩之心越强，他前进的动力就越强，他拥有的正能量就越大，企业也就能做强做大，反之那些一天到晚怨天尤人的人，则将一事无成。

第五，希望我们的民营企业家怀着"老吾老以及人之老"的大爱情怀，大力发展养老产业。大力发展养老产业既是弘扬中华优秀传统美德的需要，也是经济社会发展的必然趋势，可谓商机无限，前景光明，希望企业家们能在这方面大显身手，造福社会，为老年人提供更多的优质产品和服务。

2017 年 6 月 30 日

企业家要注重打造个人品牌

关于如何打造企业和产品的公信力，一些专家已经发表了很好的意见和建议，这里我想就企业家如何打造个人品牌的问题谈几点看法。

一、企业家为什么要打造个人品牌

一是市场竞争的需要。现在我们已经进入品牌时代，人们的衣食住行，日常生活都离不开品牌。在品牌时代，竞争的本质已从实体竞争转向品牌竞争。国家的竞争力表现在拥有多少世界强势品牌上，现在全世界最有价值的 100 个品牌中美国占 51 个，十大最知名品牌中美国占 7 个，其竞争力的强大是不言而喻的。企业的竞争力则表现在企业所拥有的具有公信力的品牌上，所以从某种意义上说，公信力也是企业的核心竞争力。同样，企业家个人的竞争力则体现在个人品牌的公信力上，成功的个人品牌为一个人所带来的影响力往往是其他个人资产无法比拟的，像我们熟悉的张瑞敏、鲁冠球等，他们的个人品牌都是巨大的无形资产，像美国的比尔·盖茨、巴菲特、杰克·韦尔奇就更不用说了。他们的个人品牌价值是多少，我没有掌握确切的资料，但我知道和巴菲特共进一次午宴或晚宴都要付 26 万美元，韦尔奇来中国做一场演讲仅出场费就是 100 多万美元。

二是企业家个人品牌和企业品牌有着相互关联、密不可分的关系。这是因为产品即人品，企业家不仅是企业品牌的重要形象代言人，而且其个人品牌也往往为企业带来巨大的财富。大量事实证明，如果公众对一个企业家有好感，也会对其企业的产品和服务有好感，反之亦然。大多数成功企业的背后，都有一个出色的企业家，企业家的个人魅力能给企业带来不可估量的品牌效应。我们一提到被称为"企业教父"的柳传志，就想到了联想电脑；一提到被喻为"常青树"的鲁冠球，就想到了畅销海内外的万向节；一提到作为中国优秀企业家代表的张瑞敏，就想到了海尔的优质产品和服务，他们的个人品牌和企业品牌可谓相得益彰，相互增辉。

三是企业家注重打造个人品牌正在成为一种趋势。这在发达国家早已是司空见惯的现象，世界上许多著名企业家的公众形象都是经过相关机构精心策划、精心设计和包装的。例如微软公司的比尔·盖茨之所以举世闻名，一是他事业本身的成功，同时他的个人品牌形象通过品牌传播设计者的精心策划和设计后，运用多种渠道和手段推出，将其描绘成一个英雄出少年的商业奇才，成为世界人民心目中的神奇人物和偶象，产生了强大的品牌效应。我们的企业家也要顺应这种趋势，增强品牌意识，注重公众形象。

二、企业家怎样打造个人品牌

一是要坚持以诚为本，以信立身。中外成功的企业家都把诚信作为安身立命、成就事业的基石。美国著名企业家杰克·韦尔奇在最后一次出席全球运营经理大会上的演讲中，把他 20 年来领导 GE 的经验概括为十条赠言告诫大家。他说，其中第一点，也是最重要的，就是"诚信"。他认为，诚信不仅仅是法律术语，更是社会的原则，它是指导我们自己的一套价值观。香港著名企业家李嘉诚说过，一个诚信重义的人，比起一个没有信用、懒散、乱花钱不求进取的人，自必有更多机会。他还说，名誉是我的第二生命，甚至有时比生命更为重要。而在华人企业家中最早提出个人品牌管理的也是李嘉诚，他说，别的我不知道，做生意是先求名的，不然怎么样叫"金字招牌"呢。其实"金字招牌"讲的就是一个"信"字。企业一旦丧失诚信，企业家最终会随着企业"招牌"的倒地而身败名裂。

二是要明确目标，选准定位。选准定位是个人品牌塑造的基点，其他工作都是围绕这个定位展开的。这里讲的定位就是你要在公众中树立什么样的形象，你要实现什么样的目标，是在一个区域里，还是在一个行业中，或是在全省、全国，乃至全世界处在一个什么地位。只有确定一个明确的目标，你在打造个人品牌时才会有一个努力方向。

三是要突出个性，创出特色。在众多企业家中，你区别于别人的最大特点是什么，别人对你的印象是什么，这是很重要的。你的人生观、世界观、价值观、人才观以及创新观等思想部分体现的是你的内涵与修养；你的仪容仪表、礼仪服饰、办公环境，包括待人接物、为人处事、言谈举止、生活喜好、社交休闲等，体现的是你的行事风格和外在形象，是热情豪放还是沉稳老练，是谨言慎行还是特立独行，都要体现出你鲜明的个性，所有这些都将给人留下深刻的印象。企业家在某种程度也是公众人物，所以要特别注意公众形象，你与众不同的特点越突出，给人们留下的印象也就越深刻。

四是要敢为人先，敢于创新。如果问世界第一高山是哪座山，人们会很快回答，是喜马拉雅山，但要问第二高山、第三高山分别是哪一座，就很少有人知道，人们容易记住的永远是第一，所以要努力争创一流。人们常说，三流企业卖产品，二流企业卖品牌，一流企业卖标准。登封市有一个熔料水泥厂，特别注重科技研发和产品质量，我国几个导弹发射基地都用了他们生产的水泥，这个企业规模不算太大，但在世界水泥行业却有两个话语权，一是企业标准，二是产品价格，所以企业的经济效益特别好。因此，你在行业中创造的"第一"越多，你在行业中的地位也就越高，你的个人品牌也就越亮。

五是要广交朋友，打造平台。一个人拥有朋友的多少，决定你人生舞台的大小，而舞台的大小，决定你事业的大小。在美国好莱坞流行一句名言：你干什么并不重要，关键是你认识谁。美国著名心理学家和人际关系学家戴尔·卡内基说过："一个人事业的成功只有 15% 取决于他的专业技能，另外的 85% 要依靠人际关系和处世技巧。"这个理论在打造个人品牌上也是适用的。因此，你要把各界朋友的资源进行整合，使其形成网络和平台，这样你办起事来就会左右逢源，门宽路广，而你的个人品牌，也因朋友的推荐和相传而声名远播。

六是要低调做人，高调做事。打造个人品牌为什么要强调低调做人？因为，低调做人是一种品格，一种姿态，一种风度，一种修养，一种胸襟，一种智慧，一种谋略，是做人的最佳姿态。欲成大事者必须宽容于人，进而为人所容纳，所赞赏，所钦佩，这正是一个人能立世的根基。李嘉诚告诫子女，一定要低调做人，这样才不会到处树敌，才不会成为别人的靶子。

七是要勇于承担责任，热心回报社会。企业家一定要处理好个人、企业和社会的关系，要把报效国家、奉献社会、服务民众当作打造个人品牌的前提和关键，这样才能得到社会的认可和尊重，否则，不愿承担社会责任，产品和个人也不可能得到社会的认同和接受，所谓个人品牌也就成了无本之木，无源之水，是不可能有生命力的。

八是要不断学习，提高素质。常言说："腹有诗书气自华。"丰富的精神内涵和深厚的文化底蕴，是一个企业家个人品牌的灵魂，非常重要。有人把中国企业家分为三大境界：草商、儒商和哲商。草商，指不需要也不喜欢动脑筋，目光不长远但富有冒险精神的"草莽英雄"。儒商是以知识武装自己，具有"士魂商才"的商人。哲商，顾名思义，就是商人和哲人的结合体，是用智慧统率知识的新商人。企业家要不断提升自己的境界，重要的途径就是在实践过程中刻苦学习。首先要学习党和国家的方针政策和有关法律法规。掌握了方针政策，就能使自己和企业始终坚持正确的方向；掌握了法律法规，你和企业就不会突破和逾越法律的底线，同时也掌握了维护自己和企业合法权益的武器。其次要注意学习中国的传统文化。我国五千年的灿烂历史留下了许多文化经典，其中有很多如何做人做事的思想、智慧和方法，可以使自己得到滋养和提升。最后要学习管理科学和专业知识。当前企业正处在转型时期，要转变发展方式，首先要转变思维方式和领导方式，这就必须学习国内外的先进管理理念和管理经验，学习和新兴产业相关的新知识，提高企业家和企业的创新能力和竞争能力。企业家打造个人品牌的过程，是不断学习和提升的过程，谁学习得好，提升得快，谁的个人品牌就更有影响力和生命力。

三、打造个人品牌要处理好几个关系

一是要处理好个人名牌和企业品牌的关系。企业家个人品牌和企业品牌之间是一荣俱荣，一损俱损，相互依存，相互影响的关系。企业家个人品牌的树立，必须以企业的发展为基础。中外一些著名企业家之所以拥有一个个耀眼的光环，是因为他们背后有一个强大的企业做后盾，而且他们都以把企业做大做强为打造自身品牌的前提，甚至把主要精力用在打造企业和产品的品牌上，自己甘当无名英雄，但往往是"不求名来名自扬"。而有些企业家则不然，不在企业和产品品牌的打造上下功夫，而是过多地宣传自己，结果是事与愿违，徒有虚名，甚至因为企业和产品的失败而名声扫地。

二是要处理好苦练内功和宣传包装的关系。无论是个人品牌打造还是企业和产品品牌的打造，都是一个长期的、艰苦的、复杂的过程，不可能一蹴而就。有的企业家不是把功夫放在刻苦修炼上，而是把心思放在如何作秀上，想通过媒体的炒作，提高自己的知名度和美誉度，这是非常不靠谱的。企业家须知，媒体宣传也是一把双刃剑，它可以把你捧到天上，也可以把你打入地狱。在信息时代，一切事物都有极高的透明度，靠弄虚作假是不能持久的，一旦假象被揭穿，"作秀"就变成了"作孽"，就要付出加倍的代价。

三是要处理好个人提升和团队建设的关系。企业家个人的能力和贡献对于企业发展所起的作用毫无疑问是非常重要的，但无论是企业还是产品品牌的打造，起根本支撑作用的还是一支强大的团队，包括领导班子和职工队伍。联想集团总裁柳传志曾提出企业家的三大任务——"带班子，建队伍，定战略"，这也是他成为全国顶尖级企业家的成功秘诀。而有些企业家偏重于自己的提高，今天在这里参加会议，明天到那里参加培训，而忽视了管理团队和职工队伍的提高，甚至埋怨下级和职工对自己的意图不理解，这种现象需要引起高度注意。企业家必须明白，不仅企业和产品的品牌要靠上下齐心协力共同打造，企业家的个人品牌，也不可能靠自己去打造，而必须靠集体的智慧和力量才能获得成功。

四是要处理好品牌打造与营销推广的关系。打造品牌是目的，是基础，营销推广是手段，是途径。如何打造个人品牌，前面已经讲了八点，其中关键是三点，一是要强化品牌意识，二是要选准目标定位，三是要突出个人特色。至于个人品牌的宣传与推广，也可以请专业机构帮助设计和策划，我认为从实际出发应注意三点。一是依靠品牌传播，我们对一个人和一种产品的认识和接受，往往是通过同事亲友的口口相传实现的，这是最直接也是最可靠的。二是通过举办或参与社会活动传播，比如参加各种论坛、研讨会、座谈会，并且能发表见解独到的言论，或是参加捐资办学、扶贫济困、抗震救灾等公益活动，并有突出表现，都能给人留下良好的印象。三是通过媒体发表专访和报道，恰如其分地宣传自己的观点和事迹，也是提高自己知名度和影响力的行之有效的途径。

五是要处理好重视政府和关注市场的关系。政府是各种主要资源的占有者和支配者，又是各项政策的制造者和执行者。企业的发展和企业家的成长，离不开各级政府的关心和支持，所以处理好和政府的关系至关重要。企业家要认真贯彻落实政府制定的法规和政策，积极支持政府工作，依法纳税，安排就业，为政府排忧解难，同时也要努力争取政府的帮助和支持。但有个别企业家总想通过种种手段从政府得到非分的好处，甚至越过法律和政策的边界和有些官员相互勾结，结果适得其反，随着一些贪官污吏的落马，自己也受到牵连。在市场经济时代，决定企业和产品命运的关键是市场，是消费者，所以企业家应该用主要精力来研究市场的变化，研究消费者需求，尽最大努力为广大消费者提供优质产品和服务。如果一个企业家能够得到广大消费者有口皆碑的赞誉，那么他的个人品牌便成为真正的金字招牌。

2011 年 5 月 3 日

探究老板与职业经理人的共赢之道

老板和职业经理人的共赢之道，是一个非常复杂而又十分重要的问题，是企业在做大做强做久过程中不可回避、不可逾越的问题。现在民营企业中董事长和总经理的设置，大体有这样几种类型：一是一肩两任型，二是夫妻搭档型，三是父子配合型，四是自我培养型，五是内主外聘型。

不管哪种类型，都不可能不聘请外来人员，其实老板和经理人是所有者和管理者的关系，说到底两者之间也是一种新型的劳资关系。两者关系处理得好，企业就能形成强大的合力，兴旺发达，快速发展，如果处理不好，就会形成内耗，给企业带来意想不到的损害，所以这个问题需要认真对待，妥善处理。

那么，怎样才能处理好老板和职业经理人的关系呢？我想首先分享一个大家都很熟悉的案例，就是《三国演义》里刘备和诸葛亮的故事。三国时代的三个国家也可以看作三大企业集团，都想兼并对方，实现统一。这三个集团就其组织结构和治理结构来说，各不相同，但就性质来说，以曹操为首的魏国是一个打着"国"字旗号的私营企业，曹操将汉献帝这个傀儡由洛阳接到许昌，然后"挟天子以令诸侯"，东讨西伐以扩大自己的势力范围。以孙权为首的吴国则是一个典型的家族企业。而以刘备为首的蜀国则与他们不同，是一个典型的股份制企业。刘关张桃园三结义就是第一次股东大会，选出刘备当董事长，还有两大股东就是关羽和张飞，后来又增加一个股东就是四贤弟赵云。在这三个集团中，蜀国是一个起步比较晚、基础比较差的企业，企业成立之初没有自己的根据地，没有一定的势力范围，没有一支强大的军队，也没有一个明确的战略，只有一个"匡复汉室"的奋斗目标。

刘备为了把自己的企业做大做强，在徐庶的推荐下，就去请职业经理人诸葛亮，这便有了"三顾茅庐"这个美谈佳话。那么，为什么要"三顾茅庐"呢？我理解这实际上是刘备和诸葛亮相互观察、相互了解、相互选择的一个过程。接着便是"隆中对"，在这次重要的谈话中，诸葛亮明确地阐述了对形势的分析判断、战略构想与战略步骤，和刘备深入地交换了意见，在决定蜀国未来命运的一些重大问题上取得高度共识。刘备遂将孔明拜为军师，封为三军司令，对其言听计从，十分信任，十分尊重。但对诸葛亮加盟蜀国集团，关羽、张飞两个大股东并不真正认同，对其很不服气，而且处处找碴儿，难为诸葛亮。但是事实可以改变偏见，诸葛亮一出山，便创造了令关、张不得不服的业绩。在初试博望、火烧新野等战役成功之后，二人稍有服气，而在赢得舌战群儒、联吴抗曹、火烧赤壁、智取荆州等一系列重大胜利之后，诸葛亮不仅使关、张二人口服心服，而且在刘备整个集团中树立了很高的威信。这就说明有为才能有位。诸葛亮在刘备的大力支持下，大展宏图，节节取胜，使弱小的蜀国逐步强大起来，形成了与魏、吴相抗衡的鼎立之势。

在刘备和诸葛亮同心协力、共创伟业的过程中，我以为最值得称道的，也是董事长和总经理最值得借鉴的，就是两者的三个坚持不变，一是为匡复汉室，统一天下的奋斗目标始终坚持不变，尽管这个目标最终未能实现，但他们都为之奋斗了终生，在历史上留下了不可磨灭的一页；二是刘备对诸葛的信任和诸葛亮对刘备的忠诚始终坚持不变；三是两个人的角色定位始终坚持不变，从"三顾茅庐"到"白帝城托孤"，刘备和诸葛亮的君臣关系始终坚持不变。诸葛亮作为职业经理人最可贵的地方，在于他在功勋卓著、如日中天的时候，也决不功高盖主，而是怀着一颗感恩的心，鞠躬尽瘁，死而后已。因此杜甫曾作诗赞颂——"出师未捷身先死，长使英雄泪沾襟"。

从对刘备和诸葛亮的关系分析中，我认为老板与职业经理人要实现双赢，必须注意以下三点。

第一，同心同德、精诚合作是前提。只有双方同心同德，才能同向同力，合作共赢。这就要求以股东利益为代表的董事长和职业经理人在正式合作之前必须经过相互认真了解和选择，要慎重对待而不能草率行事，避免出现"闪婚闪离"的现象。常言说，选择比努力更重要。董事长在选择经理人时，要重点了解其职业道德，业务能力，协调能力；经理人在选择董事长时，要重点考虑，老板是否值得跟，行业是否值得干，自己是否能干好。只有相互深入了解，才能做到同心同德。同心就是思想要一致，目标要一致，同德就是双方都要遵守职场道德，诚实守信，一诺千金。老板一方要对职业经理人充分信任和尊重，为职业经理人施展才华、建功立业创造条件；职业经理人要对老板一方忠诚可靠，尽心尽力，只有做到这一点双方才能真诚合作，才能心往一处想，劲儿往一处使，齐心协力推动企业向前发展。双方只有实现企业价值的最大化，才能实现双方利益的最大化。在这方面，像联想集团的柳传志和杨元庆，海尔集团的张瑞敏和杨绵绵，都是合作共赢的典型。

第二，明确角色定位、处理好各种关系是基础。在一个企业里，各方选准定位非常重要，位置选准了才能不越位，不错位。股东代表大会、董事会，董事长、职业经理人及管理层在企业各扮什么角色，各处什么位置，各负什么责任，各有什么权力，各有什么利益，只有这几个方面都处理好了，才能各守其位，各司其职，各负其责，各执其权，各得其利。在这方面，红豆集团的经验值得借鉴。1995 年 10 月，红豆集团做了一件引人注目的事，就是以百万年薪招聘总经理。总经理上任以后，他们很快就发了一个文件，明确规定，股东代表大会是集团最高权力机关，董事会是股东代表大会的常设机构，代表全体股东行使所有权，总经理及全体高级管理人员组成的班子是业务执行机构，对董事会负责，行使董事会授予的资产经营权，保证企业资产的保值和增值，董事会行使决策权和实施资本经营，使所有者利益得到保障，经营者权力得到有效控制。还规定高级职员不担任同级所有权机构职务。这就是要高级职员增强打工意识，接受所有权机构的领导，并接受监督，为股东利益竭尽全力工作，规范自己的行为。

当然，像红豆集团现代企业制度如此建全的企业还不多，在大多数企业中，最直接的就是董事长和总经理的关系。他们之间是什么关系呢？往大处说就像国君和丞相的关系，往小处说就是东家和掌柜的关系，或者是家长和保姆的关系，是所有者和管理者的关系。他们之间应该是不同血缘的一家人，利害相关的共同体。在这个基础上，确定双方在责、权、利等方面必须坚持的原则和边界，并制定出明确的制度加以规范，这样工作起来才能有条不紊，有序有效。

第三，加强相互沟通，及时化解矛盾是关键。在企业发展过程中，会遇到各种各样的问题，比如目标计划，财务支出，人事调整，薪酬待遇，等等，如何对待和解决这些问题，由于董事长和总经理所站的角度不同，思考和处理问题的方法不同，可能会产生这样那样的矛盾和分歧，这完全属于正常现象，但是如果不能得到及时的正确处理，就可能影响到两者的关系，形成相互猜疑和隔阂，使关系变得紧张，甚至破裂。因此，首先双方要多沟通。善于沟通应该是董事长和总经理都必须具备的基本功。遇到问题和矛盾，通过适当的会议讨论协商，或者通过谈心交换意见，使大家取得一致的共识，就能使矛盾及时化解。这方面，作为经理人应该积极主动，遇到问题，特别是涉及公司发展的重大问题，必须向董事长或董事会报告，征得同意后才能实施，切不可自作主张。其次要多理解。双方都要学会换位思考，理解对方的难处和苦衷。特别是经理人必须明白对企业承担最大风险的还是董事长，因为企业一旦倒闭，经理人可以拍屁股"跳槽"，而董事长却可能因此"跳楼"。再次要学会求同存异，对任何问题的处理意见都不可能完全一致，双方都要宽宏大量，学会让步和妥协，对集体的决策必须服从，自己有意见可以保留，但决不可私下另搞一套，更不能拉帮结派搞小团体主义。最后，如果双方由于各种原因不能继续合作，也要好聚好散，表现出应有的君子风度。在董事长和经理人中间由于问题处理不当而造成分道扬镳，不欢而散，甚至反目为仇的现象也并不少见，职业经理人要在取得辉煌业绩时，必须冷静思考一个问题，究竟是你成就了公司，还是公司成就了你，不要忘记你人生的精彩离不开老板和企业这个舞台。

这方面的案例很多，如曾经一度炒得沸沸扬扬的"陆强华怒别创维"事件和国美电器黄光裕与陈晓之争，最后都是以两败俱伤而告终。

但是，如果一个经理人素养很高，懂得行业规则，不仅可以和董事长合作共赢，自己创业也能获得成功。当年从"小霸王"到"步步高"的段永平就是一个做人做事非常成功的经理人，因此他的企业也一样的成功。当年段永平从"小霸王"出走时，原来的老板表现出了足够的宽容与克制，段永平也表现出好聚好散的君子风范。据报道，怡华集团老总亲自举杯相送，临别还向他赠送了一部奔驰轿车，还允许他带走六名业务骨干。段永平则承诺：离开一年之内，不跟"小霸王"在同行业国内市场竞争。多么高尚的品质，多么大气的老板，段永平能不成功吗？所以，做事要先学会做人，如果连做人都不成功，怎么可能事业有成呢？我想从这些案例中，每个董事长和职业经理人都会得到有益的启示。

当前我国相当多的民营企业制度还不够健全，职业经理人的队伍也还没有真正形成，但随着企业的发展和制度的完善，越来越多的职业经理人走向管理的舞台，将是一个不可改变的大趋势。希望民营企业的老板和老总们，在党的方针、路线、政策的指引下，在企业转型升级的过程中，积极实践，大胆探索，创造出合作共赢好经验，推动企业更好更快地发展，为实现中国梦做出新的更大的贡献。

2015 年 11 月 20 日

生存 1400 年的企业长寿的奥秘

　　在和民营企业的接触中，不少老板都提出要把企业做成"百年老店"，有的还提出不做 500 强，要做 500 年。那么，怎样才能实现这些美好的愿望，使企业永续发展，基业长青呢？还是从现存的长寿企业的发展轨迹中去寻找答案吧。

　　据韩国银行的一项调查报告显示，全球持续存在 200 年以上的企业有 5586 家，其中德国 837 家、荷兰 222 家、法国 196 家，而中国现存超过 150 年历史的企业仅有六必居酱菜、张小泉剪刀、同仁堂药业、陈李济、王老吉等 5 家。最多的国家是日本，有 3146 家，约占总数的 60%，其中创业史超过 500 年的企业有 39 家，超过 1000 年的就有 7 家，寿命最长的金刚组公司已达 1400 年。那么这些企业缘何如此长寿？让我们以全球最古老的金刚组为例，探索其穿越历史的时空千年不倒的奥秘，并找寻值得我们借鉴的经验教训。

一、固守本业的遗传基因

　　金刚组公司始建于公元 578 年，当时我国正处于战火纷飞的南北朝时期，而日本却处在向鼎盛前进的飞鸟时代。日本敏达天皇六年，笃信佛教的圣德太子批准从朝鲜百济请了三个专门修建神社、佛寺的著名工匠金刚重光、早水和永路，兴建日本第一座官寺，即四天王寺。这座宏伟庄严的寺院建成之后，在日本产生了广泛影响。金刚重光创立的金刚组也应运而生，继续留在日本负责四天王寺的修缮。在圣德天子的支持下，公元 607 年，金刚家族又开始营造法隆寺，这座寺庙被认为是日本古老木造建筑的顶峰之作。

金刚组所创建的辉煌业绩绝不止于四天王寺和法隆寺，日本的许多传统建筑中都留下了他们的印记。16 世纪，他们组织修建的"大阪城"是美丽壮观的日本三大名城之一。德川幕府时代，金刚组先后为德川家族建成了日本三大名园——偕乐园、兼乐园、后乐园。如今，四天王寺、法隆寺和这三大名园都已成为日本的重要文化遗产。

金刚组自创建以来，始终以坚持修建寺庙和园林为主业，并将"节制专注本业"写进祖传的家训里。在漫长的 1400 年里，金刚组虽经历了朝代更替、社会变迁、战争动乱、市场变幻的多次考验，但始终固守本业。第一次是 19 世纪明治维新之后，日本反佛教运动导致许多寺庙被毁，金刚组经营惨淡；第二次是 1934 年金刚组传至第 37 代时，世袭人面对困难，无意经营，自杀身亡，险些导致企业解体；第三次是二战时期，因为战争，金刚组差点关门，但这家坚韧的公司最终通过制造军用木箱和生产棺材，躲过一劫；第四次危机发生在 20 世纪 90 年代日本泡沫经济破灭之后，由于涉足地产，跨行经营，过度扩张，导致企业负债累累，不得不宣布清盘，由高松建设并购，并保留其名称和组织架构，使金刚组重操本业，专做寺庙建筑修缮和园林。

金刚家族第 40 代堂主（相当于总裁）金刚郑和曾说，我们公司生存这么久，其实没有什么秘密，正如我常说的坚持最基本的业务，对公司来说非常重要。金刚郑和认为，无论是经济繁荣还是衰退，专一于自己的核心业务永远是生存之道。

二、精益求精的匠人精神

匠人在日文中写作职人，匠人精神强调对于手艺的精益求精，是追求自身手艺进步，并对此持有自信，不因金钱和时间的制约扭曲自己的意志或做出妥协，只做自己认可的工作，一旦接手，就能完全弃利益于不顾，使出浑身解数完成，把产品做到极致。

金刚组工匠加藤博文曾在日本电视节目中这样介绍金刚组的建筑工艺：立柱、大梁、雕花等完全由手工制作，利用世代传承的古法，木柱和横梁的接驳关节全用纯木材纵横卡位技术来支撑屋顶，不用钉子是为了百年之后修复时保持原貌。当检修时，拆开柱子与横梁连接的内侧部位，常常能见到"坚固田中"的字样，千百年前的金刚组师傅们就是这样告诉未来的工匠，这个时代是我们创造的。一位曾参与修复的工匠也骄傲地表示，等到两三百年后拆开这些建筑物时，那些木匠会由衷赞美，这活儿干得真棒。

金刚组成员就是这样，将先人们对优秀产品的理念与精湛的技艺继承下来，传递给后人一种深刻的使命感和强烈的责任感，就是这样千年如一日的代代相传，使对建筑专注的责任感和对传统继承的使命感像遗传基因一样深深渗透在金刚组匠人的血脉之中。

三、适时应势的创新精神

金刚组公司和其他日本长寿企业一样，十分重视技术改进，下大力气研究如何改进产品，来适应市场需求，追求不断超越、永不满足、独一无二的极致体验。

对金刚组来说，对建筑技艺与品质执着，一方面表现在对传统工艺理念形态与方法的传承，这些独门绝技的施工方法不仅在《施工方法汇编》

中世代传承，更蕴含于他们的每一件作品中。另一方面，更表现在对技术创新与技术改善的不懈追求上。金刚家族将建筑工艺的提高与改良作为其发展的核心，将工匠精神和工匠事业尊为企业与员工的永恒目标。1000 多年来，他们不断吸收西方和中国的建筑手法，结合最新技术，与自身传统的工艺巧妙结合，为世人留下了一件件经得住时间考验的建筑瑰宝。

四、意合统一的组织架构

在日本传统建筑界，建筑工匠基本上不会从属于建筑公司，但金刚组是唯一拥有 8 个建筑小组、120 名建筑工匠的公司，虽然没有签订专属契约，但是相互的信赖保持着这种专属关系，其在组织架构问题上表现出了较大的灵活性。

金刚组家族内部灵活竞争、互相制约的组织架构非常独特，上层有总部和堂主，下设烟山组、木内组、加藤组、木口组、土局组、羽马组和北野组等，每组 5~8 人，各组密切配合，又相互独立，互为竞争，按照客户的需求和工事特点，评估各组的特点和水平，再决定和指派相应工作。这种方式既节约成本，提高效率，又保证了最佳的资源配置，形成了一种相互信赖、相互制约的平衡关系和竞争机制，激发了企业的创造力。由此，金刚组铸成了自己独特的组织模式，而正是这种独特的体制，才使得企业在千年之中依旧保持活力，并赢得了顾客的信赖。

五、选贤任能的传承机制

如何选好继承人，也是实现企业基业长青至关重要的问题。在这方面，金刚组的一些做法也值得我们借鉴。

在继承人的选择上，金刚组敢于挑战传统，灵活应变，他们不局限于利用长子继承制，而是选择有责任心、有智慧、敬业奉献的儿子继承基业，甚至也不限于儿子。如果没有儿子，就选择有能力的经理人作为养子或女婿继承，或者让其他合适的人选继承。例如，1934 年，第 37 代首领金刚治国因经营不善而自杀，家族就任命其妻子吉江挑起了重担，成为第一位女首领，使企业摆脱险境得以持续发展。

金刚组虽是个案，但其经验教训在长寿企业中颇具典型性和普遍性，对于平均寿命只有 2.9 年的我国民营企业来说，至少有以下几点启示：

启示一，做企业和做人一样，需要有一个平常心，心浮气躁、急功近利者做不了长寿企业。

启示二，做企业需要专业专注，固守本业，见异思迁、频频改行者做不了长寿企业。

启示三，面对社会变迁和市场变化，企业要生存发展，既要坚守又要求变。正如达尔文所说："在剧烈变化的环境中，能够生存下来的不是那些最强壮的，也不是最聪明的，而是那些最灵活的。"因此墨守成规、一成不变者做不了长寿企业。

启示四，君子爱财，取之有道。有舍方能有得，厚德方能载物，缺乏诚信、贪得无厌者做不了长寿企业。

启示五，要把企业做大、做强、做久，就要志存高远，心胸广阔，目光短浅、心胸狭窄者做不了长寿企业。

2016 年 11 月 12 日

我们向邵逸夫先生学什么

衡量一个人生命的价值，不仅要看他生前创造的辉煌，还要看他死后的影响。有两个人的去世在我心中产生了强烈的震撼。一位是南非总统曼德拉，他因肺部感染复发于 2013 年 12 月 5 日在南非当地安详离世，享年 95 岁。这位抗击种族隔离制度的斗士、杰出的政治家不幸离世后，不仅南非举国悲痛，而且全世界同声哀悼。这位伟大的政治家，以非暴力方式实现了南非的种族和解，创造了各种族和谐相处的新南非。他留下的以忍让、博爱、宽容、和解与务实的精神为主要内容的政治遗产，不仅泽被南非，而且惠及全世界。另一位是香港著名的企业家、杰出的慈善家、娱乐圈的"教父"邵逸夫先生，他于 2014 年 1 月 7 日在家安然仙逝，享年 107 岁。在邵先生传奇的一生中，他以自己自强不息的精神，超出常人的商业智慧和热心公益的慈善情怀，创造了辉煌的人生，铸就了令人仰慕的丰碑，是世人学习的楷模。特别是民营企业家，更要向邵逸夫先生学习，从他丰富的经验和高尚的精神中汲取智慧和力量，对把企业做大、做强、做久具有重要意义。

一、学习他自强不息、奋发有为的创业精神

"千里始足下，高山起微尘。"邵逸夫先生开创的雄居香港、美名远扬

的影视王国，并非一夜崛起的神来之功。同样是从无到有，由小到大，不断发展壮大的结果。邵家八个兄弟姐妹，原本出生在富商之家，虽后来家境中落，但也是名副其实的"富二代"，但兄弟五人中无一人继承父业，而是另辟蹊径，都投入影视行业。邵逸夫的创业史可以说是从零开始，白手起家。1926 年，刚从中学毕业的邵逸夫，便应三哥邵仁枚之邀，到新加坡协助三哥开拓南洋市场。当时条件极其艰苦，邵逸夫和哥哥像苦力一样扛着破旧的无声放映机和"天一"影片，经常在烈日下长途跋涉，到举目无亲的南洋乡村和农场巡回放映，并开设游乐场和电影院。1930 年，邵逸夫和三哥在新加坡成立"邵氏兄弟"，先后购入多间戏院，到 1937 年全面抗战爆发前夕，邵氏在新加坡、马来西亚、爪哇、越南、婆罗洲等东南亚各地已拥有 110 多家电影院和 9 家游乐场，并建立了完整的电影发行网。其后由于第二次世界大战波及东南亚，邵氏兄弟的电影事业几乎遭到灭顶之灾。

1957 年，邵逸夫回香港创业，与邵仁枚成立了"邵氏兄弟（香港）有限公司"，由邵逸夫任总裁，并以 32 万元购买了二哥邵仁棣"父子公司"的清水湾地皮，举建邵氏影城，自立发展他的电影事业，开创了香港影坛由主打文艺片转变为以商业片为主流的新局面，拍摄了不少像《江山美人》《杨贵妃》《梁山伯与祝英台》等轰动一时的电影佳作，倾倒无数观众。据说最盛时，每天有 100 万观众光顾他的影院。正当电影业如日中天之时，慧眼独具的邵逸夫又看到电视行业的巨大潜力。1967 年，他创办了香港无线电视（TVB），成为世界第一大粤语和华语商营电视台。在邵逸夫的带领下，TVB 好戏连台，拍摄了《上海滩》《射雕英雄传》《神雕侠侣》《鹿鼎记》等广受欢迎的电视剧，并推出了"五虎上将""四大天王"以及各具特色的众多女星。

"邵氏兄弟""无线电视"是邵逸夫成功创业的两大高峰，他拥有两家上市公司，100 多亿港元的资产。2010 年，103 岁的邵逸夫卸任 TVB 行政主席。2011 年，104 岁高龄的邵逸夫卸任公司董事局主席，他是历史上最年长的上市公司主席。纵观邵逸夫先生创业的一生，不论是战争灾难、经济危机、市场竞争，还是其他难以想象的艰难挫折，都不能使他退却，反而使他越挫越勇，不达目的誓不罢休。其中根本的原因，就是他志存高远，矢志不移，正如他所说："宁波人从小就立志做大事，而这大事就是经商。"我们有些民营企业之所以做不大，做不强，和小成既满、小富既安、胸无大志不无关系。因此我们要以邵逸夫先生为榜样，立志干大事，创大业，并努力为国家和社会做出更大的贡献。

二、学习他勇于探索、敢为人先的创新精神

作为一个成功的企业家，邵逸夫总是以超前的眼光发现商机，捷足先登。邵逸夫所处的时代和我们今天大不相同，那时的电影还是一片无声的世界，邵逸夫下决心不惜代价把有声技术从国外引进来。

1931 年，邵逸夫前往美国购买有声电影器材。途中轮船触礁，邵逸夫幸亏抱着一块小舢板，在茫茫的大海上漂泊一夜后终于获救，并从美国好莱坞买回所需的"讲话机器"。1932 年，邵逸夫亲任制片和导演，拍摄出中国首部有声电影《白金龙》，一上映就引起轰动，将中国观众带进"有声时代"，邵逸夫也因此成为我国有声电影的开山鼻祖。

邵逸夫在影视业的创新，除了他的独到眼光和创意，就是他敢于用大笔写大文章，甚至有点石成金的神来之妙。勇于挖掘人才，敢于起用人才，善于造就人才，更是邵逸夫的拿手好戏。邵逸夫从东南亚移师中国香港，开辟电影事业新天地，需要建立自己的影院和摄影厂，出品自己的影片，可以说困难重重，其中最大的困难就是缺乏人才。于是邵逸夫就登广告，招聘人才。广告中说："本公司有感于当今电影水准太低，决心改良设备，引进新技术，发掘制片人。本公司已选址清水湾建邵氏之影城，急需如下人才：制片、化妆、剪辑、配音及暗房等。公司将与同人并肩奋斗，同甘共苦。"这则广告收到了意想不到的成效。一大批名导演、名演

员和其他方面的人才蜂拥而至。为了打响邵氏影城第一炮，邵逸夫从几十部剧本中选中了描写貂蝉故事的《江山美人》，并且大胆起用年仅30岁的李翰祥担任导演。李翰祥果然不负邵逸夫厚爱，《江山美人》一炮打响，创下当时香港电影票房最高纪录，紧接着倾巨资拍摄的《杨贵妃》《梁山伯与祝英台》等在中国香港、中国台湾以及东南亚一带掀起中国影片的狂潮。这之后拍摄的1000多部电影，使邵氏公司长期称雄中国香港市场。

说起邵逸夫的人才创新，就不得不提他1971年创办的TVB艺员训练班，被誉为"港星摇篮"，造就了香港演艺圈的"黄金一代"。周润发、周星驰、梁朝伟、刘德华等顶级巨星及大导演杜琪峰都出自这个训练班。由于这些人才的努力，TVB制作出众多的影视精品，产生了广泛影响，也为邵氏带来了滚滚财源。

我们学习邵逸夫先生的创新精神，核心是学习他敢为人先的勇气和智慧，不管是技术创新、产品创新、管理创新、人才创新，还是商业模式创新，只有处在领先地位，才能占领制高点，才能获得绝对的竞争优势，从而获得丰厚的回报。

三、学习他做事认真、精益求精的敬业精神

邵逸夫曾说："我做事的态度，便是把每件事都做好，即使是最微细的部分，也要彻底做好。一样事情不做到十全十美，我是绝对不放松的。""邵氏出品，必属佳片"便是对邵氏作品的最好赞誉。

邵逸夫的敬业精神，首先是他要求自己成为精通电影业务的专家，无论是剧本、导演，还是摄影、剪辑，他都是行家里手。他对自己的要求，严格到极尽苛刻的程度。为了拍摄第一部有声电影，他亲自写剧本，经常通宵达旦，直到自己满意为止。

其次，邵逸夫的敬业精神，表现在他对观众的高度负责，对影片质量的严格要求，不出则已，出必精品。他对劣质产品深恶痛绝。只要出现劣

片，就毫不犹豫地烧掉。他说："在早期，我成日烧片，没有好的戏，我宁愿烧，烧掉好多部。"邵逸夫先生对劣质产品毫不手软，将劣质产品付之一炬的精神尤其值得企业家学习，而那些生产假冒伪劣产品的人，和邵逸夫相比，更应该无地自容。

四、学习他热心公益、慷慨捐赠的奉献精神

如果说创造财富表现的是一个企业家的能力和智慧，那么应用财富则表现的是一个企业家的情怀和境界。邵逸夫先生说："创业聚财是一种满足，散财捐助是一种乐趣。"他认为，"一个企业家的最高境界就是慈善家"。邵逸夫先生这些闪光的语言，表现了他对财富的独到见解。他对把财富用在什么地方，也有自己明确的看法。他说："中国要强大，关键在于教育及培养人才。将赚到的钱捐献在教育事业中，做一些实际的事，是我最大的心愿。"这种伟大的奉献精神，使他成为举世闻名的慈善大家。早在 1973 年，邵逸夫就设立邵氏基金会。从 1985 年起，他平均每年向内地捐赠 1 亿多元，用于支持国家的教育事业。截至 2012 年，邵逸夫共为内地教育捐赠 47.5 亿港币，捐建项目包括大、中、小学和职业技术学校、特殊教育机构的图书馆、教学楼、科技楼、体育馆、艺术楼、学术交流中心等 6013 个，遍布全国 31 个省、自治区、直辖市的"逸夫楼"成了神州大地上的一道亮丽风景。河南省教育厅提供的数据表明，自 1991 年以来，我省先后接受邵氏基金会捐款 21 次，安排建设项目 325 个，累计金额 17390 万港元，其中大学项目 15 个，接受捐款 6300 万港元；中小学项目 309 个，接受捐款 10900 港元。在资助教育方面，邵逸夫先生可以说是功德无量，人们尊称他为慈善大家，这是对他为社会所做贡献的最高礼赞。

邵逸夫先生虽然离开了我们，但他又好像仍然活在我们中间，他的创业精神、创新精神、敬业精神、奉献精神，仍然以巨大的能量激励和鼓舞

着我们为实现个人梦、企业梦、民族梦而奋力拼搏，奋勇前行。希望所有的民营企业家能够弘扬邵逸夫精神，成为一个成功的企业家，一个受人尊重的企业家，创造出属于自己的无愧于这个时代的出彩人生。

2016 年 9 月 18 日

辑三

民营企业之光

从下岗女工到十九大代表

——记圆方集团党委书记、总裁薛荣

在我熟悉的民营企业家当中，她是一位最具传奇色彩的人物。她从一名下岗女工当选为党的十九大代表，并先后获全国优秀党务工作者、改革开放40年百名杰出民营企业家等一百多项荣誉，曾十多次受到习近平总书记亲切接见。她就是圆方集团党委书记、总裁薛荣，人称"网红薛书记"。

一、从下岗女工到"保洁女王"

1982年，大学毕业的薛荣为了追求美好的爱情，从重庆来到河南。1984年，她被调到黄委会水科院，和丈夫开始了琴瑟和鸣的幸福生活。1989年，31岁的薛荣因所在企业倒闭下岗，从此开始了她艰难的创业历程。

她先后开过饭店、美容院，承包过鱼塘，养过宠物狗，等等。五年时间里，九次创业，九次失败。每一个创业项目从投入、辛勤的付出到心血付诸东流，她都会忍不住痛哭一场，但从不向命运低头的她却屡败屡战，愈挫愈奋。她不怕失败，但她害怕的是因此把许多朋友和亲戚最基本的信任都弄丢了。

1993年，又一场灾难降临了。初夏，她的丈夫正在外地培训学习，她在农村老家的婆婆患了严重的肾病。为了不让丈夫分心，她独自把患病的婆婆接到郑州治疗。昂贵的医疗费用让她四处奔走，到处筹借，几乎把亲戚和朋友的钱都借遍了。最后，她到红十字会卖血筹钱。但是始终都凑不齐昂贵的医疗费用。无奈的她跑到厕所里大哭一场。也许是孝心感动了天地，后来，她婆婆的病情有所好转，丈夫也决定以后不再去外地了。

薛荣又腾出精力，考虑实现自己的梦想了。当时报纸及电视媒体上常常出现"家政"一词。历经九次失败之后，她有了要从小处做起的想法。1994 年 5 月 18 日，她带领 16 名下岗工人第十次创业，成立圆方美洁公司。她秉承"服务创造美好生活"的企业理念，坚持"创新引领专业，责任成就敬业，奉献凝聚爱心，理想守护初心"的企业价值观，历经二十多年的拼搏奋进，把一个不起眼的小公司一步步做成包括综合后勤服务、人力资源管理服务、专业母婴服务和高端健康投资四大业务集群的大型综合服务业集团。

薛荣的创业事迹被广为流传，她本人也被媒体称为"保洁女王"和"家政皇后"。

二、深耕党务的薛书记

2014 年 5 月 18 日，圆方集团成立二十年大庆时，以薛荣为首的创业团队把圆方的大旗交给了以李圆方为总经理的年轻的圆方集团领导团队。从企业业务经营上退下来的薛书记，把更多的精力投向了圆方的软实力打造上。

2012 年 12 月，为更好地凝聚分散在祖国各地的圆方党员，55 岁的薛荣创立了"薛书记有约"工作室。最开始，这个工作室只有一个栏目，就是《薛书记今日播报》，每天发布一分钟与党建有关的微语。可别小瞧这一分钟的事情，想做好也不是那么容易的事。自从推送这个一分钟的微语后，薛书记无论生病在床还是出差在外，她都必须做。记得有一次薛书记讲《党建与创新》时说："做这个微语，要从每天诸多的新闻里甄选出适合播放的新闻，再精减成 260 个字。因播报时间只有一分钟，多一秒播不出去，少一秒又不完美。别人听我的播报，总感觉我像打鸡血一样。有一次我发烧了，浑身都软绵绵的。为做好这个播报，我拼命地掐自己的大腿，一遍不行，就再播一遍，那次忘了播了几遍才成功，第二天，我发现自己的大腿都被掐红肿了……"这个每天 1 分钟、260 个字微语的《薛书记今日播报》，截至 2022 年 3 月 10 日，已累计播报 3171 条。其间，"薛书记有约"工作室又陆续推出《薛书记讲党史》《薛书记讲党建与创业》《薛书记讲非公党建工作法》《精准扶贫》等 12 个栏目。截至目前，先后录制了《薛书记讲党史》视频 18 期、非公党建访谈视频 27 期，开通了《薛书记微党课》《薛书记抖音讲党史》等线上栏目，讲党史 1186 期，被粉丝称为"网红薛书记""全国微党课第一人"。

用薛书记的话说："'薛书记有约'工作室硬生生地把我这个做物业、做家政的小老板，逼成了一个党史专家。"2016 年 7 月 1 日，成绩斐然的薛书记获"全国优秀党务工作者"称号，并受到习近平总书记的亲切接见，这也是她第三次被接见。如今，薛书记已不仅仅是圆方集团的党委书记，已悄然演变成党建的一个知名品牌。薛书记本人更忙了，不是在讲党课，就是在讲党课的路上。

三、讲党课的"网红女主播"

2017 年 2 月 22 日，年近 60 岁的薛书记，接受圆方集团高管的建议，在花椒直播平台注册成为一名网络主播。

"薛书记云党课开播了，请大家搬起小板凳排排坐……"这是薛书记云党课每日开讲时的开场白。每晚 7：30 至 9：00，薛书记以网络直播课堂的形式，向广大网友们普及党的知识，讲述圆方创业故事、时事、励志故事、党建和工作法等精彩内容。薛书记将党建理论以故事的形式娓娓道来，引得众多网友"点赞""送鲜花"。有网友留言："有信仰的人永远有战斗力，永远不会老，薛书记把党课讲到我们心里了。"薛书记云党课"圈粉"无数，粉丝达 22 万多人，累计观看学习 5000 多万人次，点赞1000 多万人次。薛书记利用网络新媒体开创了党课教育的新平台，受到了《新华每日电讯》《中国妇女报》《河南日报》等媒体的高度评价，被誉为"网红书记"。

有爱心的企业家"精准扶贫"概念的提出和施行，彰显了新一届中央领导集体对扶贫工作的高度重视。

2016 年 7 月，从北京参加建党 95 周年纪念大会、领奖归来，薛荣不顾酷暑与身体不适，立即奔赴河南省的淮滨、息县、新蔡等地。从 7 月 7日至 7 月 16 日，历时 10 天，在进村入户实地调研并多次与村镇干部群众座谈、征求意见建议的基础上，根据圆方子公司"雪绒花"在母婴服务领域全国第一品牌的技能优势和月嫂、家政服务业的就业形势及行业发展潜力，最终确定圆方集团面向贫困地区、贫困家庭精准推出的免费培训"星空计划"。其要义是通过圆方公司向贫困家庭姐妹提供免费的技能培训，以期达到"就业一个人，幸福一个家，点亮一片星空"的扶贫效果。

家政扶贫"星空计划"实施两年来，薛荣和"雪绒花"团队已先后深入滑县、淮滨县等 53 个县（市、区）通过讲党建、创业励志课开展观念扶贫，通过提供免费培训开展技术技能扶贫。"雪绒花"团队开展家政技能培训 186 期，培训妇女 12870 人，安置就业 10296 人。2017 年援疆帮扶，薛荣跟随省、市妇联四进新疆讲党课。在妇联的指导帮助下，来自中原的"雪绒花"扎根新疆哈密。

为使扶贫成效最大化，薛荣凭借"全国优秀党务工作者""全国自强模范"和"助残先进"的影响力，邀约了更多的非公企业家和科研院所、大专院校的专家、学者们组成了精准扶贫战略联盟。他们一次次带着资金、带着技术、带着理念，直接下到贫困地区、贫困家庭进行扶贫的事迹，还被河南电视台做成专题进行报道。

四、宣贯十九大精神的"红色传播者"

参加党的十九大以后，薛荣立即开启了对十九大精神、习近平新时代中国特色社会主义思想的激情宣讲。她八进新疆、五进内蒙古、三进青海，北上南下东奔西跑，一天也不停歇地履行党代表的使命担当。她先后到全国各地宣讲十九大精神 946 场，创造了时间最短、宣贯场数最多、宣贯人数最多的全国纪录。听众对她的宣讲掌声不断，好评如潮。她做出了艰苦的努力，付出了辛勤的心血和汗水。

每次宣讲完，总有人对薛荣说："这是我听过的最好的宣讲。"她总是淡然一笑："没有最好，下次我会把更好的宣讲呈现给你们。"一天凌晨 2 点多，她从睡梦中醒来，有了新的创意，立即起床修改教案。她宣讲十九大精神 200 多场期间，PPT 教案就修改了 100 多次，宣讲效果越来越好。

这就是薛荣，要强、有着执着追求的薛荣，每件事都追求完美、追求极致的薛荣，虽历经多次失败，她却始终视苦难为财富，从未想过放弃。正是靠着这份坚持，她干家政干成了"保洁女王"，学党建学成了"党史专家"，播语音播成了全国微党课第一人，讲党课讲成了"网红书记"，成了宣传贯彻党的十九大精神的"红色传播者"。

五、抗击疫情再展风采

2020 年春节期间，面对肆虐的新型冠状病毒，薛荣第一时间递交请战书，因年龄大未获批准后，她另择险途冲锋一线，以"危急时刻豁出来"的圆方共产党员的大无畏精神，冒着被感染的危险，大年初二出发，一直奔走在抗击疫情前沿，先后去了湖北、北京等多个省市的 36 家新冠肺炎诊治定点医院，培训指导进入发热门诊、隔离病房的保洁员，慰问一线员工，并亲率圆方党员突击队奔赴北京 301 医院和湖北十堰人民医院支援一线发热病房的卫生保洁工作，为一线职工送去各类保障物资累计超过 50 万元。

2020 年五一国际劳动节前夕，习近平总书记给圆方集团全体职工回信，习近平总书记在回信中写道："伟大出自平凡，英雄来自人民。"激励着圆方集团每一个奋战在基层工作岗位上的劳动者。收到回信后，薛荣带领集团 10 支宣讲队进机关、进企业、进校园，累计宣讲习近平总书记重要回信精神近 40 场，受众达 8 万余人，公司内部也已经形成了争做党员先锋、争当标兵的浓厚氛围。扎实的党建工作和思想建设有力地促进了企业快速发展，截至 2021 年年底，圆方集团已拥有 70 多家子公司近 7 万名员工，实现年产值 30 多亿元。集团党委现下设 2 个基层党委、1 个党总支、24 个党支部，共有 679 名中共党员，成为全国同行业中的标杆企业。薛荣同志以她莫大的劳动热情和创造力，在推动社会发展和时代进步中充分展现出当代企业家的崭新风貌，是当之无愧的奋进新时代的实干家。

2022 年 2 月 12 日

党建引领创辉煌 大桥石化美名扬

大桥石化集团成立于 1998 年，经过 20 多年的快速发展，现已成为一家以成品油批发、仓储、配送及零售终端为主，集天然气、新能源、高速公路服务区投资经营、房地产开发等行业一体的现代化民营石化集团，现在旗下有 100 多座加油站，员工达 3000 多人，是河南民营石化行业龙头，是国内石化行业中管理规范、信誉可靠的知名企业，是全国企业党建先进单位。大桥石化也是河南省石油业商会会长单位，大桥商标先后被评为"河南省著名商标""豫商最具影响力品牌"。早在 2017 年，大桥石化品牌价值已达到 31.8 亿元。

一、艰苦创业诚实守信

说起大桥石化由小到大、由弱变强的创业过程，人们往往用"从一个加油桶到 100 多个加油站"来概括。殊不知，在这简短的一句话背后，有多少艰难坎坷，又有多少酸甜苦辣。别的不说，就说大桥石化董事长张贵林几次与死神擦肩而过的故事，就知其创业多么不易。有一次，油罐底部漏油起火，油罐坑内浓烟滚滚，烈火熊熊，张贵林奋不顾身冲进去抢救。由于坑内空间狭小，泄露的油气浓度过大，严重缺氧，他窒息晕倒在坑内，差点儿葬身火海。还有一年的冬天，张贵林和同事一起到山东购买油罐返回新乡，夜间经过黄河，不慎跌入河里，一身棉衣被水浸透，险些被河水吞没。还有一次，也是一个冬夜，他乘坐的汽车和另外一辆汽车在旷野的一个小桥上相撞，都翻落在桥下，张贵林在车里动弹不得。外面是呼啸的寒风，车里是冰冷的河水，当时又无通信工具，直到第二天才被人救出，总算是又逃过了一劫。经过一次次的磨难，一次次的考验，张贵林变得更加坚强，更加沉稳和睿智。

1998 年，张贵林带着 7 名员工走出家乡，在 107 国道郑州黄河公路大桥北端建立起一座加油站，因位置靠近桥头堡，故取名大桥石化。为了在周边激烈的市场竞争中存活下来，加油站一开业，张贵林就到湖北、湖南和广东等地考察，并确定了"人无我有，人有我优，人优我廉，人廉我转"的经营策略。他组建了自己的宣传队伍，上东北，下广州，在沿途主要城市的停车场、货运物流中心和客运站广为宣传，并在同行业中较早发布墙体广告。3 个月内，完成了国道两侧千余幅墙体广告的制作。"加好油，到大桥""大桥石化，为您加油"等口号，一时间响彻大江南北，使大桥石化的知名度得到了极大提升。

张贵林狠抓服务质量，提出了"以服务提升产品附加值"的概念。为了规范加油站服务，他独创"加油十步法"。将为客户加油的程序，分解为迎候客户、引导车辆和开门问候等十个步骤，并为每一个步骤制定了规范的动作和用语；又提出"车辆到、服务到、茶水到、擦车到、广告到"的"五到"工作法，保证了每一辆来到加油站加油的汽车都能在短时间内有人照看并得到良好的服务，让司乘人员有一种"千里之外，家的感觉"。就这样，靠着诚实守信，热情服务，油品质优价廉，客户越来越多，加油站生意越来越兴隆。

二、改革创新铸造品牌

对于任何一个行业来说，质量都是企业的生命。张贵林要求，大桥石化在油品质量方面必须 100% 合格达标。大桥石化的油品要经过出厂、运输、入库、配送、留样 5 道严格的质量体系把控，汽油要进行 38 项指标的严格检验，柴油要进行 19 项指标的严格检验，确保了大桥石化的油品"每一滴油都是承诺"。为了保障油品质量，张贵林投资 1.68 亿元兴建了储量为 5 万立方的国家二级石油库——新乡龙浩油库，投资上千万元购置了现代化的检测设备，建立了油品质量检测中心，大桥石化所有加油站的油品都是统一配送，全程监控。

保证质量是根本，创新服务出效益。张贵林带领大桥石化集团通过创新服务提高效益，树立差异化竞争的优势。比如在石油行业内，大桥石化是第一个把便利店引进加油站，第一个把加油站卫生间引进便利店内，第一个引进全自动洗车机为顾客提供免费洗车的民营石化企业。在经营方面，秉持薄利多销的原则，在多年的市场竞争中，价格优势和灵活的政策一直是大桥石化成功的法宝。包括产品同质化的时代，打造差异化的优势，也就是服务，大桥石化推出的加油免费洗车、擦车、IC 卡充值返利、积分兑奖、加油送早餐、送礼品、部分商品零利润销售，每日幸运车牌抽奖、天气温馨提示、供早餐、洗衣服、擦皮鞋等差异化的增值服务，让千千万万的加油客户感到热情实惠，深受广大司机朋友的喜爱与支持。特别是现在随着互联网兴起，消费需求的升级，大桥石化向着打造数字化、智能化、五星级、花园式的加油站努力，比如智汇云桥系统、云游商城掌上营业厅、微信小程序，消费者可以用电子卡在网上充值、积分，并用积分加油、购物、领奖等，也可以享受刷脸付、车牌付、电子钱包等智能化体验，增强了与消费者的互动性。

现如今，大桥石化旗下超百座加油站形成了以省会郑州为中心，覆盖开封、洛阳、许昌、焦作、新乡、安阳、商丘 7 个地市的中原城市群网络战略布局，拥有超过 30 万的 IC 卡客户、200 多万的会员客户，每天为 5 万多辆车提供加油服务，为 2 万多辆车提供洗车、擦车等增值服务。

20 多年来，张贵林始终坚守行业梦想，脚踏实地，稳步发展，诚信经营，以质量求生存、以服务赢客户，通过创新发展，打造差异化市场竞争优势，赢得了全国各地消费者的信赖与好评，打造出了大桥石化的品牌。

三、高质量党建助推高质量发展

张贵林说，没有共产党，就没有新中国，没有改革开放，就没有大桥石化的今天。大桥石化从无到有、从小到大，是中国改革开放千千万万个民营企业的缩影和代表，大桥石化是一家沐浴着党的改革开放好政策成长起来的本土民营企业，张贵林始终怀着一颗感恩的心，听党话，跟党走，报党恩。

为了用党的领导凝聚人心，用党的先进理论思想指导企业的发展方向，张贵林本着"企业需要，党员欢迎，职工拥护"的原则，在 2008 年成立了党支部，2012 年成立了党委。目前党委下辖 33 个党支部，现有党员 200 多名，预备党员 10 名，入党积极分子 60 多名，党建工作与企业经营管理实行交叉任职，参与企业发展经营决策，公司中高层管理人员党员的比例达到 83%，形成书记主抓，副书记专抓，党务工作者协抓的党建工作格局。大桥石化成立党组织以来，坚持十几年抓党建如一日，围绕经营抓党建，抓好党建促发展，跟着党建学管理，以高质量党建助推企业高质量发展。大桥石化党委先后荣获河南省先进基层党组织、全国企业党建先进单位等殊荣，党建经验先后入选上海浦东干部学院、人民网党建典型案例。2019 年 6 月，大桥石化党建经验入选了中共中央党校全国百家"新时代民营企业党建典型案例"。

张贵林认为，大桥石化的党建做法就是"不空""不虚"。"不空"就是抓两个建设。一是支部建设。大桥石化业务点多、面广、线长，12年如一日，把支部建在加油站上。二是阵地建设。先后建立了新乡、郑州两座"红色家园"党员教育基地，其中，郑州惠济区"红色家园"由党建展厅、讲习所、电教馆、演播大厅、播音室、新时代非公党建学院等组成，可同时接待容纳 200 多学员党课培训学习。"红色家园"开创了非公党建的新模式。"不虚"就是打造学习型、服务型、创新型的"三型"党组织。张贵林带领党员学党的历史，学党的理论，学党的思想，认真学习贯彻党的十八大、十九大精神，定期开展"两学一做""三会一课"、深入开展"不忘初心、牢记使命"主题教育等活动。同时，张贵林亲自带队参观革命圣地，接受红色教育、革命熏陶。不仅如此，大桥石化在下属加油站、服务区成立党员示范岗 80 个、突击队 30 多支、志愿者服务站 100 多个，形成党员"聚是一团火，散开是满天星"。他们又利用"互联网+党建"，建立了党建网站，开通了"大桥石化红色家园"微信公众号，每天 1 分钟语音播报，5 分钟讲党史，累计播报 1500 多条，开通了空中党课、抖音直播、VR/AR 网上 720 度全景云智能展厅等，多种形式传递党的好声音。

党建做实了就是生产力，做强了就是竞争力，做细了就是凝聚力。多年来，大桥石化通过党组织的建立与发展，将党的政治优势，组织优势转化为创新优势、发展优势、竞争优势，通过学习和了解党和国家的路线、方针、政策、重大决策部署，把握市场的方向更准了，使企业发展更加符合国家产业政策，不走弯路，为大桥石化的发展把航定向。大桥石化从成立党支部时，公司年营业额只有 3 亿多，到 2019 年增长到 40 多亿；员工人数也从 700 人增长到现在的 3000 多人，取得了经济效益和社会效益的双丰收。

张贵林是一个具有家国情怀的企业家，他致富思源，富而思进。在发展过程中，他积极投身公益，承担社会责任。据不完全统计，多年来，大桥石化集团累计安置下岗职工 600 多人次，先后多次参与社会捐赠赈灾、帮困扶贫、捐资建学、精准扶贫、修桥铺路等公益慈善事业。2020 年新冠肺炎疫情发生后，大桥石化在 2020 年 1 月 31 日向河南省慈善总会捐款 500 万元，用于河南版"小汤山"——郑州岐伯山医院的建设。此后，又先后向河南省人民医院、基层派出所、街道办事处、社区及村镇等捐助 20

多批次防疫物资，累计捐款捐物折合人民币 700 多万元，为打赢疫情防控
阻击战做出了积极的贡献。

2022 年 2 月 16 日

"王牌智库"的崛起之路

现代化的智库最早出现在第二次世界大战时期的美国，其中最有名的是由道格拉斯飞机公司承包的研究发展部，也就是兰德公司的前身。据全球智库报告数据，截至 2020 年，世界上总共有 1.1 万家智库，中国有 1400 多家，包括政府智库和民间智库。其中，"王牌智库"就是中国颇具影响力的民间政府智库，其创始人——"王牌智库"首席专家、董事长上官同君先生被各地领导干部认为是值得"信赖"的人，"王牌智库"是值得"托付"的智囊团。

凭借多个领域、多个县域智库服务案例的成功经验，上官同君在城市经营、房地产、新型城镇化、县域经济等领域赢得了"实战专家"的美誉。上官同君以他独到的战略眼光，带领"王牌智库"，以深圳为总部基地，以河南为样板市场，统筹中国中西部三、四线城市顶层设计工程智库实体经济联合体，持续深耕中西部战略蓝海，有力推动了县域经济的跨越式发展。

一、"策划+策动"，做企业营销的"操盘手"

上官同君是信阳光山县人，20 世纪 90 年代初曾供职于著名的亚细亚集团，担任亚细亚集团战略发展部总经理，亲自参与策划了著名的"中原商战"，成为推动中原商业崛起和变革的重要参与者、推动者。

上官同君是典型的学者型实战专家，曾在房地产、城市经营、连锁经营等方面都有突出的业绩。早年，他策动并操盘的"郑州亚细亚战略发展规划"及"奥林匹克花园行销中原"战略计划，被列为较有影响的经济管理实战案例，并且写进多所大学的教材。作为专业地产运营商，其在国内独创"房地产项目托管模式"，填补了国内中小房地产企业未来发展出路的空白。特别是在房地产领域，上官同君用儒商的心态，亲自操盘并运筹多个经典案例：在国内房地产营销史上第一个把房子卖给了和尚，从而被誉为"烂尾楼克星"；"CBD 奥林匹克花园"开盘重磅推出"市长卖楼"营销案例，成为郑东新区发展历程中的经典；首个样板项目"锦绣淞江"，在国内首推漫画地产营销。多个原创营销案例，代表了河南地产的"知本"旗帜。

在 20 世纪 90 年代中后期，上官同君沿着"策划+策动"的实战谋略路线，由"策划人"转型为"策动人"、战略营销专家、房地产营销策划实战专家，以房地产行业的全产业链系统策划、营销托管、深度服务等房地产项目全程托管模式，成为国内房地产行业专业运营系统解决方案的首倡者和推动者，形成了智库案例的雏形。

二、智库助政，做新型城镇化的"好帮手"

依靠在房地产营销领域的骄人成绩，上官同君完成了"原始积累"，但是他认为，智库深耕的领域应该更广、更大、更深，特别是通过运营房地产市场，他看到随着城镇化的飞速发展，城市运营的综合市场价值远远超出房地产市场"单项突破"的利益，是一片广阔的"蓝海"。于是，他开始谋划适时转型，转向深耕中国新型城镇化的城市运营。

在"王牌智库"的战略布局上，上官同君坚定"先中原而后天下"的稳健发展步伐。"王牌智库"坚持深耕河南样板市场，在中原大地，先后担纲郑州郑东新区、新郑市、汝州市、叶县、睢县、卢氏县、鲁山县、辉县市、灵宝市、郑州惠济新区、安阳殷都区、郑州航空港区、尉氏县、通许县等县（市、区）的城市顶层设计，开创新型城镇化新郑模式、资源型城市产业成功转型的汝州模式、"两山理论"中原实践样板鲁山模式、省际区域协调发展的灵宝模式，成果有目共睹，有力推动了三、四线城市的跨越式发展。2021年，"王牌智库"战略进军贵州，以三穗县城市顶层设计策划及智库服务全力打造西部市场顶层设计服务新样板。

一位副市长曾经这样感悟道："王牌智库"服务的是"书记工程"，书记很重要，有能力，有意愿，书记推动是顶层设计的巨大推动力。"王牌智库"选书记，善用书记的行政权力，企业化智库具备产业实战优势，这是一般智库做不到的。"王牌智库"团队是实战型团队，在服务县域经济发展中，从初期的城市顶层设计，到后期的各个子项目推动，王牌团队确实是真打实干，走遍了各个乡镇和局委，基本情况了解得很透彻，很接地气。

更重要的是，"王牌智库"不仅成功地激活了地方党委政府班子团队干事创业的激情和干劲，而且也成功地提升了当地广大干部群众的工作能力。"王牌智库"提出的"吃饭靠财政，发展靠市场，公司化运营城市"这一口号，使干部群众一下子就明白该咋干了，地方经济发展也有了方向和目标。

为了更好地服务地方政府，"王牌智库"同时投资运营两大平台：一是中国土地投融资平台，主营"有地找钱、有钱找地"；二是中国地方政府专业招商服务平台，主营"地方政府招商项目库策划包装"和"专业招商"。通过搭建智库服务之"桥"，让企业家们看到"王牌智库"身后的县（市、区）委书记们对地方发展的核心需求，也让县（市、区）委书记们看到"王牌智库"身后的投资商们的投资意愿和实力，实现"能谋善断，会干实干"的书记们与"三有一真"的投资商们有效对接。

从2008年开始，"王牌智库"为新郑市导入新型城镇化高质量发展顶层设计战略，持续服务新郑市委、市政府，协助新郑市打了一场漂亮的"经济接力赛"，见证了新郑的跨越式发展。公司化运营新郑，解放了新郑财政，创新了融资模式，拓宽了融资渠道，策划指导新郑市政通投资有限公司和新郑新区发展投资有限公司的创建与运营。

"王牌智库"在服务汝州的过程中，通过前后两次导入顶层设计和提升工程，见证了汝州市县域经济跨越式发展的奇迹。"汝州模式"的社会影响力和反响力更大，河南省委、省政府领导多次到汝州视察和开现场会，充分肯定了"汝州模式"的导向性和示范性。截至目前，汝州市已从"半城煤灰半城土"的煤灰之城蝶变成"一城青山半城湖"的生态之城。2018 年，汝州市综合实力位居中部百强县第 36 位；2019 年，汝州市成功入选赛迪全国"百强县"第 99 位；2020 年，汝州市百强位次上升至第 96 位；2021 年，汝州市百强位次进一步上升至第 93 位。汝州市作为河南 10 个省直管县之一，在高质量发展县域经济背景下，较好实现了资源型城市产业转型，具有很好的示范意义。

三、打造智库品牌成就王牌，争做中国"兰德"

美国兰德公司作为世界著名的智库，年收入的 70% 来自美国联邦政府，也可以说，兰德公司是美国政府和军方的智囊团。在我国，随着经济社会的转型发展，中国智库肩负着"新时代"的历史使命。智库作为中国经济社会发展的独特的智力资源，对政府施政助政的渗入和推动作用将越来越大。

作为中国民间政府智库的扛旗者、探索者和先行者，上官同君认为，民间政府智库最重要的核心点，就是要研究政府所处的资源环境，还要研究政府面临的各种问题以及发展诉求等"刚需"。王牌智库的做法是：

一是以民间智库的担当责任感和使命感影响政府。吃透战略旨意，把握国情、省情和县情，诸如县域政治生态、经济生态、文化生态、资源生态、民俗生态等，要吃透吃准，方能提炼出更精准、更精彩的"顶层设计"实施战略。放眼总体，把握全局，将"顶层设计"与县（市、区）域"一把手"施政纲要融会贯通，便于"一张蓝图绘到底"，从而体现"顶层设计"的战略性、科学性、系统性、规范性、专业性、实用性、可行性，切实体现"顶层设计"战略思路的重要性、纲领性和指导性。

二是在"顶层设计"蓝图的统揽之下，"王牌智库"会搭建资源整合平台，拉动政府招商引资项目等相关产业链，形成"智库平台+项目产业链组合"模式。通过这个平台，政府方面看中的是，平台背后强大的资源优势和投资商及合作商的实力和诚意；投资商及合作商看中的是，平台背后政府方的公信力和真实刚需，"王牌智库"成了精准整合的桥梁和纽带。

三是民间政府智库的"后市场"服务意识和服务功能的不断深化。在"顶层设计"战略转化为平台资源配置和产业链拉伸的过程中，"后市场"服务产品的功能越来越细化，服务的方位和领域越来越深化。不仅保障"顶层设计"战略的安全、顺利落地实施，更重要的是，保证了智库产业链铺设拉伸过程中的提质与增值。

多年来，"王牌智库"致力于在中国民间智库领域和地方政府经济发展领域，创建一张民间政府智库的"王牌"，创建一张地方政府值得信赖与深层战略合作的智库"王牌"。相信在县域经济领域的不断深耕与作为，民间智库的实用和实效的声音也会越来越响亮。

面对众多的荣誉和赞扬，上官同君依然是那样低调和平静。他深知，在我国迈向第二个一百年的奋斗征程中，"王牌智库"肩负着更重的使命和担当，只有继续发扬敬业、专业、务实、创新的精神，才能行稳致远，开创出一片新天地。

2022 年 3 月 12 日

汴绣大师王素花的匠心精神

在八朝古都开封东郊的清水河畔，坐落着一片古朴典雅的二层楼房，那里便是闻名遐迩的开封市素花宋绣工艺美术有限公司，其掌门人是著名的汴绣大师王素花。阳春三月的一天，我们驱车来到这里，看望了这位既是艺术家又是企业家的老大姐。

几年不见，这位耄耋之年的老人依然身体硬朗，目光有神，声音洪亮。看到我们，她特别高兴，连忙放下手中的绣品，满脸笑容地迎了上来。我好奇地问她："你都80多岁了，还能绣花吗？"她说："我现在还眼不花，手不颤，还能飞针走线，一天不绣花，吃饭都不香。"她边说边把我们引进绣品展览馆。

一走进展览馆，仿佛走进了艺术的殿堂，墙上挂的，地上摆的，各种刺绣珍品琳琅满目，令人应接不暇。这里有气势宏大的长卷《清明上河图》《千里江山图》，有古色古韵的历史名作《韩干牧马图》《韩熙载夜宴图》，有栩栩如生的人物画像《蒙娜丽莎》，还有雍容华贵的《梦幻牡丹》，以及活灵活现的各种花鸟虫鱼等。王大姐一边领着我们观看，一边向我们讲解绣品的特点和工艺，使我们不仅得到了艺术享受，还学到了不少汴绣知识。

展览的最后一部分是王大姐与党和国家领导人的合影以及获得的各种荣誉，主要有中国工艺美术大师、国家级非物质文化遗产（汴绣）代表性传承人、中国工艺美术终身成就奖获得者、中国民间工艺美术最高奖"山花奖"获得者等。看到这么多的国家级荣誉，我对王大姐说："你真了不起，我要向你表示祝贺。"想不到王大姐却说："有啥了不起，党和国家给我这么多荣誉，都是大家共同努力的结果，荣誉越多，责任就越大，反正我就是一个绣花工。"她这句朴实而又谦虚的话语，在我心中激起了难以平静的波澜。她那无可企及的艺术成就，分明铸就了一座高大的丰碑，但她却像一束低垂的金黄色的稻穗，平凡和伟大是如此奇妙地交织在一起。在长达三个多小时的交谈中，我虽然没有听到一句豪言壮语，却了解了她成长和创业的过程，也从她身上看到了一位成功的艺术家和企业家的匠心精神和大师风采。特别是她几十年如一日坚守的匠心精神，尤其值得尊重和学习，我也从中受到诸多启迪。

一、坚守匠心就要不忘初心

人生漫漫，走过万水千山不能忘记来时路。王素花常说，人要有良心，不能忘本。她出生在黄河滩区的封丘县，小时候家里十分贫穷，常常是吃了上顿没下顿，她说："由于忍饥挨饿，我小时候又黑又瘦，所以我的名字就叫小黑。后来由于我爱花又会绣花，才改名叫素花。我小时候最爱去姥姥家，因为到姥姥家不仅能吃上一顿饱饭，还可以向姥姥学习绣花技术。有一年冬天，母亲买了一绿一红两束绣花线，我便在自己的新棉鞋上绣了红花绿叶的图案，村里人都说好看。于是人们就把枕头、围裙、头巾之类的活儿交给我绣，还能得到一个饼或一碗饭的报酬，这对当时的我来说，已经心满意足。"

天有不测之风云，爱好赌博的父亲，因为赌输了钱，还不起，要用十斗小麦、十斤棉花的价钱把王素花卖给人家。当买主来领人的时候，她说什么也不肯去。她说："我死死地抱住树哭喊着，我不去呀，再苦再饿我也不去。"这时，从开封来这里推车卖菜的一个好心人看到了，他说："需要多少钱？我来出。"他卖了推车和家里所有值钱的东西，总算凑够了要还的钱。过了一段时间，这个人把王素花领进了开封的家，他就是王素花的公爹。王素花说："他一家人都对我特别好，我一辈子都忘不了，也忘不了我的母亲和姥姥，更忘不了党和国家的恩情。在党的培养教育下，我才明白了绣花艺术要为人民服务，为国家争光的道理。每当我想到这些，就有使不完的劲儿，总想一天干完两天的活儿。"

王素花还说："我 14 岁入团，18 岁入党，到汴绣厂参加工作后，凭着一股拼劲儿，不到半年就被提拔为车间副主任，两个月后又提为主任，后来又由副厂长提升为厂长。我由一名普通绣工成长为刺绣大师，不是因为我有能耐，这都是党和国家培养的结果。我现在虽然 85 岁了，可是党和国家交给我传承绣花技艺的使命还没有完成，我还要活一天干一天传承一天，直到拿不动针为止。"常言说，心不老人就不老，根不老树就不老。初心不变，匠心长存，这就是王素花永葆艺术青春的根本原因。

二、坚守匠心就要敢为人先

敢想敢干敢为人先，敢于做第一个吃螃蟹的人，是所有成功的艺术家和企业家的共同特点，王素花就是一个这样的人。

1959 年国庆，为了给伟大祖国献上一份厚礼，河南省委、省政府拟定将著名画家张择端的传世之作《清明上河图》作为绣品献给党中央和毛主席。这个任务就交给了开封市，最终落到了开封汴绣厂。这对王素花来说是一次施展才华和报效祖国的难得机会。厂长带着她到市委去领任务，当时任市委书记徐学文问他们能不能完成任务时，还没等厂长说话，王素花就抢先回答道："能。"

等任务到手，他们才知道这任务有多重，还招来一片埋怨声。因为刺绣这样的巨幅长卷，当时在国内外尚属首次。但是开弓没有回头箭，一向不服输的王素花，就带着刺绣组的姐妹们紧锣密鼓地干了起来。为了按时完成任务，王素花将被子抱进了厂里，饿了吃凉饼，渴了喝凉水，硬是三个半月没回家。据说《清明上河图》中有人物 814 个、牲畜 83 匹、船只 29 艘、房屋楼宇 30 多栋、桥梁 17 座、树木 180 棵，将如此丰富的内容用刺绣的手法逼真地表现出来，谈何容易？为了准确绣出《清明上河图》，她们在继承宋绣针法的基础上，又创造了出滚针绣、反戗绣等十多种新针法。为了绣好毛驴，她们跑到农村观察驴的习性；为了绣好船绳，她们跑到黄河岸边乘船观察船上的绳子。就这样，她们攻克了一道道难关，经过 100 多个日日夜夜的艰苦奋战，中国第一幅《清明上河图》绣品终于大功告成，被送往北京，收藏在人民大会堂河南厅展出，受到了各方面的高度赞扬。王素花也因此被邀请进京参加了国庆观礼，受到了毛主席、周总理的亲切接见。《清明上河图》刺绣的成功，不仅为王素花赢得了荣耀，也为她以后攀登刺绣高峰增强了信心和力量。

三、坚守匠心就要爱岗敬业

常言说，"三百六十行，行行出状元"。但要成为行业状元，就必须爱岗敬业。爱岗就是热爱自己的工作岗位，敬业就是要用一种恭敬的严肃的态度对待自己的工作。刺绣行业中的人都知道王素花有一句名言——"绣比天大"，这是她对爱岗敬业精神最简明的诠释，任何名利的诱惑和困难的考验都没有动摇她对刺绣事业的执着追求。

王素花刚到开封汴绣厂上班时，条件相当艰苦，车间里冬天没有火炉，冷得像冰窖，夏天没有电扇，热得像蒸笼，甚至连坐的板凳都没有，而是垫几块砖头当凳子。说起工资待遇，更是少得可怜，每月只有 4 元钱。也就在那时，市里的纱厂、机械厂也在招工。条件当然要比汴绣厂优越得多，国营的牌子不说，每月工资就是 21 元。这种极大的吸引力，使汴绣厂招进来的工人不到一个月就走了大半，而王素花却不为所动，她认定自己就是一个干绣花的料，一辈子只要能干自己喜欢的事，就是再苦再累也心甘情愿。正是这种坚守，让她在 1959 年绣成了《清明上河图》，干成了一件了不起的大事情，使她成了刺绣界的一颗耀眼的新星；也正是她60 多年的坚守，使她获得了汴绣大师等多种国家级最高荣誉。

四、坚守匠心就要乐于传承

过去在职场流传很广的一句话就是"教会徒弟，饿死师父"。有些人有了一技之长或制胜绝技之后，就不肯把自己的绝招传授给别人，甚至在家族内部，也只传男不传女。王素花却不是这样，作为国家非物质文化传承人，她把传承汴绣技术和汴绣文化当成自己义不容辞的使命和责任。

1995 年，她从厂长位置退下来之后，不仅办起了宋绣工厂，而且办起了培训学校。她首先把自己的家庭变成了"汴绣之家"，三个儿媳都是刺绣的行家里手，三个儿子都是各管一工的业务骨干，原是小学校长的老伴儿退休后也成了她的得力助手，就连第三代、第四代的孙子孙女，也都是汴绣的爱好者。她对所教的徒弟，从不保守，认真传授，而且送走了一拨又一拨，来了一茬又一茬。几十年来，经她带过的徒弟很难说有多少，有的独立创业，有的成了她的合作伙伴或职工，有些人已成为高级工艺美术师。他们都怀着感恩的心，为有王素花这样的老师感到光荣，王素花也为有这样的徒弟们而感到自豪。

有人曾把同行当成冤家，而王素花却把同行当成亲家。她认为只有热爱和从事汴绣的人越来越多，汴绣事业才能做大做强。她不仅在开封传授汴绣技术，还到上海、深圳、大连等地讲课传授。近年来，她还派她的高徒到国外传授汴绣艺术。一花引来百花开，桃李芬芳春满园。无私奉献，热情传授，不仅使她成了广受尊重的一代名师，而且也促进了公司的发展壮大。如今，她创办的素花宋绣工艺美术公司，不仅是开封人数最多、规模最大的刺绣企业，而且以她的名字命名的"素花"牌绣品，也被评为河南省名牌产品，其单位还是同行中唯一一个受国家保护的产业基地。

五、坚守匠心就要德艺双馨

在一次几百人参加的颁奖大会上，主持人请获奖者王素花用一句话来概括她的一生，她不假思索地回答道："一针一线绣人生，一心一意做好人。"话音未落，全场便响起了热烈的掌声。洗尽铅华，返璞归真。这句质朴无华的话语，既反映了她对刺绣事业几十年如一日的热爱与追求，也表现了她高尚的美德和情怀。

王素花从不趋炎附势，但非常关心那些生活中不幸的弱势群体。她用爱心和善心暖热了那一颗颗受伤的心，不仅帮他们重拾生活的勇气，而且还教会了他们独立的生活技能。在有关部门的支持下，王素花自己出资办起了专门为培训残疾人服务的兄弟宋绣工艺公司。这些学员大部分是年轻的女孩子，有的来自城市，有的来自农村，有的来自偏远山区。这些因身体有某些缺陷的青年，往往被社会和家庭视为负担，心理上承受着巨大的压力，但王素花对他们却像对待自己的亲人一样，不仅管吃管住，而且还手把手地教他们学习绣花技术。生活上的关怀，精神上的鼓励，使他们很快地走出了心灵的阴影，决心重新走上自尊、自爱、自立、自强之路。他们都像换了一个人一样，变得阳光又自信，技术上也有了很大进步。他们学成之后，有的回家自立门户，有的留下成为员工。不少人已经建立了幸福家庭，有了儿女。逢年过节，他们就像对待自己的亲人和长辈一样，来看他们的恩人王老师，而这也使王素花感到无比的高兴和欣慰。

王素花在汴绣艺术上不但精益求精，而且不断创新，同时她还特别注意学习苏绣、湘绣、粤绣、蜀绣的表现手法。通过广学博采，她使自己的刺绣艺术达到了炉火纯青的地步。有人曾赞誉她的绣品："绣花花生香，绣鸟鸟有声。绣马能奔跑，绣人能传神。"难怪人们都称赞她是"汴绣皇后"，这一点儿也不为过。

王素花作为刺绣艺术家，媒体和业界对她的报道与评论颇多，但作为企业家，却很少人有人评说。其实她作为行业的领军人物和多年的企业负责人，其管理理念和领导艺术同样是值得称道的。她绣花式的精细化管理和以身作则的工作作风都深受属下赞同。她对汴绣作品提出的"色彩淡雅，工艺精细，层次分明，生动逼真"的四句行语，对每道工序都要遵循的"平、齐、细、活、光、亮、静"的七字要求，以及她总结出的 36 种针法，好懂好记好操作，也可为其他行业所借鉴。还有她的"绣比天大"的敬业精神，精益求精的匠心精神，敢为人先的创新精神，求真求细的务实精神，广学博采的学习精神，不计名利的奉献精神，等等，都是值得民营企业家、中小企业家学习和借鉴的。

我向来认为，隔行如隔山，但隔行不隔理。天下大事，必作于细。如果我们的民营企业、中小企业都能实行绣花式的精细化管理，用匠心精神、绣花精神做好每一项工作，把质量、品牌、标准都做到极致，那将会在转型升级高质量发展中创造出新的辉煌。

2020 年 4 月 26 日

袁占国治企的五大真经

2020 年 5 月 23 日，习近平总书记看望参加全国政协十三届三次会议的经济界委员，并参加联组会，听取意见和建议。会上，习近平总书记指出："民营企业成长在中国希望的田野上。开始是一片荒芜的田野，在夹缝中求生存。中国走出了一条民营企业发展的道路，何其艰难！"

读着习近平总书记亲切感人的话语，作为为民营企业服务多年的老同志，我心潮澎湃，思绪万千。40 多年来那些在改革开放中崛起的民营企业和在砥砺奋进中成长起来的民营企业家仿佛一下子都涌现了我的眼前，一个个都使我难以忘怀，其中郑州市的袁占国和他带领的磴槽集团使我记忆尤为深刻。这个由荒山小煤矿发展起来的多元化的企业集团曾获得煤炭部全国乡镇煤矿"五朵金花"之一、全国煤炭百强企业、河南省优秀民营企业等多种荣誉。前不久，我应邀来到磴槽集团，再次有机会对其进行深入探访。

走进磴槽集团大院，一座古朴典雅的办公大楼耸立在眼前，楼肩上"郑州磴槽企业集团"八个红色大字在阳光下熠熠生辉，格外醒目，周围绿树成荫、鲜花盛开，呈现出一片勃勃生机。和 30 多年前我与袁占国在深山里磴槽煤矿座谈时的情景大相径庭，真可谓鸟枪换炮，今非昔比。

当天下午，袁占国陪我到他的家乡袁桥参观了古村改造工程，巍峨的寨门，绵延的城墙，古色古香的大戏台，原汁原味的四合院，500 年前的大槐树。这里也是登封革命的红色摇篮，还有那几百亩硕果满枝的梨园，已经展示出一幅美丽乡村的诱人画卷。看得出，袁总和他的战友们、乡亲们又在用大手笔谱写一篇大文章。

晚饭后，我和袁占国进行了促膝长谈，就民营企业的发展进行了深入探讨。我开门见山地问他："40多年来，磴槽集团由一个小煤矿发展成多元化的企业集团，一直保持着稳定的发展势头，你究竟有什么真经和高招？"袁占国想了想说："我们是老朋友，你也是磴槽发展的见证人，要说有什么真经高招真不好说，但是经过几十年的摸爬滚打和不断探索思考，有几点体会还是比较深刻的。"

一、艰苦奋斗是起点

袁占国说，干企业首先不能怕吃苦，不能怕困难，磴槽集团每一次进步，每一点成绩都是靠艰苦奋斗得来的，就拿我们创业的起点磴槽煤矿来说吧。

那是1973年7月，袁占国当时才17岁，就随30多位身强力壮的农村汉子，来到了登封县（现为登封市）大金店公社磴槽村东面的一个叫苇园沟的地方，这里位于深山峡谷，杂草丛生，野苇遍地，一片荒芜。就是在这样十分困难的条件下，他们硬是凭着拼命精神用铁锹和镐头掘出了一口矿井。

袁占国回忆当年艰苦创业的情景时十分激动，仿佛一切都历历在目。他说：当年在凿井和送巷中，他们用木架子和木转转，人力推动提升，人推架子车运输。没有电力设备，就向当地群众借了一部8匹马力的柴油机作动力排水，井下照明用的是自制盒灯，一切因陋就简。建矿之初由于交通不便，生产生活都很艰难。夏天是露天食宿，冬天就自己动手打土窑或借旧土窑居住。由于缺少资金，生产所需的木料不能成批购回，只能到山里买一点儿用一点儿。干部、职工经常到海拔700多米的大山里扛坑木、椽子，一天往返几十里的路，肩膀磨出血，脚板打起泡，可从没人喊苦喊累。就是在这样一缺资金、二缺技术、三缺设备的情况下，全体干部职工凭借一双铁手、一副铁肩、一腔热血，克难攻坚，终于建成了磴槽煤矿。

袁占国不仅当过采煤工，还当过锅炉工、电工。当电工时，有一次因别人不慎关闸，使他从 9 米高空坠落，差点丢了性命。袁占国康复后担任了机电科科长。艰苦的创业环境和经历，使袁占国经受了磨炼和考验，也使他不断成长和成熟，1989 年 7 月，袁占国被任命为常务副矿长，主抓全面工作；1990 年 5 月，被任命为磴槽煤矿党支部书记兼矿长。

二、科技创新是关键

在我看来，采煤不过是个力气活儿，似乎和技术创新关系不大。袁占国却说，煤矿的安全、生产和效益，哪一样都离不开技术创新，这也是他们磴槽集团长盛不衰的奥秘之一。磴槽煤矿于 1973 年建矿，到 1975 年生产能力是 10 万吨。由于生产工艺落后，煤炭产量在之后的 10 年间一直是 10 万吨左右。1985 年，磴槽煤矿从郑煤集团引进"星期日工程师"，他们对磴槽煤矿把脉问诊后重新规划、正规设计、正规开采，使用无煤柱开采新工艺，将坑木支护改成了金属支柱支护，等等，进行了一系列的技术改造，使磴槽煤矿安全水平大大提高，煤炭产量月月上升。到 1993 年，年产达 30 万吨，并于 1993 年 10 月创造了安全生产 3000 天、产煤 200 万吨无伤亡事故的好成绩，受到河南省煤炭厅、郑州市人民政府的隆重表彰。

随着矿井的不断延伸，磴槽煤矿"井深瓦斯大、成本高、难管理"成了摆在企业面前的重大难题，也使袁占国陷入苦苦思索之中，许多领导、专家都对磴槽煤矿的前途感到很不乐观。靠、等救不了磴槽煤矿，于是袁占国请来了省煤炭厅的高级工程师，请来了几个大矿务局的专家，会同矿领导班子研究磴槽煤矿的未来，寻求磴槽煤矿的振兴之路。

为实现科技兴矿的战略理念，他们提出了"以科技保安全，以科技促生产，以科技增效益"的战略口号，全集团上下开展了科技革新、科技改造、科技引进大会战。集团先后投入重金，搞了 60 多项技术革新、改造项目。这些新技术、新工艺和新设备的推广使用，为企业注入了新鲜血液，使磴槽煤矿摆脱了困境。早在 2005 年 7 月，磴槽集团就成立了科研所，每月定期召开科技例会，研讨解决集团所属企业遇到的重大技术难题。因科研成果突出，该所后来晋升为河南省级科研所。目前，磴槽集团拥有 3 家科研机构，这在全国民营企业中是不多见的。

三、正确决策是保证

我问袁占国，任凭市场风浪起，磴槽集团总能稳坐钓鱼台，原因何在？袁占国回答说，主要靠正确决策。他说，企业不怕市场竞争，不怕经济危机，就怕决策失误，决策是企业的航向，企业兴旺来自科学决策，这是我们实现稳健经营多元发展的一条重要经验。

比如说经济萧条之时，也正是企业低成本发展之机。1998 年至 2000 年间，由于全国煤炭大量积压，煤价大幅下跌，煤矿大量破产倒闭。面对挑战，磴槽集团以超前的科学决策理念为依据，反其道而行之，购买石道乡卓业煤矿，更名为金阳煤矿，2001 年投产，年产煤炭 20 万吨；购买君召乡石坡窑一七煤矿，组建金岭煤矿。金岭煤矿边基建边生产，年产煤炭 60 万吨，2004 年正式投产。金阳、金岭两个煤矿的基建投资、设备投资都比设计投资节约 50% 以上，而生产出的煤炭又恰恰赶上煤炭市场全面复苏的大好形势，成为磴槽集团"流金淌银"的财富之源。

煤炭资源的非再生性和产品的单一性是影响煤矿企业发展的两大障碍。磴槽集团在煤炭生产突飞猛进的时候，他们就提出了要走发展多种经营的新路子。经多方考察论证，决定投资 5.5 亿元建设日产 5000 吨干法水泥熟料生产线，登封宏昌水泥厂经过 13 个月的努力，于 2008 年投入生产。同时，宏昌水泥厂还高标准建设了低温余热电站工程，年可发电 6340 万千瓦时，节省外购电费 3462 万元。2010 年 5 月，磴槽集团收购了洛阳同铸水泥有限公司，成立了洛阳宏昌水泥厂。如今的登封宏昌已经成为非煤产业的"龙头"，撑起了磴槽集团的半壁江山。

2010 年，磴槽集团又成功与河南豫联集团签约，转让煤矿 55% 的股权，为集团的转型发展奠定了资本基础。2012 年以来，他们还创办了磴槽置业、磴槽艺校、天中大观园等项目，不断实现从煤炭生产向非煤领域的转型蝶变。今天的磴槽集团，已经发展成为一个拥有煤炭、水泥、机械、投资、房地产、文化教育和金融等业务的实力较强的集团公司。

四、以人为本是基础

现在，磴槽集团拥有几千名职工，队伍十分稳定，不管是老职工还是新职工，都是干劲儿十足，心情舒畅。做到这一点实在不易，我问袁占国有何诀窍。袁占国说，"人心齐，泰山移"，人心齐才能心往一处想，劲儿往一处使，这不仅要使职工们有安全感、获得感、幸福感，关键是要解决他们的后顾之忧。工人没有了后顾之忧，他们才能和企业心连心，才会全身心地投入工作当中，企业才会创造更多的财富，才能持续发展，长盛不衰。

为解决职工的后顾之忧，这些年他们主要做了四件实事。一是 2005 年实行股份制。磴槽集团根据参加工作时间长短和贡献大小为职工配股，其中领导层占 20%，职工占 80%，全公司共有 1200 人持股，每年都分给职工不同比例的红利。

二是为职工解决住房问题。磴槽集团投资近亿元，在登封市区建成了华汇小区和武林园小区，满 20 年以上工龄的工人，或 10 年以上的管理干部，平均每人可得到 6 万元的购房补贴。

三是办理养老统筹。早在 2005 年，磴槽集团出资 1163 万元，为 720 位职工办理了养老统筹，解决了职工的后顾之忧，退休人员顺利领到了退休金。

四是解决看病难问题。为解决这个问题，公司实施公费医疗制度，凡在矿治病全额报销，发生大病住院个人出30%，公司报销70%，对确实困难的职工矿上还加大报销比例，直至全额报销。

袁占国说，职工们的心就是企业的根，只有为职工多办实事和好事，才能激发起他们的主人公责任感。现在，职工们自豪地说：磴槽企业大发展，职工生活大改善，养老有了退休金，股权红利年年分，农村搬到城里住，子女入学同市民，职工医疗有医保，无忧无虑当工人。

五、幸福企业是目标

我曾看过2018年袁占国在中央电视台接受著名主持人朱迅的专访，其中谈到磴槽集团要建立幸福企业，使我很感兴趣。我便问袁总："你怎么想起要建幸福企业？目标又是什么呢？"

袁占国说，他们磴槽集团已有40多年的历史，在建矿后的前后20年，他们全面发展，不间断新上了多个煤矿和非煤企业，但直到2010年之前，他们仍是以煤炭为主。2010年，他们转让了煤矿55%的股权，把非煤企业作为他们的主体企业，可以说这是一个重大的转型，是一场大变革，确实是步履维艰。但经过近几年的艰苦努力，他们把非煤企业基本做到了行业内的先进行列。现在，他们非煤企业每年的产值已超过8个亿，利润达到1个亿，这也是来之不易的。特别是2016年，他们实施了精益管理，取得了丰硕的成果，为他们企业的持续发展打下了良好的基础。那么他们今后的路该怎么走，怎样保证可持续发展，如何打造百年老企，过去他并没有很成熟的思路。

就在这时，袁占国说他看了一本书，这本书的名字就叫《幸福企业才是最好的企业》，该书的作者是天九幸福控股集团董事局主席、中非希望工程主席卢俊卿。袁占国看后，认为幸福企业才是他们真正的企业愿景和发展目标。

概括起来，幸福企业就是能够满足职工不断增长的幸福需要的企业，这个职工包括老板、管理者和普通职工。幸福企业的六项指标就是：快乐工作、快乐生活、共同富裕、共同发展、受人尊敬和健康长寿。

快乐工作就是企业管理有方，激励科学，职工干得顺心，玩得开心，团结协作，快乐工作。快乐生活就是让职工生活没有压力，幸福指数得到大幅度提高。共同富裕就是干部职工收入上升，激励先进，照顾贫困，生活提高，共同富裕。共同发展就是任人唯贤，公平竞争，能者多劳，干者有功，激励发展，助推晋升。受人尊敬就是企业兴旺，奉献社会，企业内部互助互敬，企业职工受人尊重。健康长寿就是企业能够持续发展，效益良好，长盛不衰。

在袁占国的心里，不只是要让自己的职工感到幸福，也要让职工的丈夫、妻子、父母、儿女感到幸福，并把幸福外延到社会上，让人人都感到幸福，才是建设幸福企业的真正目的。

我们相信，在袁占国一班人的带领下，在磴槽集团全体职工的共同努力下，幸福企业的目标一定会实现，同时我们也希望更多的民营企业建立起幸福企业。

2020 年 6 月 18 日

"五子登科"上高楼

——开封市袁楼村崛起的奥秘

中西部地区渴望脱贫，渴望发展，但是路如何走？河南省开封市袁楼村通过更新脑子，放开胆子，选准路子，建好班子，终于迈开了步子。通过 11 年时间，袁楼村从贫穷走向了富裕。

袁楼村有 5 个自然村，4160 口人，人均耕地 1.1 亩，是开封市一个普普通通的行政村。因为其普通，这个村经济的快速发展，乡镇企业的迅速崛起才格外引人瞩目。请看这样几组数字：1983 年，袁楼村村办企业是一张白纸，固定资产更是一无所有；1994 年，村办企业发展到 11 个，固定资产 1200 多万元，工农业总产值达 1.7 亿元；1983 年，人均纯收入 500元；1994 年，人均纯收入达 1618 元。

1991 年以来，袁楼村先后被省委、省政府授予"先进基层党组织""发展集体经济先进村委""双文明村"等荣誉称号；被开封市委、市政府命名为"农业十面红旗之一""发展乡镇企业明星村"。村党总支书记张玉同志被评为河南省优秀乡镇企业家，省、市、县劳动模范，河南省人大代表，并被选为市、县委委员及城关镇副镇长，开封市发展乡镇企业"十大功臣"之一。在短短的几年内，袁楼村闯出了一条从普通到超群、从贫穷到小康、从小康到富裕的独具特色的发展道路。袁楼村崛起的奥秘何在呢？

一、更新脑子，启动思想总开关

对于世代为农的袁楼村人，历史的积淀和长期恪守的"土里求食"的思维方式，成为袁楼村人难以摆脱的历史命运与生活方式，也由此带来了袁楼村人世世代代的贫穷与落后。直到党的十一届三中全会以前，袁楼村3000多口人还在人均一亩多盐碱地上打转转。一个整劳力苦干一年也只能挣个口粮钱，孩子上不起学，有病请不起医，有的甚至连油、盐都买不起，群众一年到头过着"青沙地、盐碱窝，粮食亩产一百多；红薯汤、红薯饼，离开红薯不能活"的苦日子。但是袁楼村人却有着改变自己贫穷落后命运的强烈愿望。他们曾于1970年成立了一支毛驴车运输队，靠力气挣个活便钱，尽管好景不长便被割了"尾巴"，但毕竟显露了袁楼村人思想的灵活。

党的十一届三中全会以后，党的富民政策如春风送暖，彻底驱散了压在袁楼村人头上的阴霾，袁楼村人开始挣脱土地的束缚，从狭隘的小农意识转向寻求摆脱贫穷的道路。思想观念的转变，成为袁楼村迅速改变面貌的总开关，而总开关的启动，给袁楼村人带来了全新的观念。当人们还在心有余悸、担心政策多变、等待观望之时，袁楼村人已率先冲破旧的体制和小农意识的束缚，开始发展以家庭工副业为主的个体经济，从1982年村民苑法、彭政才第一个买汽车跑运输，而后，袁楼村迅速兴起了搞运输、搞建筑、经商做生意、开办家庭工厂的热潮；当人们还在小富即安、满足温饱之时，袁楼村人已开始了大力发展集体经济，走向共同富裕的伟大实践，从1984年到1994年，袁楼村先后办起了针织厂、花卉场、梓油厂、饲料厂、饮料厂、养殖场、啤酒柜厂、加油站等16个村办企业；当人们还在用陈旧的眼光小打小闹之时，袁楼村人已挺身进军国内、国外两个市场，于1992年办起了全市第一家村办合资企业——开封豫丰油脂食品有限公司。

实践证明，袁楼村人的"换脑过程"是新时期农民冲破一"左"一"旧"束缚的过程，也是思想观念转变的过程，观念更新带来了新面貌。正是由于袁楼村人启动了思想观念这个总开关，才使他们把强烈的致富愿望变为快速发展的实践，创造出一个又一个辉煌的业绩。

二、放开胆子，勇闯国际大市场

当我们对开封市乡镇企业进行总体回顾和把握之后，当我们对开封市2000多个行政村的乡镇企业进行分析和思考之后，我们愈加感到袁楼村人的胆识所具有的独特的内涵与深刻的启示性。

1970年，当时的党支部书记苑庆，曾组织一支毛驴车运输队，虽被割了"尾巴"，苑庆也因此被"罢"了官，但袁楼村人的胆子得到了初步显示。1982年，当村民苑法、彭政才买汽车跑运输时，袁楼村人的胆子再次得到了印证。

1985年年初，袁楼村党支部书记张玉和村委一班人准备利用开封盛产花生、棉籽、大豆这一丰富的油料资源优势，创办一个大型榨油厂。为了确保项目的成功，他们专门邀请了县计委、科委、农行、粮食局、乡镇企业局等单位，对该项目进行了全面科学的论证。但是办厂的消息一传开，马上出现了各种各样的议论，有的人说："袁楼光想搞大的，非栽跟头不可！"有的人对张玉说："办油厂一下就得投入几十万，要丢进去可咋办？你何必去冒这个风险？！"还有人说："袁楼没有金刚钻，就别揽那瓷器活儿。张玉这班人，生就的骆驼蹄，光想走猴路！"但是袁楼村人并没有被这些议论吓倒。村支部书记张玉说："不管压力有多大，油厂一定要办，就是刮十二级台风也决不动摇。办成了，是为袁楼群众造福；办砸了，我承担责任，要住监狱我去！"他们顶着多方压力，克服重重困难，采取集、借、贷等方式筹资75万元，从1985年4月动工，到10月建成，用时不到半年，并一次试车成功，当年就盈利30万元。现在，这个厂年加工能力

3 万吨，出成品油 1 万吨，年产值超 1000 万元。建厂 8 年，共出口花生油 1 万多吨，创汇 1500 多万美元，被农业部、经贸部命名为出口创汇大户，1991 年晋升为省二级企业。1994 年，该厂荣获农业部产品信得过奖和省标准计量局管理奖。

1992 年，当袁楼村人得知中国粮油进出口公司驻法国鹏利公司联合新加坡客商，拟在河南省建一家合资企业的信息后，立即行动，抢抓机遇，决心把这个项目争取过来。当时有不少国营大厂申请联系，强手如林，竞争激烈。但袁楼村人并没因自己是村土老乡而胆怯，毅然将自己的申请送了上去。后经有关部门的论证与外商的实地考察，终于在众多竞争对手中一举中标，建成了投资 500 万美元的开封市豫丰油脂食品有限公司，成为开封市首家引进外资的村办企业。

袁楼村从 1984 年创办针织厂至今，已先后办起了 10 多个企业，办一个成一个，都取得了很好的经济效益。袁楼村的成功就在于他们放开了胆子，敢闯敢冒，务实苦干，并且注重调查研究，科学决策。

三、选准路子，集体个体一起富

袁楼村的路子，具有独特性，因为它把着力点放在了大力发展集体经济上；又具有普遍性，因为它是靠个体经济的发展奠定了坚实的基础，形成了以集体企业为龙头，个体、私营多种经济成分协调发展的良好态势。

实行家庭联产承包责任制，使袁楼村人迅速摆脱了贫困，但他们并未满足一日三餐的温饱，他们抓住党的富民政策的历史机遇，冲破旧的思想观念，率先发展起了个体经济。村党支部书记张玉带头搞起了运输，副支书王金良办起了家庭绣花厂，支委王克俭办起了花卉厂、王永成办起了养殖场，年收入都在千元以上。在党支部领导的带动下，袁楼村人"八仙过海，各显神通"，有的搞运输，有的搞建筑，有的经商做生意，有的办起了纸芯厂、制蜡厂。个体经济的发展，使袁楼村一部分人率先迈出了勤劳致富的步伐，并实现了资金的原始积累。

一部分人富裕之后怎么办？面对当时群众中存在的"有钱有地不求你，有吃有穿不靠你，不批不斗不怕你，有了难题找着你，解决不好就告你"的现状，村党支部书记张玉和村委一班人经过认真的思考，一致认为：温饱面前不能满足，小富面前应迈大步，要因势利导，以个体为基础，发展集体经济。村委一班人认识到："集体空，没人听；集体有，跟着走。要想让群众共同富裕起来，就必须发展集体经济。"1984 年 1 月，袁楼村投资 7 万元办起了有史以来第一个村办企业针织厂，由于项目选得准，适应市场需求，产销两旺，当年就盈利 2 万多元。1984 年 10 月，他们又投资 4 万多元，办起了花卉厂，由于科学立项，科学种植与管理，生产的花木以种类多、品位高而倍受客户青睐，产品畅销全国 25 个省、市，年盈利 8 万多元。

通过办针织厂、花卉厂，袁楼村人摸索和积累了创办企业和管理企业的经验，集体也积累了一定的资金。但尝到办企业甜头的袁楼村人并没有停留在小打小闹上，而是把目光瞄准了大规模、高水平的企业。1985 年，他们投资 75 万元办起了产油 1 万吨、产值超千万元的开封县二油厂。1986 年，他们又投资 100 万元，扩建了一个浸出车间。1988 年，他们与深圳联营，投资 145 万元建成了深宝可乐饮料厂。1992 年，他们与新加坡华丰公司合资，共同投资 500 万美元建成了开封市豫丰油脂食品有限公司，并于 1993 年 7 月试车成功，年产值可达 1.2 亿元，利税 2000 万元。1992 年，袁楼村又提供 54 亩土地，投资 350 万元，与县工商部门联合，建起了建筑面积 1.5 万平方米，拥有 1680 个摊位的祥符大市场，一时商贩云集，生意兴隆。

乡镇企业的发展，壮大了袁楼村的集体经济，同时也带动了袁楼村其他各项事业的发展。

围绕农业办工业，办好工业促农业。自 1986 年至今，袁楼村靠乡镇企业的发展对农业的投入累计达 30 多万元，打井、修渠、架高压线、改善农业生产条件，发展高效农业，建日光温室 95 座，种植优质果树 550 亩，粮食总产 250 万公斤，农业总产值达到 450 万元。

集体经济的发展推动了袁楼村各项公益事业的发展。1993 年，村委投资 30 万元，为全村铺设了柏油路，又投资 80 万元建起了一座两层 64 间村办小学教学楼，民办教师工资全部由村里发放。1994 年，他们又拿出 40 万元办福利事业，为村办企业的职工和村五保户全部办理了人身保险。村组干部的工资不向村民提留，由村里统一支付。1993 年，他们又投资 80 多万元建成了"专家医院"，聘请开封市离退休专家、医师 20 多人，在医院坐诊，使村民不出村就能享受较高水平的医疗。1995 年的袁楼村，村办企业十多个，街道铺上柏油路，专家医院教学楼，水管电灯入农户，高档电器家家有，多数群众把楼住，到处呈现一派富裕、文明、祥和的喜人景象。

四、建好班子，头雁带领群雁飞

"给钱给物，不如帮助选出一个好支书。""群众要致富，离不开党支部。"从十多年的亲身体验中，袁楼村人得出了这样的结论。回顾袁楼村走过的历程，总结袁楼村取得的巨大成就，我们不能不说：支撑起袁楼村大厦的基石就是袁楼村坚强的领导班子。

"村看村，户看户，群众看干部。"1982 年，村民苑法、彭政才买汽车跑运输，有人说："村里头头儿都没动，你俩逞什么能！"舆论的压力使他俩背上了沉重的包袱，也极大地触动了村委一班人。村党支部书记张玉明确提出："要想让群众理解党的富民政策不会变，我们支委必须带头做出样子来。"他和支委马天成曾先后买了一辆汽车，带头跑起了运输，其他五名支委也分别搞起了家庭副业。班子的举动，壮了群众的胆，消除了群众怕割"尾巴"的顾虑，从而掀起了袁楼村大办个体经济的高潮。

村党支部书记张玉的父亲临终前曾对张玉说了这样一句话："你当支

书可要把群众从穷坑里领出来啊！”这朴实凝重、感人肺腑的遗言，寄托了父辈们对张玉和其他村干部的嘱托，也寄托了全村人对他们的殷切期望。这句朴素的遗言，也成了张玉及支部一班人孜孜以求的愿望和为之奋斗的目标，从而也铸成了袁楼村领导班子的崇高精神。

吃苦耐劳、艰苦创业的精神。袁楼的村办企业，起始于张玉带领的村委一班人。开始时，他们到处碰壁遭白眼，但他们一不气馁，二不志短，而是迎难而上，放下面子，笑脸对冷颜，靠诚恳打动对方，赢得对方的支持和信赖。建油厂时，张玉和支委马天成去浙江联系设备，预计 8 天才能回来，但为了节约时间和开支，硬是 4 天就赶了回来，两个人三天三夜没合眼。上火车后买了软席卧铺准备休息一下，然而一算从上海到开封要多花 80 元，便急忙找列车员退票，列车员很不高兴：“你们是出差的，回去报销，那么小气干啥？”他俩说：“该大方的时候一定大方，该小气的时候就得小气！”硬是在火车硬座上挤了一夜。在油厂建设中，村委一班人吃住在工地，顶烈日，战酷暑，光着膀子大干。安装机器没有起重设备，他们就靠人拉、手推、肩扛，硬是把几吨重的机器安装就位。仅此一项就节约费用 4 万多元。在办企业跑销售过程中，坐车找最便宜的，住宿找最便宜的，为的是节省每一分钱。

敢想、敢干、敢闯、敢冒的开拓进取精神。袁楼村的崛起，还在于村委一班人的“敢”字当头。1985 年，当村委一班人计划建油厂时，有不少人拔他们“气门芯”，县里已经有个油厂了，并且是国营的，有靠山，一个村办那么大的厂，办砸了哭天都没泪。但他们硬是顶着压力，带动全村干部群众在短时间内建成了油厂。他们敢闯，在办成了针织厂、花卉厂、油厂后，为推销产品，村党支部书记张玉和村委一班人就壮着胆子北上北京、天津，南下深圳、广州闯市场。正是靠他们的闯劲，他们生产的花卉销往 20 多个省、市，生产的花生油不但打入广州、深圳等大城市，而且还被国家商检局定为花生油出口定点厂，产品闯出了国门。

清正廉洁、无私奉献的精神。袁楼村的班子始终坚持着廉洁奉公的优良作风和无私奉献精神。1984 年，村党支部书记张玉就和村委一班人约法四章："不吃请、不受贿、不饱私、不贪占公家的任何财物。"油厂是张玉领着办起来的，但是他的儿子结婚、女儿出嫁、母亲病故，他都没有到油厂买过一次平价油。深宝饮料厂投产以来，他要求家里不能有任何饮料。他曾对妻子、儿女说："党员信任我，群众支持我，你们更应该对我的工作给予支持。家里的事情你们可以看着办，但在外边，咱要立得正，站得直。咱张家的人绝不能做任何有损集体的事情，叫人背后说闲话，这是咱家的一条家规。"油厂建成后，群众提议：咱村办厂全靠张书记东奔西跑，没少耽误自己的事，这几年少说也少收入几万元，他现在又是油厂领导成员，应该享受双份工资。但张玉谢绝了群众的好意，仍然按集体制定的标准拿工资。

精诚团结、任劳任怨的精神。"众人一条心，黄土变成金。"袁楼村的班子讲分工，讲协作，更讲团结。村党支部书记张玉深有体会地说："团结出人才，团结出效益，不团结出笨蛋。"这朴实无华的话语，道出了袁楼村成功之所在。1993 年，开封县委、县政府决定开发祥符大道，并把30 多户搬迁任务交给了村委一班人。从动员到搬迁，从解决费用到搬迁户的安置，一系列具体而棘手的工作，硬是靠村委一班人团结的力量，顺利地解决了。村支委毛俊才和王克俭深有感触地说："单丝不成线，独木不成林；困难齐进攻，一定能成功。"

五、迈开步子，一年一个新台阶

袁楼村从贫穷落后到富裕文明，既是党的改革开放富民政策的必然结果，也是袁楼村人具有强烈的机遇意识，时时抓住机遇，放开胆子，务实苦干的必然结果。从个体起步到创办集体企业，从壮大集体经济到各行各业的全面发展，年年打基础，步步上台阶。1993 年，袁楼村乡镇企业总产值达1.03亿元，成为开封市第一个"亿元村"。

但袁楼村人并未因此而止步。进入 1994 年，随着市委、市政府"破釜沉舟，大干五年，深化改革，实现翻番"指导思想的深入贯彻，以及"开封何时能开封"的大讨论，袁楼村人的思想更解放，胆子更大，劲头更足，目标更高，步子也更大。1994 年年底，工农业总产值达 17628 万元，其中，乡镇企业总产值 17128 万元，农业总产值 500 万元，实现利税 2200 万元。

1995 年，他们以高起点、超常规、大跨度发展，全方位推进作为全年指导方针。村党支部、村委会将 1995 年指导思想和要办的十件大事印成大幅布告，昭示全村，并明令规定：1995 年必须办到的十件大事，村委干部分工包干和工资奖金挂钩，完不成者罚，完成者奖。

1995 年 6 月，时间过半，十件大事已完成过半，村办、个体办企业产值达 6000 万元，和西安联办的股份制企业秦川工贸股份有限公司祥符铝合金制品安装公司已赢利 20 多万元，和山东威海联办的开威特种防水材料开发有限公司已经上马。

"学刘庄、赶竹林，临颍南街要紧跟。"以城关镇副镇长、村党支部书记张玉为首的袁楼村委一班人始终保持着勇攀高峰的干劲儿和决心。袁楼，正在为创造更加美好的明天阔步向前。

1995 年 7 月 28 日

兰考大地谱新篇

华夏大地，英雄辈出，焦裕禄就是最受人们崇敬的英雄人物之一。如今，他离开我们已经近 60 年了。为了了解他曾经战斗并为之献身的兰考大地，我们曾于 20 世纪 90 年代访问了这令人向往的神奇土地。

一、永恒的丰碑

踏上兰考大地，给我们的印象出乎意料。在县城徜徉，街道宽阔，店铺里商品丰富，时装、家电、日用百货应有尽有，高层建筑开始在闹市区拔地而起。在乡村，交通十分方便，多数乡镇小道已变成宽敞的柏油路；昔日焦书记访贫问苦的小窝棚、茅草房已被砖瓦房、新楼房代替，从这些农舍里跑出来围观的孩子和年轻人的笑脸、衣着上，已找不出贫穷、饥饿的影子。兰考，比我们想象中要好得多。

兰考有今天来之不易。

兰考自古就是多灾地区。流经县境的黄河，历史上曾无数次泛滥、决堤、改道，在兰考大地留下大片沙荒、盐碱地和内涝区，形成威胁兰考人民生存的"三害"。写兰考的变化，不写焦裕禄几笔，恐怕很难顺理成章。正是这位已经载入中国名人史册的他，在那危难时刻，受党之命来到兰考。

他深入农户访贫问苦，帮助群众解决生活困难，发动群众生产自救；他亲自带队实地考察"三害"，寻求发展良方。虽然焦书记在兰考只工作了一年零五个月，可是这 500 多个日日夜夜，全县 149 个生产队他跑了 120 多个，跋涉 5000 余里。即使在肝病相当严重的情况下，他仍不顾病痛的折磨，谢绝了组织和同事们的关照、劝慰，在风里雨里、在沙窝和急流里不停奔波，终于摸清了兰考"三害"的底细，并为改造兰考规划蓝图。焦裕禄年仅 42 岁就被病魔夺走了生命，在追悼会上，一位农民泣不成声地呼唤："俺的好书记，你是为俺兰考人民活活累死的呀。"他说出了兰考人民的心里话。

焦书记去世后，遵照他生前遗愿，被埋在县城北关的沙丘上，如今这沙丘随着建设的发展，早已和县城连成一片，建成了兰考烈士陵园。来兰考的当天，县里的同志就陪同我们到陵园参观。焦裕禄同志墓前高大的石壁上镶嵌着毛泽东同志的"为人民利益而死虽死犹荣" 11 个金光闪闪的大字，陵园的广场上立着一座高 19.64 米的汉白玉纪念碑；宽大的纪念馆陈列着介绍焦裕禄同志生平事迹的大量文字、图片和他用过的物品。那带补丁的衣服、鞋袜、被子，陈旧的办公桌，已快散架的藤椅，竟然是当年一位县委书记所用之物。当聆听完讲解员关于这位"心里装着全体人民、唯独没有他自己"的县委书记的生平介绍之后，他的高大形象让人为之动容、为之肃然起敬。我们为中国共产党培养出这么优秀的干部而无比自豪。"焦裕禄"这个名字是永远矗立在人民心中的一块丰碑！

二、遗愿化宏图

兰考人民沿着焦书记绘制的治理"三害"的宏伟蓝图，用焦书记总结的"贴膏药""扎针"的办法，挖出地下深层的胶泥贴在地表，栽上树治沙；用挖深沟排涝的办法治碱；在干旱地段，挖井、开渠，引黄河水灌溉。年复一年，硬是用双手和铁锹创造出人间奇迹。

几十万亩沙荒地变成了肥沃的良田，1600 多个山一样的大沙丘被夷为平地，84 个大风口无影无踪，无数个积水、涝洼地被填平，层层护田林网不断扩展、延伸，开掘的 1.2 万多眼机井和 4500 多条引黄灌渠为 70 多万亩庄稼、果园浇灌出丰硕的果实。在"三害"基本根除后，兰考近百万亩土地上呈现出"林在田边、粮在树旁、农林结合、林茂粮丰"的新格局。一贯"吃粮靠返销、生产靠贷款、花钱靠救济"的兰考农民，1979 年实现粮食自给有余，且破天荒地向国家交了 303 万斤余粮。1991 年，兰考进入全国棉、油双百强县，全国治沙先进县，全国平原绿化先进县行列。兰考有关部门向我们提供的资料表明，1992 年该县的粮食、棉花、油料相比 1962 年的增幅依次是 9 倍、786 倍和 81 倍。特别值得一提的是，焦裕禄同志大力提倡的植树造林已大见成效，不但为兰考的农业创造了良好的生态环境——52 万亩桐树、60 多万立方米的木材积蓄量，更为兰考经济腾飞提供了宝贵资源。

今日兰考，再也看不到风沙弥漫、碱地白茫茫、草木不生的荒凉景象。据说，由李雪健主演的《焦裕禄》影片中的"兰考外景"，还是到外地的黄河滩才拍到的镜头。

三、站到新的起跑线上

挨过饿的兰考人懂得一个真理："手中无粮，心里发慌。"因此，他们丝毫不敢放松农业，时刻都没有忘记把土地的耕耘与管理作为大事来抓。同样，他们又明白另外一个道理："无工不富。"因而改革开放以来，兰考的经济规划蓝图上又多了一项发展工业和第三产业的重要内容，且已初步形成化工、轻纺、机械、皮革、食品制药、建材等行业门类。有的产品，如西万尼干白葡萄酒还荣获过国际银奖，柳编制品、皮革、葡萄酒、乐器琵琶和古华等销往世界 10 多个国家和地区。

被视为奔小康法宝的乡镇企业在兰考人眼里成了香饽饽，2.5 万多家企业、9 亿多产值，为兰考的发展奠定了基础，人们搞乡镇企业的热情"前所未有"。过去是"上级要我办"企业，立了项目就伸手向政府要钱；现在是"我要办企业"，明显的变化是，跑政府要钱的人少了，要技术、要政策、要人才、要信息、求销路的人多了，许多地方选拔干部都把其能否带动乡企发展列为重要条件。

兰考人办乡镇企业注重实效，发挥本地优势，这一点给我们留下很深印象。

有 1.1 万居民的城关镇，80% 是农村人口，在人均不足半亩地上闹小康是万万不能的。于是，他们就利用靠近县城的地利条件大办工业、商业、服务业、交通运输业，率先成为兰考的亿元乡镇。"万元户寻常见，10 万元户不稀罕，三四十万元户已出现。"人们以羡慕的口吻夸赞他们。

到兰考乡下，仿佛置身森林公园之中，一行行挺拔高大的泡桐树护卫着公路、农田。春天，紫蓝色的桐花缀满枝头和碧绿的麦苗交相辉映，织成锦绣般壮美的大地。想当年，焦书记带领兰考人民广泛植树造林，主要目的是防风固沙、保护农田，而泡桐变成"摇钱树"恐怕是他没有料到的。桐木质轻、坚硬，是制作乐器、家具和室内装饰的好材料。过去人们没有充分认识到它的广泛用途，卖树难，以致把它当柴烧掉；改革开放以后，兰考人的眼界开了、信息灵了，发现桐树是个宝，于是各村纷纷搞起桐木加工，从此桐材身价倍增，由每立方米 200 元涨到 700 元还供不应求。桐木加工企业成系列生产桐木板条、电板、装饰材料、地板等销往全国各地，国家乐器桐材基地就定点在兰考。

兰考人利用丰富的劳力资源办起的"不用油、不用电、家家户户都能干"的劳动密集型企业，如工艺绣品、帽子、皮鞋等行业，且已成规模。南彰乡周庄是远近闻名的帽子专业村，该村制帽集团公司下属有 13 个分厂，他们采用统一裁剪、分散加工的办法，吸收 2000 多加工农户，每户年收入 3000 多元，年销 10 多万顶帽子，已打进日本、俄罗斯的市场。1700 多人的宋庄村办了 3 个刺绣厂、4 个窑厂，女刺绣、男烧窑，吸收

1100 多名劳力，农闲劳力都进厂还不够用。

兰考人有"敢先尝螃蟹"的精神。早在 1984 年，城关镇南街村就搞起了股份合作企业豫新建材厂，8 年净增积累 30 多万元，每股股金由 155 元增值到 1.7 万元。1991 年 8 月，兰考县委推广了这个厂的经验。

股份企业把农民推向了市场，使职工真正成了企业的主人。农民说："俺们想开了，过去富了大办婚事，现在把钱投到企业滚动发展，俺们从股份制尝到了甜头，乐意办，办一个，成一人。"

四、可贵的闪光点

焦裕禄是我们党的优秀干部的一面旗帜，堪称全党全国人民的楷模。1991 年 2 月，江泽民视察兰考，在烈士陵园题词"向焦裕禄同志学习、全心全意为人民服务"，即表达了这种情怀。

在我们接触的许多兰考人身上都有"焦裕禄精神"的闪光点。时任县长郭刚同志说：兰考人学习焦裕禄是时代的需要，我们着重在发展经济上下功夫。焦裕禄为兰考摘穷帽，我们要为兰考戴富帽。

1992 年春，县委决定对重点水利设施兰考灌渠清淤，570 万土方的任务计划 11 天完工，结果各乡村很快组织起 15 万民工，日夜奋战 6 天就大功告成。县水利局总工程师面对修整一新的灌渠无限感慨地说："我干了 40 年水利，没有哪年挖河进度这么快，质量这么好。"在农村实行联产承包责任制后，不少基层感到农民不像从前那样好召唤了，而兰考 15 万水利大军的壮举，恰恰说明兰考农民不愧是经焦裕禄精神洗礼过的新型农民。

兰考县委一班人更是把焦裕禄精神看成宝贵的精神财富。他们说，"不管哪位来接任，谁也不敢把焦裕禄这面旗帜丢掉"。我们在兰考采访期间，时任县委书记卢大伟在外出差无缘相见，据反映他是一位有魄力、有实干精神的同志，他大力倡导学习焦裕禄发扬自力更生、艰苦奋斗的精神，他经常深入农村，对乡镇企业的发展特别关注。许多领导同志亲自外出跑项目、抓资金、找人才，不辞辛苦。时任县长郭刚带队去广州与外商谈判，为了工作需要，特地在大饭店租了一套高级房间，等谈判一结束，就立即退房，仍然回到便宜的小旅馆住，在街头小摊吃饭，他平静地解释说："兰考还不富裕，节约一点算一点嘛。"陪同我们采访的时任副县长李跃庭同志是中原油田派来支援地方的干部、高级工程师，他平易近人，工作一丝不苟，一心扑在乡镇企业上。新办的固阳造纸厂急需吊车安装大型设备，他主动从油田请来吊车，亲自指挥安装，50 多岁的他在现场见啥活儿都干，不知情的还以为他就是个普通工人哩！

据说，焦裕禄同志临终前还想写篇题为"兰考人民多奇志，敢教日月换新天"的文章，遗憾的是文章只开了个头他就去世了。然而，这篇文章终于由历届县委领导全县人民用实际行动完成了，而且还在继续谱写新篇章。有 68 万勤劳、智慧、高度觉悟的人民，有党的好政策，有县委及各级政府的坚强领导，兰考人民奔小康的新篇章一定谱写得更加壮丽辉煌！

1994 年 3 月 19 日

发展就要找准起飞的跳板

地处黄河滩区的长垣县（现为长垣市）曾是河南省有名的穷县之一。党的十一届三中全会以来，长垣县委、县政府从本县实际出发，确定了"个体起步，私营突破，突出特色，区域发展"的思路，在积极发展公有制经济的同时，大力发展个体私营等非公有制经济，走出了一条具有自己特色的发展路子。

一、挑起大梁

据统计，到 1998 年 9 月底，长垣县非公有制经济实现产值 13.2 亿元，上缴税金 2590 万元，在全县国内生产总值和税收总额中分别占 73% 和 66%。

非公有制经济的发展成为增加农民收入的一个重要来源。改革开放之初，全县人均收入仅有 84 元，1999 年达 2070 元，超过了全省平均水平。县委主管农村工作的江榜成副书记告诉我们，1997 年，全县已有 4 个乡镇成为小康乡镇，实现了 251 个小康村，全县已有 4.7 万个农户达到小康水平。目前，全县电视机普及率达 95% 以上，洗衣机达 90%，电冰箱、影碟机在农民家里也越来越多。非公有制经济的发展，不仅使长垣人的腰包鼓了起来，而且促进了全县基础设施建设和公益事业的发展。

1991 年以来，全县新修公路 381 公里，总投入 6000 多万元，其中个人投入达 5500 万元，占 91.6%；发展电力总投入 3737 万元，其中个人投入 2589 万元，占 69.3%；兴办教育总投入 2.81 亿元，其中个人投入 1.47 亿元，占 52.4%；等等。

长垣县非公有制经济在快速发展的同时，还通过参股、控股、承包、租赁、收购、兼并等形式，积极参与国有、集体企业的资产重组，已有 32 家非公有制企业向 30 多家国有、集体企业注入资金 1.09 亿元，盘活存量资产 2430 万元，安置国有和城镇集体企业下岗职工 3300 人。与此同时，全县公有资产也由 1993 年的 5.7 亿元，增加到 1997 年的 9.63 亿元。

二、创出特色

长垣县并没有得天独厚的自然优势，既无矿产资源，也不沿江靠海，最大的优势就是有大批长期在外务工经商的经济能人和历史上形成的传统技术。该县的领导们就是紧紧抓住这一优势大做文章，积极引导，热情扶持，逐步培育出在国内外市场上占有重要份额的优势产品和支柱产业。

拿专业化生产来说，长垣县已经形成气候的防腐建筑业、起重机械加工业、卫生材料加工业、眼镜加工业都是以众多专业厂、专业村为依托的，"一村一品""一乡一业"的格局十分明显。卫材行业集中在县城北部的张三寨、丁栾等 6 个乡镇，拥有以飘安集团、宇安集团为龙头的生产厂家 42 个、专业村 21 个、专业市场 2 个，产品达 30 多个系列、500 个品种。在这些地方，有的加工医用棉签，有的加工医用纱布，有的加工一次性手术衣、手术帽，有的生产医疗器械。目前，全县已形成各种专业村 81 个、专业乡 7 个、专业市场 5 个。

规模化经营，起决定作用的一是龙头企业的牵动作用，二是专业群区的规模效应。起重机械行业，主要集中在县城南部的魏庄、恼里等 4 个乡镇，拥有"河南省豫中起重设备厂""新乡市卫华起重机厂"等经原国家机电部批准的定点生产厂家 5 个、专业市场 2 个、专业村 9 个、分散加工车间 1400 多个、在外销售网点 700 多个，初步形成了相对独立的产、供、销一条龙的发展格局。防腐建筑行业，主要集中在苗寨、芦岗等 7 个乡镇，现拥有国家级防腐建筑企业 8 家，注册的专业施工队 690 个，从业人员 8 万余名，专业技术人员 5680 人，承揽的工程遍布全国。

三、营造氛围

县里不仅投入大量的人力、物力、财力，狠抓基础设施和公益设施建设，使全县交通、通信、供电、教育、医疗、接待、文体、娱乐等方面的硬环境有了明显改善，而且更注重把工作的重点放在软环境的营造上。

首先是统一认识，找准着力点。长垣县把发展非公有制经济作为振兴县域经济的突破口绝非偶然。长垣原本是典型的农业大县、工业小县、财政穷县。全县 74.4 万人，88 万亩耕地，人多地少，土地贫瘠，单纯靠发展农业实现小康难度很大，而集体工业的基础又十分薄弱。他们也曾经走过大力发展乡村集体经济的路子，但是由于缺少资金、技术和管理人才，办起来的集体企业大多亏损倒闭，效益好的所剩无几。经过认真调查与分析，他们从大批靠兴办庭院经济和外出务工经商率先致富的专业大户身上看到了希望和出路。为了消除思想障碍，1984 年以来，县委、县政府先后组织县、乡干部四赴温州、五到苏南，帮助大家"洗脑换脑"，解放思想，更新观念。

其次是放宽政策，积极扶持。县委、县政府采取了一系列灵活而有效的优惠政策。在实际操作中，对非公有制企业与国营、集体企业一视同仁，对做出突出贡献的非公有制企业厂长、经理更是高看一眼，厚爱一分，不仅物质上给予重奖，而且在政治上给地位、给荣誉。现在，全县私营企业主当中有 3 人被提拔为乡镇党委副书记，4 人被提拔为乡镇企业管委会副主任，1 人当选为县政协副主席，2 人分别被选为省人大代表和省党代表，有 40 人被推选为市、县人大代表和政协委员。

再次是治理"三乱"，保护企业合法权益。对部分工业小区和专业市场实行封闭管理制度。在封闭管理区内，组成精干高效的管委会，全面负责封闭管理区的管理服务工作，未经县委、县政府批准，任何部门的工作人员不得进入企业检查。实行企业试运营制度。对投资 50 万元以上的新办工业在税费上给予优惠，从投产之日起，试运营期为一年至两年，在此期间，企业所得税先征后返，并免收工商管理、卫生防疫、治安保卫等一切费用。实行一个口子收费制度。由财政局对各种收费包括集资和捐资收入等各种预算外资金实行统一征收，然后再分解拨付给有关部门。

最后是"筑巢引风"，实施"回归工程"。通过调查摸底，逐一掌握长垣籍在外工作人员和务工经商人员的情况。将 49 个防腐建筑大户作为重点"回归"对象，分头加强联系。"防腐大户"韩国府回乡后在新城区投资 1700 万元，建立了河南省金鑫饲料工业公司，与中国绿色食品发展中心联合开发了绿色饲料添加剂，其主导产品绿色饲料添加剂达 20 多个品种，填补了我国绿色饲料生产的一项空白。目前，全县共建立"回归"企业 870 个，其中投资在 100 万元以上的有 120 家。1997 年，"回归"企业完成产值 8 亿元，创利税 9000 万元，分别占全县乡镇企业产值和利税总额的 38% 和 42%，成为长垣经济最具活力的新的增长点。

1998 年 11 月 24 日

巩义回郭镇崛起的几点启示

作为曾经在乡镇企业战线工作了 20 多年的一位老兵，我于 2005 年参加了回郭镇经济社会发展理论研讨会，心情特别激动。1975 年，《人民日报》发表了《伟大的光明灿烂的希望》这篇著名的报道，它像一阵催春的锣鼓，拉开了社队企业、乡镇企业发展的历史序幕。30 年来，中国农村乃至整个中国大地发生了翻天覆地的变化，回郭镇也以它所创造的令人瞩目的成就，由一个无人知晓的乡村小镇一举成为全国名镇，可以说历史给予了回郭镇一个机遇，回郭镇为历史创造了一个奇迹。

一、三点体会

参观了回郭镇的城镇建设和工业园区，阅读了有关资料，我对回郭镇产生了刮目相看的感觉，觉得要真正读懂回郭镇不是一件容易的事。

解读回郭镇，好似在阅读一本厚重的书。3000 年的文化积淀，30 年的沧桑巨变，铸就了回郭镇今日的辉煌，这使我深深感到，回郭镇的崛起绝非偶然，在前进的道路上尽管有这样那样的波折，但它不像有些"典型"前树后倒，昙花一现，而是几十年如一日，在社办工业、社队企业、乡镇企业、民营企业的不同时期的发展中，总是高扬着农村工业化的旗帜，处于领跑者的地位，这是深厚的文化底蕴和新时期创新精神相融合的结果。

解读回郭镇，就像聆听一首雄壮的歌，这是一首农村工业化的进行曲，是一首农业、农村、农民的交响曲。在这首响彻云霄的歌曲中，始终回响着敢想敢干、敢为人先的主旋律，充分抒发了回郭镇人民自力更生、艰苦奋斗、排除万难、一往无前的豪情壮志，震人心魄，催人奋进。

解读回郭镇，如同欣赏一幅画卷，这是回郭镇人用大手笔、大智慧，浓墨重彩描绘出的 30 年来农村改革发展的壮丽画卷，不仅展现了农业丰收、城镇变迁、工业发展、经济繁荣、社会和谐的美好景象，也展现了回郭镇一代新人特别是农民企业家在党的领导下高歌猛进的精神风貌。

二、四点启示

回顾总结回郭镇 30 年来的实践和经验，启示主要有以下四个方面。

启示一：发展乡镇企业、民营企业是实现农村工业化，乡村城镇化，农业现代化的必由之路，这是回郭镇经验的本质和灵魂。实现"三化"，全面建设小康社会，是我们共同的愿望和理想。怎样把这个伟大理想变成现实，我们党的领导人有精辟的论述。

早在 1957 年，毛泽东同志在召集民主党派负责人和无党派民主人士座谈时就指出："我国有一个特点，人口有六亿之多，耕地十六亿亩如此之少，不采取一些特别的办法，国家恐怕搞不好。"这一特别的办法，就是"全国工业化、公社工业化、农业工厂化"。1959 年 2 月，中央政治局扩大会议（即第二次郑州会议）在郑州召开，毛泽东同志在讲话中指出："由不完全的公社所有制走向完全的、单一的公社所有制，又是扩大公社的积累，发展公社的工业，实现农业机械化、电气化、实现公社工业化和国家工业化的过程。目前公社直接所有的东西还不多。如社办企业、社办事业，由社支配的公积金、公益金等。虽然如此，我们伟大的、光明灿烂的希望也就在这里。"

1987 年 6 月，邓小平同志在《改革的步子要加快》一文中指出："农村改革中，我们完全没有预料到的最大收获，就是乡镇企业发展起来了，突然冒出搞多种行业，搞商品经济，搞各种小型企业，异军突起……乡镇企业的发展，主要是工业，还包括其他行业，解决了占农村剩余劳动力百分之五十的人的出路问题。农民不往城里跑，而是建设大批小型新型乡镇。"同年 3 月，他还指出："大量农业劳动力转到新兴的城镇和新兴的中小企业。这恐怕是必由之路。"

1998 年 4 月 21 日，江泽民同志在江苏考察乡镇企业时的重要讲话中指出："乡镇企业是我国亿万农民的一个伟大创造，也是党领导改革开放所取得的一项巨大的成就……从农业和农村长远发展看，只有乡镇企业发展起来了，才能增加农业投入，支持农业现代化。也只有大力发展乡镇企业，才能解决农村富余劳动力问题，增加农民收入，保证农村社会的长期稳定。发展乡镇企业是实现农业现代化、实现农村小康的必由之路……我国正处在加快向工业化社会过渡的阶段，农村人口这么多，完全靠国家投资，靠城市吸纳，完成国家工业化是不现实的，必须走发展乡镇企业这条路，这是有中国特色的工业化道路。"

2005 年年初，国务院出台了《关于鼓励支持引导个体私营等非公有制经济发展的若干意见》。

认真学习，深刻理解党和国家领导人的这些论断和重要文件，使我们更加坚定了发展乡镇企业、民营企业的决心，而回郭镇人民就是这些重要思想的践行者和见证者。回郭镇的实践也使我们更加坚信，没有乡镇企业、民营企业的发展，实现农村工业化就是"空话"，实现乡村城镇化就是"空壳"，实现农业现代化就是"空谈"。

启示二：敢想敢干，敢为人先，勇于创新，与时俱进，是回郭镇经济社会发展的力量源泉。从当年冒着"重副轻农""搞资本主义"的政治风险，办起第一批工厂，到冒着市场风险，以发展铝加工业为主的新兴产业，从借鉴农村联产承包责任制经验不断改进社队企业的分配办法，到对镇办、村办集体企业进行产权制度的改革，再到推进民营企业的蓬勃发展，回郭镇的经济增长一直保持着强劲的发展势头。

启示三：以人为本，组织引导群众穷则思变，富而思进，建设小康，共同富裕，是回郭镇经济社会发展的内在动力。30 年来，特别是近年来，随着农业生产条件的改变，农民收入的不断增加，村镇基础设施的逐步完善，工业生产的长足发展，教育水平的不断提高，文化体育活动的日趋丰富，广大干部群众真正分享到改革发展的胜利成果，过上幸福美满的新生活，进一步激发了回郭镇人想大事、创大业的积极性和创造性。

启示四：加强领导，搞好服务，营造环境，是回郭镇经济社会发展的根本保障。和有些地方形成明显不同的是，回郭镇的乡镇企业、民营经济不是靠党委、政府"无为而治"发展起来的，而是在党委、政府的坚强领导下发展起来的。不论是 20 世纪 70 年代第一批社队企业的悄然兴起，还是 80 年代乡镇企业的快速发展；不论是 90 年代的企业改制，还是进入新世纪以来的产业结构调整；不论是城镇建设的规划，还是工业园区建设；不论是新产品的开发，还是信息网络的建设；不论是人才的引进，还是企业家队伍的培育；不论是在经济迅猛发展一帆风顺的形势下，还是在 1982 年遭受洪水灾害和 1992 年劣质电线被媒体曝光的强大压力下……回郭镇几任领导班子都勇敢地站在第一线，最大限度地调动和保护群众的积极性和创造性，一任接着一任干，咬定发展不放松，才保证了回郭镇持续稳定健康的发展，才有了回郭镇日新月异、欣欣向荣的喜人局面。

三、三点希望

一是希望回郭镇党委、政府进一步总结经验，发扬成绩，站在历史和全局的高度，重新审视回郭镇所处的位置，进一步厘清工作思路，明确发展目标，在全国新一轮的经济高潮中，再攀新高，再创佳绩。

二是希望回郭镇坚持科学的发展观，牢记劣质电线事件的沉痛教训和耻辱，走好新型工业化道路，实现经济增长方式的转变，注意环境保护，抓好洁净生产，加强企业管理，提高产品质量，依靠科技进步，诚实守信经营，打造核心竞争力，培养造就一支强大的民营企业家队伍，引导民营企业做强做大做久，进一步加快工业化进程。

三是希望回郭镇加快城镇建设。当前回郭镇不论是城镇规模、镇容镇貌，还是基础设施、管理水平，都显得严重滞后，和经济发展水平以及全国百强镇的称号都极不相称。今后在城镇的发展中不仅要高起点设计、高标准建设，还要高水平管理，以焕然一新的面貌展现在中原大地。

1998 年 6 月 16 日

抓好党的建设是宋砦巨变的关键

郑州市宋寨村是河南省户均收入超百万的首富村，先后被评为"河南文明村""全国文明村"和"全国十佳小康村"，被确定为"社会主义新农村建设示范村"。探究宋砦由远近闻名的贫困落后村，成为全国有名的富裕文明村巨大变化的根本原因，就是宋砦党总支在总支书记宋丰年的带领下，长期坚持"围绕发展抓党建，抓好党建促发展"的结果。他们的成功经验给我们许多有益的启示，我以为主要有以下四个方面。

一是抓好党的建设，必须牢记党的宗旨，坚持走共同富裕的道路。贯彻党的宗旨，就要坚持执政为民，做到权为民所用、利为民所谋，时刻把群众的利益放在至高无上的位置。在这方面，宋砦村党总支确实为我省乃至全国农村基层党组织做出了榜样。宋砦村党员和干部自我约法三章：一不吃群众；二不拿群众；三不让群众担风险。特别是党总支书记宋丰年同志说的"当干部就是让群众享福""站着给老百姓当伞，躺下给老百姓当牛"这些朴实而又闪光的话语，充分表现了一位共产党员全心全意为人民服务的坚定决心。

二是抓好党的建设，必须坚持党的实事求是的思想路线，从实际出发，把党的富民政策贯彻落实好。党的十一届三中全会以来，特别是党的十六大以来，党中央、国务院为了鼓励支持引导民营经济健康发展，出台了一系列政策。怎样把这些政策贯彻落实好，是基层党组织的一项重要任务。宋砦党总支坚持从本地实际出发,牢牢抓住发展这个第一要务,坚持一切从"三个有利于"出发,需要发展什么就发展什么,需要怎样发展就怎样发展,敢试敢闯,敢于创新,走出了一条具有自己特色的发展之路。

三是抓好党的建设,必须注重提高党员干部的综合素质和能力,建设"双强型"的领导班子。发展民营经济并不是一件容易的事,仅有良好的愿望和热情是不够的,还需要有具备能力和智慧的各类人才。宋砦"两委班子"的干部不仅能自己致富,还能带领村民致富,成了名副其实的"双强型"领导班子,这是宋砦经济和社会健康发展的根本保障,也为各地加强农村党的建设提供了一个学习样板。

四是抓好党的建设,必须创新思维和方法,增强党建工作的生命力。宋砦党总支和各支部首先加强了组织建设,并选配了以宋丰年为代表的优秀党员作为党组织的负责人。其次,他们加强了党的制度建设。通过制度的建立和实施,进一步完善了基层党组织发挥作用的工作机制。最后,他们结合实际,组织开展了形式多样、行之有效的各类活动,极大地增强了党建工作的生命力。

宋砦党总支"围绕发展抓党建,抓好党建促发展"的典型经验,具有广泛的意义,值得各地学习和借鉴。希望宋砦经验能在全省各地开花结果,为推进中原经济区建设,加快河南振兴发挥更大的作用。

2011 年 6 月 29 日

战胜困难求发展

—— 对许昌、南阳、洛阳三市乡镇企业的调查与思考

一、在困境中奋力拼搏

走进嵩县南庄荣华公司的大院，一条大红字标语"只要思想不滑坡，办法总比困难多"悬挂在三层楼的白墙上，特别醒目。我问村党总支书记、公司董事长："你们现在困难大吗？"他不假思索地回答道："今年是最困难的一年，我们生产的优质海绵供不应求，就是资金跟不上，生产的禹皇牌床垫买家很多，就是货款收不回来，压得企业喘不过气来。为了解决资金困难，我四下广东，引回资金近千万元；在床垫的销售上，改变以往的销售方式，在省内外设立了 24 个销售点，现钱现货，现在生产销售形势已有明显好转。另外，我们从实际出发，调整了发展思路，就是'旱路不畅走水路'。利用紧靠陆浑水库的优势，大力发展旅游业，在水面上兴建了'南湖绿岛'，购置了水上摩托、旅游快艇、水上飞机等设备，吸引了不少游客，平时每天几百人，双休日可达两千多人，效益还不错。总体看，保住去年的水平还会略有增长。"

他的这番话有一定代表性，许昌县烟机配件厂、偃师市二水泥厂等企业的厂长、经理也都反映，现在乡镇企业遇到了"坎"，只有咬紧牙关闯过去才有出路。偃师水泥二厂在水泥滞销、价格下滑、全行业不景气的情

况下，提出企业不能垮，职工不能散，动员全厂上下开展"降二增一"活动（每吨水泥成本降 2 元，销售收入增 1 元）和"全员销售"活动，结果使每吨水泥成本比 1988 年同期下降了 28.68 元，上半年 5 月、6 月两个月全厂职工销售水泥 10800 吨，收回货款 476.2 万元，使企业保持了产销两旺的好势头。正如许昌市乡镇企业局局长左成安分析的那样，1988 年还有不少乡镇企业抱着"等靠要"的思想，就是等市场好转，靠优惠政策，要资金扶持。现在抱这种思想的人越来越少了，战胜困难的决心增强了，这是乡镇企业保持平稳增长的根本原因。

二、在改革中创新机制

从对三个市的调查看，不少地方的党委和政府都加大了乡镇企业改制的工作力度，鄢陵、许昌、长葛、内乡、镇平等县（市、区）都召开了专题会议，出台了有关文件，作了具体安排和部署。如镇平县先在晁坡镇注油器厂进行试点，取得成功后，对其他 6 家镇办厂进行同步改制，对盈利企业实行"界定产权、存量折股、扩大新股、股份经营"，对亏损企业实行"政府担债、存量入股、红利还债、扩股经营"等不同方法，使 6 家镇办企业同时改制成功。县委、县政府在该镇召开企业改制现场会，全面推开，目前实行各种形式改制的企业已达 262 家，占原有乡村集体企业的 82%。

三、在调整中优化结构

把发展乡镇企业和农业产业化两大优势紧密结合起来，催生一批龙头企业，是产业结构调整中出现的一个突出特点。这几年，南阳市乡镇企业局按照"区域化布局、专业化生产、一体化经营"的要求，采取公司加基地连农户的办法，大力发展农业企业和农副产品加工业为主的龙头企业，培育支柱产业，加快了农业产业化的进程。目前，全市已形成区域性支柱产业的有浙川香花的辣椒、社旗的三粉、西峡的香菇、南召的绣毯等十几种。如西峡县围绕香菇"一号工程"组建了神菇集团公司，兴建了菌种厂、塑料厂、神龙公司、产品销售公司、食用菌激素厂、石膏厂、食品饮料厂、方便面厂等乡镇企业 190 多家，开发了香菇丝、香菇粉、香菇方便面、香菇调料、香菇酱、香菇火腿肠等 20 个系列产品。除西峡的香菇产业化开发外，我们在栾川县陶湾镇看到的百合产业化开发和在嵩县车村镇看到的槲叶产业化开发也都已形成独具特色的支柱产业。如车村镇利用盛产槲叶的优势，实行系列开发，将槲叶淹制、蒸煮、整形、包装后出口日本，已占日本市场需求量的 40%。除出口外，还用料叶养蚕，蚕茧缫丝，真丝制衣，用缫丝废水、废渣制成丝素、丝胶、丝汰，并将废叶制成保健餐具，实现多层次增值，取得了较好的经济效益和社会效益，仅槲叶采摘原叶、淹加工，就可使全镇人均增收近 300 元。

四、在苦练内功中依靠科技

在这次调查交谈中，基层干部、厂长经理谈得最多的话题是如何提高科技水平，加强企业管理，提高产品质量，提高经济效益，等等，都感到再靠过去那种粗放型的经营方式不行了，必须把经济增长方式转变到依靠科技进步和提高劳动者素质的轨道上来，只有这样，乡镇企业才能在激烈的市场竞争中立于不败之地。在长葛市，黄河实业集团名誉董事长刘昆岭告诉我们，依靠科技，注重人才是黄河集团兴旺发达的根本。现在，该公司拥有各类技术人员 407 名，4 级以上熟练技术工人 1420 名。他们生产的"旋风"牌人造金刚石、金刚石制品及金刚石机械等 7 大类近百个品种中，已有 28 种达到国际先进水平，1989 年以来又开发 5 个新品种。在产品出口难度加大，金刚石价格下降 20% 的情况下，1989 年上半年，他们仍然保持了"四升一降"的好势头，完成经营收入、出口交货值、利润、上缴税金，分别增长 9.9%、76%、18.8% 和 66.3%，总成本下降了 4%。不断提高企业整体素质，向内使劲，苦练内功，正在成为越来越多企业的自觉行动。偃师市染化一厂，近年来投入 750 万元，大搞技术改造，同时狠抓企业管理和产品质量，在同行业中摘取三个全国之"最"：一是生产能力最大，21 条生产线，年产二硝基氯化苯系列产品 3 万吨；二是产品覆盖率最大，占全国销售总量的 70%；三是产品质量最好，一级品率和精品率超过国家规定标准一到二个百分点，被称为行业"霸主"。

五、在抢占市场中加强营销

面对异常疲软的市场，不少企业反映，生产难，销售难，回收货款更难，生产的产品不卖憋死，卖了赔死，因此都在千方百计地开拓市场。一是积极开拓国际市场，大力发展外向型企业。连续 11 年在全省出口产品创汇居首位的南阳市，在保持地毯、玉雕、烙花、玩具等传统工艺品出口的基础上，大力发展农产品和矿产品加工出口。南阳肉食企业集团抓住猪肉俏销的有利时机，积极扩大对俄罗斯等地的出口，上半年该集团出口创汇突破 1000 万美元。二是加强销售队伍，狠抓货款回收。如偃师市庞村镇，有 80 多个铁箱厂，生产各式各样的保险柜、档案柜、珍藏柜、更衣柜等 12 大系列、100 多个品种、4000 多个规格，年产 100 多万台，这么多的铁柜就是靠 3000 多个销售员销往全国 22 个省、市、自治区。正如镇党委副书记全相正所说，没有这 3000 多个销售员，就没有庞村镇铁箱产业。三是面向农村市场，大力开发农用产品。偃师市的岳滩镇，生产各种摩托车的厂家有 67 个，配套厂家 22 个，此摩托车可以拉人，也可以拉货，使用方便，价格便宜，主要销往农村、城乡接合部，市场十分广阔。

六、在营造环境中强化领导

在当前极度困难的情况下，有些地方乡镇企业之所以发展快、势头好，特别是个体私营经济的蓬勃发展，除了企业自身努力外，当地领导重视、部门支持，有一个宽松的发展环境也是关键的因素。如西峡县委、县政府提出发展乡镇企业要强化四项保障，即思想保障、领导保障、环境保障和落实保障。我们在县乡镇工业园区同部分厂长经理座谈时，大家反映各级党委、政府对企业服务抓得比较实在，发展环境比较宽松。龙成冶材集团公司总经理严荣浩说，我们厂从建厂到投产，才用了半年多时间，光是征地问题要让我们自己跑，三个月也解决不了，可是由县、乡领导帮助协调，一个星期就办完了全部手续。偃师市乡镇企业局局长王少都介绍说，市委、市政府提出在抓好乡村集体企业的同时，把发展个体私营经济作为新的增长点，出台了扶持发展的优惠政策，今年 5 月份又评选出了十强私营企业进行表彰，市电视台逐个进行了宣传报道，并实行挂牌保护，21 个局委提出了具体扶持发展的措施，使个体私营企业发展出现了前所未有的好形势。1989 年上半年全市新上项目 220 个，其中私营企业 134 个，占61.1%，私营企业实现营业收入 58 亿元，上缴税金 5300 万元，分别占全市乡镇企业总额的 80% 和 53%。

江泽民在考察江苏乡镇企业时的讲话中指出："在市场经济条件下，乡镇企业的发展环境已经发生了很大变化，今后发展乡镇企业不可能再走低水平重复建设、革外延扩张的路子，也不可能单纯依靠国家给优惠政策，只能充分发挥自己的优势，走改革开放、体制创新、依靠科技、加强管理的路子，一句话，必须实现两个根本性转变。"这次调查使我看到，乡镇企业早转变、早主动、早见效，晚转变就被动，不转变就没有出路。也使我看到了当前乡镇企业有困难也有机遇，有挑战也有希望，同时也看到了蕴藏在广大干部和群众中发展乡镇企业的极大积极性和创造性。只要我们全面贯彻落实党的十五大精神和江总书记的重要讲话精神，发挥优势，抢抓机遇，坚定信心，奋力拼搏，乡镇企业不仅能够渡过难关，而且也完全能够在二次创业中谱写出更加辉煌的新篇章。

1989 年 9 月 18 日

依靠"老乡"挑大梁

20 世纪 80 年代末以来，开封市国民经济在全省的位次逐渐后移，直至目前，已经到了不得不"破釜沉舟"的地步。从经济结构来分析，开封市主要落后在哪里呢？时任市委书记王日新说："国有企业由于众所周知的原因，发展缓慢在全省、全国是个普遍现象；传统农业不算落后，而且 5 个县都是粮棉油生产的强县；开封的落后，主要在于乡镇企业。"

资料表明，1984—1986 年，开封市乡镇企业位次在全省属中游靠前，总产值每年增长 4 亿元左右，但 1987—1990 年，总产值每年仅增长 2 亿元左右。跌至全省第 11 位，1991 年跌至第 12 位，1992 年跌至第 13 位。在我省经济发达县（市、区），乡镇企业产值已占工农业总产值的 90%左右，而开封市所辖 5 县乡镇企业的比重只有 60%左右。

分析开封市乡镇企业发展缓慢的原因，众说纷纭，莫衷一是。有人说，市带县时，富裕的西 5 县给了郑州，开封市带的东 5 县是"一个要饭的，领了 5 个拎篮的"。但据查阅资料，当时西边的登封、中牟与东边的尉氏、开封县差不多，甚至还要落后，而今却超出一大截。还有人说，开封市地处平原，缺乏矿藏。但全省缺乏矿藏的平原地区涌现的乡镇企业强县何止十个八个？据调查，开封市乡镇企业发展缓慢的主要原因大致有以下三条。

一是"恐工症"流行。在 20 世纪 80 年代中期，开封市乡镇企业上的项目比较多，但其中至少三分之一都办垮了。有的是缺乏论证，盲目上马，产品不对路；有的是管理水平低，技术落后，在竞争中失败；有的承包经营不完善，富了"和尚"穷了"庙"。于是，"一朝被蛇咬，十年怕井绳"。

二是缺乏工业意识。早在1985年，中央就明确提出："发展乡镇企业是振兴我国农村经济的必由之路。"但许多领导干部并没有真正认识到这一点。他们认为，发展工业是城市的事，农村就是要抓好农业，结果城市工业没抓好，农村工业没搞上，只落个"高产穷县"的包袱。

三是农本位思想严重。农业和乡镇企业如车之两轮，鸟之双翼，相辅相成，同等重要，但越是乡镇企业落后的地方，越是以农业成绩聊以自慰，就越不重视乡镇企业。殊不知，乡镇企业发达的地方以工补农，农业会搞得更好。

基于上述原因，对发展乡镇企业就不会有紧迫感，就不会真抓实干，就会仅仅停留在口头上，"雷声大，雨点稀"。结果，这里的乡镇企业就成了"小草"工业，枯枯荣荣，生长缓慢。起步较早的乡镇，如今才刚过亿元大关；办得较早的企业，如今还是"小铁树"，一直长不大；长期没起色的村庄，如今集体企业仍是空白，空白村达50%以上。

在开封市乡镇企业低速增长的几年里，其他地市或突飞猛进，或后来居上，原来并不落后的开封市成了落伍者。严峻的现实发人深思，催人猛醒，开封市的决策者们向全市发出了"破釜沉舟，大干5年，深化改革，实现翻番"的号召，时任市委书记王日新说："要实现5年翻番，国民生产总值每年必须增长15%。农业这一块，每年只能增长2%，国有企业这一块每年最多增长5%，剩下的8%必须依靠乡镇企业挑大梁。"这段话，宣告了工业意识的确立和农本位思想的瓦解。

近两年来，开封市已经探索出加快乡镇企业发展的途径，这便是实施"四联"战略和推行股份合作制。

"老乡联老大。"乡镇企业有土地、劳力优势，国有企业有设备、管理优势，双方联合，取长补短，相得益彰。开封市南郊乡与市博达集团公司联建套材厂，设计年产值可达 1 亿元。这类企业全市已发展到 33 个。

"老乡联老外。"乡镇企业灵活的经营机制、廉价的劳动力和优惠的政策深得外商青睐，社会上早有"老外"爱"老乡"之说。开封县袁楼村只出少量的资金，就吸引外商和外贸部门投资 500 万美元，建成年产精炼植物油 2.4 万吨的豫丰油脂食品有限公司，从而使该村一跃成为开封市第一个亿元村。目前，开封市乡镇企业与外商合资办厂已达 15 家。

"老乡联老九。"乡镇企业缺技术、缺人才，科研单位和大专院校正可弥补这个不足。杞县第二粮食机械厂与郑州粮食学院联合开发了一系列新产品，使产值、效益连续 5 年翻番。这类企业在开封市已有 24 家。

"老乡联老乡。"规模较小的乡镇企业组成联合舰队可抵御市场风浪。尉氏县 52 家小厂组成阀门集团公司后，实行联合购销，专业生产，分散经营，产值利润成倍增长。这样的集团公司已有 15 家。

"四联"战略为现有企业指明了发展方向，但怎样催生一大批新兴企业呢？这就要靠股份合作制。推行股份合作制立竿见影的作用是筹集资金，同时可以促成各种生产要素的优化组合，更重要的是可以转化经营机制，明晰产权关系，使入股的农民像种自己的责任田那样来办企业。1993 年，开封市已发展股份合作制企业 1482 个，吸纳股金 1.79 亿元。1994 年，他们不仅要创办更多新的股份合作制企业，还要对三分之一以上的集体企业进行股份合作制改造。道路已经找到，光明就在前头。

1994 年 3 月 19 日

抢占人才制高点　跻身世界创一流

——访全国人大代表、河南黄河实业集团公司董事长乔金岭

黄河实业集团坐落在河南省长葛市北郊，一座气势宏伟的"金刚石城"内，这是一家集科、工、金、贸为一体的国家大型企业集团，拥有总资产4.5亿元。1997年该集团实现销售收入5.2亿元，利税7590万元，出口创汇835万美元，在全省乡镇企业"利税百强"中名列前茅，在国内同行业中位居榜首。集团公司生产的主导产品"旋风"牌人造金刚石、金刚石制品及金刚石石材加工机械、建筑机械等7大类近百个品种，已有28种达到国际先进水平。十几年前还是一个负债累累、濒临倒闭的小企业，是怎样在短短的时间里奇迹般地成为全国超硬材料行业排头兵的呢？

为了探寻黄河集团迅速崛起的奥秘，在第九届全国人大召开前夕，我们走访了新当选的全国人大代表、黄河集团公司董事长乔金岭。当我开门见山地向老乔提出这个问题时，他不假思索地回答道："黄河集团公司这几年之所以快速发展，原因有很多，比如党的改革开放的好政策，使我们占了天时；长葛地处中原，交通方便，使我们占了地利；全公司上下齐心协力，共同奋斗，使我们占了人和，但根本的原因是我们抓住了人才这个法宝。"乔金岭主要从三个方面谈了他们的实践和体会。

第一个方面："企"字人当先，要造就一流的企业，就必须拥有一流的人才。

在谈到企业和人才的关系时，乔金岭对"企"字做出一个别出心裁的

解释。他说，"企"字由"人"和"止"组合而成，先有"人"才有"企"字，没有"人"就剩下"止"字。多年来的实践使乔金岭认识到，企业兴旺的根本是人才，企业最大的财富是人才，企业的后劲和希望还是人才，资金、技术、管理、销售等一切难题，只要有了人才，都可以迎刃而解；而缺少了人才，企业发展就会停止不前，甚至倒闭。乔金岭是一个人才至上论者，不但他本人，而且要求全厂干部职工，包括家属都要尊重人才，关心人才，爱护人才，反复强调谁撵走了公司请来的人才，谁就是踢了公司的饭碗，公司就要砸他的饭碗。正是这样一个氛围和这样一个环境，乔金岭才能吸引四面八方的人才到黄河集团和他一起干事创业。

乔金岭说："我历来认为，要造就一流的企业，就必须拥有一流的人才，这就要敢于和善于用能力超过自己的人，不论是决策、管理，还是新技术、新产品的研究和开发，只要是有一技之长的人才，就要放心、放手、放胆地使用。这里既有经验丰富的老领导、敢于开拓的年轻人，也有身怀绝技的专家教授。比如市乡镇企业局原局长刘昆岭多年从事乡镇企业工作，具有丰富经验。1993 年 5 月 11 日下午，我得知市委领导召集退居二线的同志开会的消息，就带车在会场门口等候，刘局长散会一出门，我就把他请上车接到公司，宣布他为公司名誉董事长，为他安排了办公室，配备了手机和专车。刘局长十分感动，几年来，他从没有休息过，为公司的发展提出了许多宝贵意见，做了大量工作。对于志向远大、才华出众的年轻人，我甘当人梯，乐于让他们踩着自己的肩膀向更高的目标攀登。市工业园区原副主任乔清周，是一位经济管理硕士研究生，年富力强，敢想敢干，有一定的指挥管理能力，调进集团一年多，我就把党委书记、集团公司总经理的职务让给了他。他上任后大刀阔斧，敢抓敢管，借鉴国内外先进的管理经验，在提高企业管理水平方面已初见成效。"

对于大专院校、科研单位以及国外的技术权威，黄河集团都以超前的眼光，一旦发现，就千方百计聘请到公司并委以重任。如郑州三磨研究所所长贺以权，是教授级高工，在没有退休前就被聘请来公司担任技术中心主任；长沙矿冶研究院副院长陈启武教授是全国超协技术委员会主任，被聘来公司担任高压合成装备和高压合成工艺专家组组长。类似这样在国内知名的教授级专家已有 8 人，黄河集团在超硬材料领域公认的后起之秀的硕士研究生还有 8 人。

黄河集团就是依靠这些一流人才，在新产品的开发上步步领先。例如1996 年 8 月，他们组织了 20 多名专家，开始了国内最大吨位 6X1500T30-33 腔体金刚石压机及工艺技术的研制工作。该压机从产品图设计、工艺设计、样机制造、样机组装到试验成功，仅用了 6 个月的时间。它与国内第二代压机相比，产量提高 2～3 倍，中、高品位金刚石比例提高 3～4 倍，生产成本降低了 30% 以上，其工艺技术已达到国际先进水平。

第二个方面：要造就高素质多层次的人才群体，使人才引得来，用得上，留得住，关键是要建立四个机制。

目前，黄河集团已有技术人员 407 名，其中高、中级 256 名；管理人员 282 名，其中高、中级 132 名；4 级以上熟练技术工人 1420 名，形成了以高级专业人才为核心，以中级专业人才为骨干，以高素质的技工为基础的人才群体。他们的人才队伍之所以不断发展和壮大，主要是因为建立了一套比较完善的人才机制。

第一，人才引进机制。一是以优厚的待遇吸引人才。公司对引进的高、中级专业人才的工资、住房、户口等都提供最优惠的条件。公司在郑州市以每套 25 万元的价格购买了 46 套高标准住房，为他们解决了郑州户口近 200 个。为了给引进人才创造一个良好的工作条件，1994 年，经国家有关部门批准投资 2000 万元在郑州新建一座 12000 平方米的科技大楼，组建了黄河集团技术中心，这在全国同行业中还是第一家。二是多渠道多层次引进人才。通过各种渠道先后引进高、中级专业人才和大中专毕业生457 名，其中有大专院校的正教授级高工 8 名；重点科研院所的研究员 12名；有各大中型企业的高、中级专业人才和高级技师 369 名。三是以技术中心为主体组成引进人才考评委员会，每年进行一次人才招聘考评，确保选准人才。

第二，人才激励与约束机制。为充分调动科技和管理人员的积极性，公司规定：新产品开发和推行现代化管理成果可提取该项成果税后利润的 10%～20% 予以奖励。几年来，拿到此项奖励的有 220 人次，奖金累计达 500 多万元。此外，根据贡献大小授予不同的荣誉称号予以表彰。

第三，人才培训机制。为培养高素质的"四有"职工队伍，他们开办机械、管理两个专业电大班，已有 120 名职工取得文凭并走上新的工作岗位。举办以提高岗位技能为主要内容的各种培训 4 期 24 班，参加培训人员达 15000 人次。从中青年骨干中选送了 128 名到高等院校进修或出国深造。十几年来，培养出 232 名专业人才，技术工人的平均技术等级由 3.5 级上升到 4.5 级。

第四，人才使用机制。在人才使用上，他们坚持"任人唯贤、量才适用"的原则。对有丰富领导经验的人才，让其担任名誉董事长、副董事长、技术中心正副主任等高级职务；对那些有希望培养成为公司高层管理人员的人才，他们大胆委任以总经理、副总经理、总工程师等职务；对那些具有科研能力的人才，让他们专心致志地从事科研课题和现代化管理的研究，为他们提供了施展才华，实现人生价值的机会。从某研究所来的一位研究员到公司后，担负一项重大科研课题的研究任务，在很短的时间内就拿出了成果，他说："是'黄河'给了我实现人生价值的机会，给了我施展才华的舞台。这是我放弃'铁饭碗'而来'黄河'的最主要原因。"除以上原因外，黄河集团能够凝聚人才还有一个重要的原因就是对人才的一颗赤诚的心。乔金岭非常欣赏一句古话："天凭日月人凭心，万事归于人心田。"诚信为本，心诚则灵，只要把人心留住了，还有什么留不住的呢？

第三个方面：架设一条和国际接轨的人才高速公路，实施"三个一"的跨世纪人才工程。

依靠人才这个"法宝"，乔金岭和他的黄河集团已经创造出了辉煌的业绩，但这并不能使老乔感到满足，谈起今后的发展，他感到任重而道远。他说，材料工业是一个国家工业发展的基础，历来得到人们的高度关注和重视。由于以金刚石为代表的超硬材料及制品本身具有优异的理化性能，被广泛应用于机械、建筑、电子等行业。近年来，我国金刚石生产发展很快，但由于我国目前普遍采用的压机合成腔体中，生产时间短，自动化程度低，因而金刚石产品档次不高，在国际市场上卖不出好价钱，缺乏竞争力。因此，我国虽然号称"金刚石第一生产大国"，却未进入世界金刚石生产强国。我们的奋斗目标就是要在不久的将来成为金刚石行业的"世界三强"，与美国的 GE 公司和英国、南非合作的 De Beers 公司形成"三足鼎立"之势，到国际市场上去赚钱，为中国人民造福，为中华民族争气。

要登上"世界三强"的高峰，首先必须抢占人才的制高点。为此，他们采取三条措施，一是通过兴办合资企业发展合作关系，直接吸引外国的高级人才。现在他们已与日本、美国等国合资兴办了三家企业，并已聘请日本金刚石生产技术权威大浦桂一、金刚石锯片技术权威小元、金刚石制品技术权威吉荣为高级技术顾问。二是在 1999 年、2000 年两年投资 4000 万元在北京筹建黄河金刚石研究所，作为吸纳、引进北京和国外高级人才的科研基地，为高层次科研人员提供优越的生活条件和工作条件，让他们集中精力开发世界先进水平的新产品、新技术、新工艺、新设备，同时广泛收集及时传递各种科技信息。三是从 1998 年开始实施"三个一"传世纪的人才工程。即公司每年投入 100 万元，资助和本行业有关的 10 个博士研究生、100 个硕士研究生、1000 个本科生，完成学业和取得学位。争取这些人员中的十分之一来企业工作，其他人员被聘为公司名誉职工和技术顾问，直接或间接参与企业的科技工作。这样做不仅可以彻底改变企业科技队伍的结构，而且为企业构建了一个科技人才信息库，为企业储存了一笔价值不可估量的巨大财富。

访问将要结束时，乔金岭十分动情地说："这次我当选为全国人大代表，这是人民对我的信任和鼓励，也是历史赐予我的极好的机遇。到北京参加全国人大会不仅是一个学习提高，参政议政的好机会，也是一个广交朋友，结识良才的好机会。我将以此为契机，把黄河实业集团公司办得更好。"

1998 年 3 月 5 日

市场如海我如龙

——访第九届全国人大代表、河南龙云集团董事长郭自安

1998 年 3 月 8 日晚，我们对刚从北京归来的第九届全国人大代表、河南龙云集团董事长兼总经理郭自安进行了电话采访。当我问到他参加这次人大会有什么感受时，话筒里先是传来了一阵爽朗的笑声，接着他说，这几天心情一直很激动，特别是听了李鹏总理的报告，更是充满了信心和力量。李总理在《政府工作报告》中指出，要"积极促进乡镇企业，特别是中西部地区乡镇企业的发展。引导乡镇企业加强经营管理，加快技术进步，提高产品质量，根据市场变化调整产品结构，利用农村劳动力和农副产品资源丰富的优势，发展农副产品加工业"。这完全符合河南龙云集团的实际情况，为其今后发展指明了前进方向。

龙云集团是临颍县龙堂村的集体经济实体。近几年来，他们坚持"观念围绕市场转，企业围绕市场办"的发展思路，充分发挥平原农区农副产品资源丰富的优势，大力发展农副产品加工业，先后办起了面粉厂、挂面厂、方便面厂、锅巴厂、包装制品厂、汽车运输队、建筑队等集体企业，安置农村剩余劳动力 2000 多人，形成了贸工农一体化，产加销一条龙的经营体制，仅"龙云"牌挂面一天就生产 150 吨，可装满三个火车皮，成为全国最大的挂面生产基地。

1997 年集团企业实现产值 2.69 亿元，利税 1760 万元，上缴国家税金 360 万元，全村人均纯收入达 4000 多元。

他们舞动农产品加工的长龙走出了庄稼地，可是并没有忘记加强农业，几年来，他们对农机和农田设施的投资总额达 280 万元，并以市场为导向，大力发展高效农业。1997 年年初，成立了农业开发公司，投资 380 万元兴办"龙堂高新科技农业园"，建起了新颖别致、技术先进的日光温室 118 座，生产黄瓜、西兰花、荷兰豆、樱桃、番茄等反季节新鲜蔬菜，很快成了市场上的抢手货，仅春节期间一茬菜就收入 160 多万元。

郭自安最后说，我们将全面认真地贯彻落实第九届人大会议精神，进一步加快龙云集团的发展步伐；1998 年再投资 2000 万元新建第三面粉厂，三个面粉厂日加工小麦达到 420 吨，高效农业园区再扩大 350 亩，现已全部动工，到 1998 年 5 月底可竣工交付使用，500 亩温棚开发后，年纯收入将达到 1000 万元。

龙云集团将如一条乘长风、驾祥云的巨龙向着更高的目标腾飞。

1998 年 3 月 16 日

高山流水遇知音

——访台胞李春正先生

琴弦之物在我国自古就是传播友情的媒介。

相传春秋时期俞伯牙善于弹琴，钟子期善于欣赏，俞伯牙在琴声中表现山之高大，钟子期一听说道："巍巍乎意在高山。"俞伯牙又在琴声中表现江河奔流，钟子期听后便说："汤汤乎志在流水。"从此二人成了知音，高山流水的故事也被传为千古美谈。而今，在焦裕禄同志工作过的兰考县，又传出一桩栽桐引凤、以筝会友的佳话。台湾省台中市民族乐器有限公司经理李春正同河南省兰考县固阳镇民族乐器厂厂长代士勇在共同经营古筝、琵琶等民族乐器的交往中成了志同道合的知音，合资办起了我国乡镇企业中第一个生产民族乐器的企业——开封中原民族乐器有限公司。一个初冬的上午，我们访问了这个公司的董事长李春正和经理代士勇、副经理张连根。

真是无巧不成书，当我们的汽车驶进厂门的时候，从新郑机场接李先生的车子也刚刚回来。在会议室里，李先生不顾 24 个小时的旅途劳顿，兴致勃勃地和我们交谈起来。李先生 30 多岁，高高的个头，魁梧的身材，白皙的脸庞上戴着一副碳晶架的眼镜，炯炯有神的目光，既透出商人的精明又颇有学者的气质。话题自然从李先生为什么来兰考投资办企业谈起。李先生操着带有广东味的普通话说："我从大陆购买民族乐器到国外销售已有好几年了。在我的合作伙伴中，上海、广州、苏州三个民族乐器厂都是较大的国营厂家，只有兰考县固阳镇民族乐器厂是一个较小的镇办厂，这里无论是生产规模、交通条件还是生活条件，和以上三个大厂都是不能相比的。但是，我在和固阳民族乐器厂的交往中，发现他们特别讲究信誉，注重质量，我就决定要到固阳来看一下。1991 年 8 月，我一到这里就被兰考人诚实忠厚的美德和吃苦耐劳的精神感动了。"

这时，李先生思考了一下接着说："大陆上有些人以为搞合资企业，台胞和外商最关心的是资金、技术、环境条件等，这些虽然是要关心的，但我以为最关键的是人，是一个可以信任的厂长或经理。"说到这里，他拍着代经理的肩膀告诉我们："代经理是我很佩服的一个人，他特别能吃苦，很有事业心。刚建厂时，他们租了几间破旧的饲养室做厂房。冬天，寒风刺骨，他们的手被冻得裂出一道道血口，仍然坚持生产。代先生外出联系业务，从不住高档房间，更不吃高级饭菜，过度的辛劳，使他患了严重的肝炎，不得已才住院治疗。1994 年 8 月，我们有限公司开业剪彩时，他还拖着病体接待、操办，使来厂的专家、教授都深受感动。"这时，代士勇抢过话头说："其实，李先生生活也很简朴，每次来厂，职工吃什么，他也吃什么，有时为了赶时间，就吃碗方便面，甚至买一个烧饼，边吃边上车赶路。"

李春正接着说："世界上任何人要想干出一番事业，没有艰苦创业、自强不息的精神都是办不到的。这一点或许就是我和代先生合作的基础。还有我们公司的副经理张连根先生，他原是上海民族乐器厂的技师，六年前他做的琵琶就是全国公认的一流水平，总是供不应求。现在国内很多有名的专家、琴师还指名要他制作的琵琶。六年来，张先生远离上海，牺牲了和家人团聚的机会，有时过节都不回去一趟，在这里培养了一批技术人才。我和代先生、张先生虽然分处海峡两岸，但我们都是华夏子孙，都想为振兴民族乐器事业贡献一份力量，因此一见如故，成为知音，我才甘心情愿把资金投到这里。

"我来固阳镇投资办企业的另一个原因，是因为他们很注重质量，生产的乐器在国外市场上很抢手。这里还有着得天独厚的桐树资源。兰考泡桐质轻耐腐，发育优美，是理想的乐器用材。还有一点，就是这里的领导好，环境好。县委书记卢大伟先生，县长郭刚先生，这两位领导对我很关照。"

李先生又亲热地指着和我们同来的副县长李耀庭、县乡镇企业委主任刘福奎、固阳镇党委书记朱敬安说："这几位领导经常到厂里来，我们都是老朋友啦。"

当我们问起李先生今后的设想时，他充满自信地说："现在，我们公司生产的古筝、琵琶，远远满足不了国际市场需要，我们准备在继续扩大古筝、琵琶产量的同时，还要上柳琴、扬琴、中阮、二胡等品种，争取在两三年内使我们公司生产的民族乐器达到世界最高水平。"

座谈之后，李先生陪我们参观了生产车间，并在制作精美的古筝前合影留念。我们的耳畔似乎响起高山流水动人心弦的琴声，愿这琴声引来更多的知音。

1995 年 8 月 16 日

辑四

与民营企业家谈心

和企业家说"忙"

忙，可以说是民营企业家的普遍状态。每逢和老板们谈起近况时，对方说得最多的一个字就是"忙"，忙得不可开交，忙得废寝忘食，忙得焦头烂额，甚至忙得病魔缠身。有些人虽然很忙，却没有忙出究竟，企业发展平平常常，甚至每况愈下。也有不少企业家不但企业做得风生水起，蒸蒸日上，而且工作起来有板有眼，忙而不乱，还有时间看书学习，外出旅游，休闲健身，生活过得有滋有味，悠然自得。看来如何使企业家摆脱忙乱，是一个很值得研究的问题。笔者认为，以下几点值得注意。

第一，忙要有目标，不要瞎忙。作为一个企业家，面对企业内部存在的各种问题和外部竞争存在的各种挑战，不忙也是不可能的。但是作为企业的领军人物，再忙也不能忘记企业的战略目标和发展方向。所谓瞎忙，就是指迷失了目标和走错了路径。有句谚语："将军赶路，不捉小兔。"将军率领大军打仗，兵贵神速，这时路边跑出一只兔子，再好抓也是不能抓的，因为一抓小兔，就偏离了战略目标，延误了行军时间，就有可能贻误战机，造成失败。面对复杂多变的市场，既有发展的机遇，也有诱人的陷阱，有些企业家往往把握不住正确的发展方向，只看到眼前的利益，盲目涉足自己不熟悉、不适宜发展的领域，忙活了一阵子，费时费力，毫无结果，甚至丢掉了本来已经发展很好的主导业务，有些又不得不重新回到原来的战略定位，有些想回也为时已晚。看来，要避免瞎忙，必须有明确的战略定位，坚持正确的发展方向。这方面，建业住宅集团的经验值得借鉴。在全国房地产行业热火朝天发展的时候，他们绝不盲目扩张，坚守"根植中原"的省域化战略，经受住了房地产政策调整的严峻考验，化危机为机遇，取得了骄人的成绩。

第二，忙要有重点，不要乱忙。一个企业，千头万绪，作为一把手，绝不能事无巨细，胡子眉毛一把抓，一定要分清主次轻重，用主要精力和时间去抓那些影响企业发展全局的大事。什么是大事呢？著名企业家柳传志说得好，一个企业家主要抓好三件事，即"定战略，抓班子，带队伍"。可见"定战略"是企业的头等大事。企业的发展战略，就是企业发展的"纲"，纲举目张，发展战略明确了，企业才会有明确的目标和有力的举措。常言说："火车跑得快，全靠车头带。"领导班子是一个企业的核心和火车头，班子团结和谐而富有战斗力，企业才会有生命力。只有一个好班子，才能带出一支好队伍，才能把广大干部职工的积极性、创造性调动起来，组织起来，形成一股强大的合力，使企业在激烈的市场竞争中稳步发展、持续发展。除以上三个大的方面，企业在发展的每个阶段，每个环节，甚至每天的工作中，都有不同的重点，企业家要学会用"二八定律"的工作方法，用主要时间和精力去处理影响企业发展的重要问题，这样就可以收到事半功倍的效果。

第三，忙要有结果，不要空忙。在现实生活中，我们经常看到这样的状况，有的人整天忙得晕头转向，结果却是成效不大甚至劳而无功。这里有三种现象，值得注意。第一种情况是猴子捞月亮式的。小时候有篇课文《猴子捞月亮》，说的是有只小猴子到井边喝水，发现井里有一个月亮，便大声呼喊："不好了，月亮掉在井里啦！"老猴子带着一群猴子过来一看，果然如此，也不问究竟就要大伙儿一个拉着一个地伸到井里去捞月亮，捞了半天也没捞上来。这时一个猴子突然发现，月亮仍然挂在天上，便告诉大家："别捞了，月亮还在天上。"这则故事寓意深刻，耐人深思，告诫人们错误的信息导致了错误的决策，错误的决策导致了错误的结果，是典型的瞎折腾。我们有些人不是也常犯类似的错误吗？比如有的企业对市场不做深入调查，而是凭借捕风捉影得来的一些虚假信息盲目决策，扩规模，上项目，结果是费时费力，毫无效益。

第二种情况是狗熊掰棒子式的，就是常说的"狗熊瞎子掰棒子，掰一个扔一个"。要说狗熊没有付出时间和劳动，那实在是冤枉，但由于它掰一个扔一个，最后胳肢窝里只剩一个，或许把这一个也扔了，一个也没剩。这说明做事方法不对，也不会有好的结果。我们在嘲笑狗熊愚笨的同时，也要反省自己是否犯过同样的错误。有些企业往往在一件事没有做成之前，就扔在一边，去做另一件事情，这样往复下去，到头来还是一事无成。

第三种情况是竹篮打水式的。"竹篮打水——一场空"是一句尽人皆知的歇后语，那么为什么用竹篮打水会一无所获呢？因为竹篮漏眼太多，无法盛水。这是说用错了打水工具而没有达到打水的目的。联想到企业发展上，这个打水工具，可以是一个人或一班人，可以是一种制度或一个方法，也可以是一个项目或一笔投资，总之，由于用错了对象，而没有达到企业发展的目的，甚至会对企业发展产生负面的影响。企业劳而无功的现象远不止这些，用心去想，还可以举出更多的例子。

第四，忙要有效益，不要穷忙。企业是一个以营利为目的的组织，它在满足人们不断增长的物质和文化需求的前提下，只有赢得合理的利润才能生存和发展。而有些企业往往在如何提高效益上注意不够，只注意生产和经营过程，而忽视了最终的效果。有些企业天天忙忙乎乎，甚至加班加点，但到年终一盘点，不仅没有赢利，反而出现亏损，这就是常说的"赔本赚吆喝"。之所以会出现这种现象，原因是多方面的。我看主要有三个：一是企业缺乏严格的管理制度，不注重产品质量和服务质量。企业生产出的大量产品，质量不过关，甚至很多是次品和废品，不仅不能走向市场，而且付出了高昂的成本，这样的企业自然是无利可求的。二是企业缺乏必要的执行力，制度很多，无人遵守，任务很多，无人完成，人浮于事，效率低下，看起来轰轰烈烈，热热闹闹，就是不产生效益。三是企业缺乏创新精神，墨守成规，不思进取，在商品市场千变万化、科技创新日新月异的形势下，企业缺乏强烈的危机意识和忧患意识，缺乏开拓创新、与时俱进的精神，技术总是老一套，产品总是老面貌，这样的企业就是再忙，也逃脱不了被市场淘汰的命运。

第五，忙要有节奏，不要总忙。《礼记》有言："张而不弛，文武弗能也；弛而不张，文武弗为也；一张一弛，文武之道也。"意思是说，像周文王、周武王这样善于治国的能手，如果一直把弓弦拉得很紧而不松弛一下，他们也是无法办到的；相反，一直松弛而不紧张，他们也是不愿这样做的；只有有时紧张、有时放松，有劳有逸，宽严相济，这才是周文王、周武王治国的办法。治理国家是这样，治理企业也是这样，一个人的生活和工作也是这样。一个企业家就像一个乐队的指挥，在把握主旋律的前提下，时而高昂，时而舒缓，这样奏出的乐章才优美动听。中心工作来了，或是为赶一项紧急任务，工作节奏紧张一点，是完全必要的，一旦高潮过去，就要作一些调整，让员工得到适当的休息，这样才能使他们始终保持旺盛的精力。实践证明，总搞疲劳战术，效果不但不好，反而适得其反，欲速则不达，就是这个道理。企业家个人也是这样，因为一个人的精力是有限的，长期超负荷工作，势必影响身体健康，有的企业家因此而积劳成疾，甚至英年早逝，这样的教训枚不胜举，必须高度注意。企业家把企业经营好，获得较多的财富，这只是生命的一部分，且不可把自己变成赚钱的工具，应该有一定时间去享受丰富多彩的人生。如果身体累坏了，甚至生命不在了，那么钱赚得再多又有什么意义呢？

第六，忙要靠大家，不要独忙。一个企业的成功，必须依靠集体的智慧和力量，仅靠老板一个人，即使再有能力，也是不可能的。但是在一些企业里，老板忙得团团转，大家却围着看的现象也时有所见。为什么会出现老板一个人跳"光杆舞"的现象呢？我认为原因有这样几个方面：一是老板的思想观念有问题。这样的老板缺少相信群众、依靠群众的基本观念，特别是在个体私营企业里，老板认为企业是自己的，自己不操心谁操心，自己不忙谁忙，指望别人靠不住。这样的老板需要认真反思，彻底转变观念，真正树立起依靠群众的观点，把大家的积极性和创造性调动起来，只有依靠大家来帮忙，自己才不会太累太忙。二是老板不懂放权，管理制度上存在问题。常言说："千斤重担大家挑，人人身上有指标。"要学会目标管理，把目标层层分解下去，把权力层层下放下去，把利益层层明确下去，这样老板的担子就轻多了，就会有更多的时间去想大事，抓大事。美国第二大电脑公司的总裁库拉特，每年有三分之二的时间都不在公司，他怎么会有时间和客户沟通呢？关键在于授权。他聘用一些退休的主管来担任这项工作。他把与客户的电脑沟通工作都授权出去了，所以虽然他不与客户直接沟通，但仍然可以掌握到客户需求。因为他有授权，所以他才有更多的时间。三是利益分配上有问题。当老板不能只想着个人利益，还要经常想管理者、劳动者、投资者、合作者等各个方面的利益，这些利益关系都平衡了，企业才能平稳发展。如果大家都心往一处想，劲儿往一处使，众人划桨开大船，老板只需要牢牢把握航向就行了，那么企业之舟就会乘风破浪，驶向远方。

2013 年 12 月 26 日

企业家爱情幸福保鲜剂

今天很高兴参加豫商她世界组织的"中秋夜话"活动，我们相聚在皎洁的月光下，绿色的草坪上，在这如梦似幻的幸福时刻，谈论着历久弥新的话题——幸福，我感到很有意义。

大家知道，所谓幸福，实际上是一种感觉，但是由于人们的人生观、价值观、幸福观各不相同，同样的环境，同一件事情，每个人的感觉也是不同的，这说明幸福的内涵是一个非常丰富而又复杂的问题。我今天的发言仅就有关爱情和家庭幸福的问题谈一些看法和体会，和大家一起交流和分享。谈到家庭幸福，我想起两句名言，一句是"家是以爱为圆心、幸福为半径的一个圆"，另一句是"所有幸福的家庭都十分相似，而每个不幸的家庭各有各的不幸"。这说明家庭幸福的核心是爱，而幸福的表现是有共性的，是有规律可循的。每一个人都希望爱情之花永不凋谢，幸福之树常青不老，特别是对企业家来说，稳定、和谐、幸福不仅对家庭十分重要，而且对企业的发展也是至关重要的。那么怎样才能让爱情和幸福永远保持新鲜，像陈年老酒那样，时间越长越醇越香呢？我现在送给大家一服保鲜剂，它有六个要素或者说六个原则配合而成。

一要相互尊重。这是家庭幸福的前提，也是中华民族的传统美德，中国古代就有举案齐眉、相敬如宾的美谈佳话。夫妻之间，都要尊重对方的人格尊严、人生价值和应有的权利，不仅夫妻之间要相互尊重，而且还要尊重对方的父母、亲友和同事等。这样不仅能增强对方的自尊心，而且有利于互尊互敬、和睦相处，而态度蛮横、言语粗鲁、独断专行则容易给对方造成伤害，从而影响家庭关系。

二要相互信任。可以说，相互信任是家庭幸福和美最可靠的基石，而相互猜疑则是造成家庭破裂的最可怕的魔鬼。古人有诗云："结发为夫妻，恩爱两不疑。"夫妻之间，特别是生活在两地的夫妻双方，要保持稳定和谐的关系，没有相互信任简直是不可想象的。我记得我在县里工作的时候，县领导到我家看我，跟我爱人开玩笑，说："县里那么多美女，你要小心呀。"我爱人的回答很简单："长相知，莫相疑。"而在一些人中，常常对对方疑神疑鬼，往往为了一个电话，一条短信，或者一个小小的误会，闹得天翻地覆，不可开交，这实际上是缺乏信任，甚至是缺乏自信的表现。

三要相互理解。相互理解就是要多沟通，多交流，经常站在对方的立场为对方着想，理解对方的行为和感受，这样才能做到心心相印、息息相通。有一对老夫妻，男的是退休领导干部，在岗位上的时候，开会讲话，批阅文件，风光无限，刚退下来，很不适应，心情烦闷，看什么都不顺眼。老伴儿发现之后，就千方百计让老头儿开心。这天中午，她根据老头儿的喜好精心制定了一份食谱。"今日中午食谱如下：荆芥拌黄瓜、红油拌猪耳、蒜薹炒肉丝、西红柿炒鸡蛋，主食捞面条，肉卤、鸡蛋卤两种，以上食谱当否，请批示。"老头儿一看，十分高兴，大笔一挥批示道："原则同意，不要太咸。"老两口这顿饭吃得有滋有味，这位老干部的心情也好了许多。常言说，理解万岁，理解是夫妻之间的润滑剂，它可以减少很多矛盾和摩擦，从而使双方的关系更加和谐顺畅。

四要相互关爱。一个家庭有了相互关爱才会有阳光和温暖，才会使人感到家庭的温馨和可爱。特别在困难和逆境中，相互关爱可以使双方增强信心和力量，相濡以沫，风雨同舟，齐心协力，共渡难关，这往往是夫妻间最宝贵的时光。当然相互关爱，不仅是生活上相互关心，还要在工作上事业上相互帮助，相互支持，相互鼓励，比翼双飞。夫妻感情也要与时俱进，不断创新，这样生活才能充满新的情趣，才能产生新鲜的感觉。

五要相互包容。俗话说，人无完人，金无足赤。你爱上了一个人，不仅要爱他的长处和优点，同时也要接纳他的缺点和不足，特别是当对方有了失误之后，你能否以宽广的胸怀容忍他，以真诚的态度帮助他，这对维系夫妻关系十分重要。

六要相互妥协。常言说："退一步海阔天空，忍一时风平浪静。"夫妻之间也是这样，学会妥协和退让也是保持夫妻和谐幸福的必要条件。有些夫妻之间往往因为一些鸡毛蒜皮的小事争得面红耳赤，甚至大打出手，不仅伤了和气，也使幸福指数大打折扣。比如中午吃饭，是吃饺子好呢，还是吃面条好呢？吃饺子是吃肉馅好呢，还是吃素馅好呢？这样争论下去无休无止，没完没了又没有什么意义。

其实爱情幸福保鲜剂并没有什么秘密，也没有绝对的配方，但有一个根本的要素是必不可少的，那就是相互之间要有一颗真诚相爱的心。

在中秋佳节即将来临之际，祝大家人月共圆，幸福相伴，事业成功，家庭美满。

2015 年 6 月 19 日

和民营企业家谈学习

今天，很高兴应邀参加渔社主办的 MBA 训练营开营典礼。在当前民营企业、中小企业遇到诸多困难的情况下，为企业家和创业者提供这样一个学习交流、加油充电、抱团取暖、共同发展的机会和平台，是一件很有意义的事情。刚才，主办单位的代表和几位授课老师都讲得很好，我也做一个发言，想用几个大家耳熟能详的话做题目，谈谈我对学习的一些思考和建议，和大家一起讨论交流。

一是"师父领进门，修行在个人"。这句话强调了两点，一是老师的引领作用，二是个人努力的作用，而修行的结果最终取决于个人的努力。所谓修行，可以解释为修养德行、成就道德的过程。总的意思是说，同样的学习环境，同样的老师传授，但每个人学习的结果却各不相同。那么原因何在？这是因为不同的人，有不同的学习力。那么什么是学习力呢？它有三个要素组成，一是动力，就是学习的积极性，这是由学习的目的和目标决定的，一个人学习的目的越明确，目标越远大，他的学习积极性就会越高。二是毅力，就是不管遇到多少困难，都能够持之以恒地坚持学习，而不是浅尝辄止，半途而废。三是能力，就是把知识转化成财富和价值的能力。一个企业家的学习能力，不仅包含个人学习内容的宽广程度，也包含他的学习质量和综合素质，因此它将直接影响到企业的发展。

这里还要特别强调一点，企业家不但要抓好自己的学习，而且还要抓好团队的学习，并且团队的学习比个人的学习更重要。因为只有团队成员共同学习，才能形成团队内信息和知识的相互交流，相互沟通，高度共享，才能形成思想共识和统一行动，把大家的创新能力转化为创新成果，从而增强企业的生命力和竞争力。

二是"学而时习之，不亦乐乎"。孔子这句话的大意是说，通过学习获得了很多知识，经常加以应用，又能产生很好的效果，这难道不是一件让人很高兴和愉快的事情吗？这就是要对学习有一个正确的态度，要把学习当成一件很愉快的事，而不是一件很痛苦的事。学习不仅是我们生活中的重要内容，而且应该成为我们的一种生活方式。我本人的体会告诉我，我的很多快乐都是学习带来的。比如上网学习，有人说我是"网红"，我说我不是网红，但我是"网迷"，一天不上网，心里就不踏实，生活就没味道。另外，我从 2015 年创办自媒体微信公众号"胜春光郭运敏"以来，到目前已推送近 200 期，发表文章有 35 万多字。有些文章，还被人民日报客户端、凤凰新闻等媒体转发，究竟有多少阅读量我也搞不清楚。但不管怎样，写出的东西只要有人阅读，有人点赞，这就是价值，我也因此感到快乐和欣慰。总之是希望大家也都养成学习的习惯，学中求进，学中求乐，同时还要做到学以致用，学用结合，不断为企业注入新的活力和动力。

三是"三人行，必有我师"。孔子说："三人行，必有我师焉。择其善者而从之，其不善者而改之。"我认为这句话有两层意思，一是要虚心向别人学习，二是学习别人要区别对待，对别人的优点和长处，要从善若流，见贤思齐；对别人的缺点和错误，要引以为戒，有则改之。以人为师，虚心学习，是一切成功企业家的共同特点。如果你心中总能做到学有榜样，赶有目标，你前进的步伐就会越来越快。其实，古今中外成功的商业人士，都应该成为我们学习的对象。比如华为的任正非、万达的王健林、格力的董明珠、阿里的马云、小米的雷军等。再如河南省双汇的万隆、三全的陈泽民、圆方集团的薛荣、大桥石化的张贵林、磴槽集团的袁占国等，都值得我们学习。不管他们现在有多么骄人的业绩，都是由小到大、由弱到强一步一步发展起来的。大家不要以为我们现在的条件差、规模小，有些自卑心理，其实他们在创业起步阶段，条件还远远不如我们。我们向他们学习，不仅要学习他们的创业经验，更重要的是学习他们的创业精神和创业智慧。

还有像我国古代的那些巨商大贾，也都值得我们借鉴。比如"商圣"范蠡，要学他三聚千金、三散千金，去领会什么是舍得，什么是财散人聚、财聚人散的经商真谛。学习传承 400 多年的家族企业康百万，就会明白企业长寿的秘诀就是"留余忌尽"四个字。再如江南首富沈万三，从他的遭遇可以悟出炫富不慎就会招来灭门大祸的教训。还有外国的一些著名企业家，如美国的比尔·盖茨、巴菲特，日本的稻盛和夫，等等，学习他们用国际视野来观察国内外市场，把企业做大做强。大量事实说明，企业家有针对性地学习各种案例，是一种简单易行而又见效最快的学习方法。不仅要学成功的案例，还要学习失败的案例。我经常向民营企业家讲民营企业的"十种死法"，因为知其死者而后生。学习别人的东西一定要结合自己的实践，反复思考，不断总结，就会逐渐走向成熟，迈向成功。

四是"书山有路勤为径，学海无涯苦作舟"。这是著名文学家、"唐宋八大家"之首的韩愈的治学名言。他告诉我们，在读书学习的道路上没有什么捷径可走，只有依靠勤奋和刻苦。勤奋可以说是民营企业家的基本特点，没有哪一个懒汉可以成为企业家。但是要做到勤奋学习也不是一件容易的事。不少企业家一提到学习，总是强调忙，没有时间。这个不是理由，关键是态度，只要有强烈的学习愿望，时间总会有的，一个很重要的办法就是一个字——"挤"。脱产学习固然很重要，但不能成为常态。经常学习，做到勤读、勤看、勤学、勤思、勤写，那就要挤时间。不少成功的企业家告诉我，他们的很多书都是在汽车上、列车上、飞机上读的，一些文章也是在飞机上或出差的宾馆里写成的。

学习要有所收获，还要抓住"学海无涯苦作舟"中的"苦"字，就是要用心，苦心读书、苦心学习、苦心思索、苦心钻研。这里要特别强调一个"专"字，就是要专心致志、心无旁骛。我们很多成功的企业家开始创业的时候，文化水平并不高，他们就是在创业的过程中坚持学习，不会就学，不懂就问，边干边学，边学边悟，久久为功，终有所成，不但企业规模越来越大，效益越来越好，而且其知识积累也越来越丰富，甚至还能到处演讲，著书立说。所以说，学习是企业家和企业走向成功的最好阶梯。

五是"处处留心皆学问，人生无处非考场"。一个人从小学生、中学生，到大学生，再到硕士生、博士生，不知要经过多少次考试，似乎每次考试的成绩都很重要，但这能否算最终的成绩呢？我看不一定。我认为，不管你学哪个专业，也不管从事什么行业，真正的学校在社会，真正的考场也是在社会。我讲到处留心皆学问，是因为社会是个大学校。我们遇到的每个人，都是一本书，关键是读懂他；我们遇到的每一件事也都是一道考题，关键是找到正确的答案。比如我们去看豫剧表演艺术家常香玉的演出，她的唱腔总是字正腔圆、声情并茂，她饰演的人物也总是个性鲜明、栩栩如生。她之所以能够成为德艺双馨的人民艺术家，就是因为她几十年如一日，不管遇到多少困难和挫折，都始终坚持"戏比天大"的信念，从未动摇。

我们看纪录片《百年巨匠》介绍的京剧四大名旦——梅兰芳、程砚秋、尚小云、荀慧生，尽管他们经历各不相同，但他们都同样把京剧表演看成是自己的艺术生命，历经千锤百炼，终成一代大师。

我去开封拜访国家级非物质文化遗产传承人汴绣大师王素花，她虽然已是 85 岁高龄，依然能飞针走线。人们称赞她的绣品"绣花花生香，绣鸟鸟有声。绣马马奔跑，绣人能传神"，不愧是"汴绣皇后"。谈到成功的原因，她说："我几十年就是信奉'绣比天大'，坚持'一针一线绣人生，一心一意做好人'。"一个是"戏比天大"，一个是"绣比天大"，异曲同工，如出一辙。我经过研究发现，这些大师们之所以能成为大师，虽然行业不同，但他们有四点是相同的，那就是他们的敬业精神、坚守精神、创新精神和精益求精的工匠精神。我们说三百六十行，行行出状元，哪个行业的状元都离不开这四种精神。要想成为一个成功的企业家，同样也离不开这四种精神。

作为一个企业家，每天都要以临战的状态去迎接每一个挑战，以临考的状态去面对每一个问题，你才能学到真知识，增长真本事。大家要清醒地认识到，作为企业，真正的考场是市场，真正的考官是顾客，只有他们的评判才能决定你的价值和命运。希望大家抓住这十天的宝贵时间，沉下心来认真学习，认真思考，而且同学之间要相互交流，加强沟通，进一步提高自己解决实际问题的能力，使企业再上一层楼。

2020 年 8 月 8 日

和女企业家谈诗词

今天是三八妇女节，和豫商她世界的姐妹们一起度过这个特殊的节日，我感到非常高兴。我写了一首小诗，作为节日礼物献给大家——《女性礼赞》：

中华女性非等闲，生命之本幸福源。

英贤辈出垂青史，更喜巾帼谱新篇。

为了庆祝三八节，豫商她世界还在今天举办了一场诗歌朗诵会，主题是"畅想春天、歌颂爱情亲情、礼赞生命"，我看很好，这样既抒发了美好的情感，又展示了女性的风采。我也写了一首《赞诗会》，为大家助兴和点赞：

姹紫嫣红百花开，群英荟萃她世界。

美女才女朗诵会，诗情豪情放异彩。

中央电视台《中国诗词大会》的成功举办和播出，像一股强劲的春风，在中华大地上掀起了学诗词、议诗词的热潮。为什么一档文化节目能够产生如此强大的影响呢？我觉得是因为它从深层次反映了当今中华儿女的精神需求。中华诗词源远流长，博大精深，它是我国优秀传统文化宝库里的奇葩，是中华民族最宝贵的精神财富，在中华诗词里流淌着我们民族的血脉，传承着我们民族的基因，虽然跨越了千百年的时空，我们今天再次诵读，再次品味，仍然感到特别亲切，特别给力，从而增强了我们的文化自信。

我和大家一样，也特别喜欢看《中国诗词大会》，看后的感受概括起来就是四句话：一是高手在民间，二是英雄出少年，三是女性胜过男，四是一年好一年。

特别值得一提的是，从古到今，女性一直是诗词描写的主要对象，不论写爱情婚姻、悲欢离合，还是写自然风光、家国情怀，大都离不开女性，可以说是"无女不成诗"，因为在古典诗词里女性简直就是真善美的化身。比如苏东坡写杭州西湖的名句"欲把西湖比西子，淡抹浓妆总相宜"，就是通过把西湖比作西施，来表现西湖的美景与神韵。但是，在男尊女卑的封建社会里，男性是社会活动的主体，女性几乎没有参与社会活动的机会。因此历史上男诗人就像繁星满天，而女诗人则寥若晨星，像李清照那样的女诗人，更是凤毛麟角。而今天时代不同了，男女都一样，女性不仅应该成为诗词表现的主体，而且应该成为诗词创作的主体，甚至应该成为诗词舞台上的主体，今天举办的"她世界诗会"就是一个很好的例证。

那么，今天为什么提出要热爱诗词、学习诗词呢？当然原因很多，我想至少有这样几个方面。

一是经常学习诗词可以净化我们的心灵，陶冶我们的情操。比如，文天祥的"人生自古谁无死，留取丹心照汗青"，所表现的慷慨赴义的民族气节；杜甫的"安得广厦千万间，大庇天下寒士俱欢颜，风雨不动安如山"，所表现的博大胸怀；李白的"桃花潭水深千尺，不及汪伦送我情"，所表达的人间友情；陆游的"死去元知万事空，但悲不见九州同"，所表现的爱国激情；毛泽东的"为有牺牲多壮志，敢教日月换新天"，所表现的革命豪情；等等，无不在我们的内心深处产生强烈的共鸣，使我们的思想境界得到升华。

二是经常学习诗词可以激发我们热爱美好生活的兴趣，提升审美情趣。在雾霾弥漫、污染严重的环境中，当我们去读"两只黄鹂鸣翠柳，一行白鹭上青天""晴川历历汉阳树，芳草萋萋鹦鹉洲""日出江花红胜火，春来江水绿如蓝""春风又绿江南岸，明月何时照我还"的诗句时，自然会唤起我们对青山绿水、蓝天白云的美好期盼与向往。

三是经常读诗词可以帮助我们坚定胜利信心，增强前进力量。当我们在工作和生活中遇到困难时，往往会从诗词中吸取滋养和动力。例如，在夹缝中生长的民营企业，遇到困难和挫折时，就会自然想起郑板桥的著名诗篇《竹石》："咬定青山不放松，立根原在破岩中。千磨万击还坚劲，任尔东西南北风。"从而增强我们战胜困难的勇气和信心。

四是经常学习诗词有助于我们明白处世哲理，增强人生智慧。例如白居易的很多诗都富有深刻的哲理，对于创业者具有很强的启示作用。例如大家耳熟能详的"离离原上草，一岁一枯荣。野火烧不尽，春风吹又生"，就特别形象地表现了民营企业顽强的生命力。还有他的诗"千里始足下，高山起微尘。吾道亦如此，行之贵日新"，不仅反映了民营企业从无到有、由小到大的发展规律，而且还要在发展中不断创新。还有苏东坡的"横看成岭侧成峰，远近高低各不同"，王安石的"不畏浮云遮望眼，只缘身在最高层"，等等，这些诗句都告诫我们对待事物要多从不同的角度去观察分析，只有站得高才能望得远。再如《红楼梦》中"好风凭借力，送我上青云"的诗句，启发我们要学会借助别人的力量，发展自己的事业。这些诗句对于我们开阔眼界、拓宽思路都是十分有益的。当然学习诗词的好处还有很多，比如在自己学习提高的同时还可以更好地教育子女。

至于如何学好诗，写好诗，那学问就更大更深。作为一个门外汉，我只能谈一些粗浅的看法，一是为了和大家交流，二是为了抛砖引玉。

第一，要学好写好诗词，就要弄清楚诗词的本质是什么，基本功能是什么。古人提出"诗言志，歌咏言"或"诗言志，词言情"，就是说诗也好，词也好，都是人们用来表达思想、志向和抒发内心情感的。

第二，学好诗，写好诗，有两句诗很重要，一句是陆游在临终前一年告诫儿子的诗："汝果欲学诗，功夫在诗外。"就是要真正懂得诗一定要"躬行"，广泛涉猎，开阔视野。再一句就是杜甫说的"读书破万卷，下笔如有神"，只有博览群书，厚积薄发，写起文章作起诗词来才能得心应手，有神来之笔。

第三，要学好诗，写好诗，必须树立信心，既要有"大目标"，也要有"小目标"，本着由易到难、由浅入深、日积月累、持之以恒的原则，才可能学有所获，学有所成。比如我在微信里看到的"她世界背诵诗词汇总"就很不错，真能把其中的诗词都弄会弄懂，那就是很大的进步。

第四，学诗写诗要和自己的工作、生活、环境、爱好相结合，先从某一方面入手，逐步铺开，可能会收到更好的效果。

第五，写诗一定要有真情实感，写出自己的个性，自己的特色，还要力求清新自然，朗朗上口。比如我在微信公众号上发表的《荷叶与青蛙》《赞雪》《赞梅》《上网乐》《人老心莫老》等，都是我自己真实情感的表达，因此受到了大家的欢迎。

第六，我希望豫商她世界为女性朋友学诗写诗提供更多的服务，创造更好的平台，使她世界不仅成为财富的世界、智慧的世界、快乐的世界，而且是充满诗情画意的美好世界。古人说"腹有诗书气自华"，让我们的人生因诗变得更精彩，让我们的事业因诗变得更成功。

2017 年 3 月 8 日

新女性要争当新时代的花木兰

今天是三八妇女节，我向各位姐妹们致以节日的问候和美好的祝福。在这个特殊的节日里，豫商她世界举办以"说出你的故事"为主题的活动，很有意义。刚才十多位分享嘉宾都讲述了她们精彩的故事，有讲婚姻家庭、夫妻创业的，也有讲教育子女、孝敬老人的，还有人讲读书学习、公益慈善的，等等，内容丰富，生动感人，充分反映了广大女性在各个方面发挥的重要作用和新时代女性的精神风貌，我和大家一样，也受到了很大的教育和鼓舞。

党的十九大报告指出，中国特色社会主义进入新时代，意味着中华民族将迎来从站起来，富起来到强起来的伟大飞跃，这是摆在我们每一位中华儿女面前的光荣使命。那么怎样才能让我们的祖国更快强起来呢？"妇女强则中国强"，这就是我的回答。

新时代，新女性，新形象，新作为。那么，要做一个什么样的新女性呢？我的回答是要做新时代的花木兰。这是因为花木兰这个千百年来被人们赞美和崇敬的巾帼英雄，集中代表了中华女性爱家爱国、勤劳善良、机智勇敢、刚毅纯朴的优秀品质和民族精神，在今天仍然需要我们学习传承和发扬。

一是像花木兰那样，要有烈火一样的爱国情怀。当外敌入侵的战火燃烧到我们国土的时候，面对父年迈、弟年幼的现实，花木兰义不容辞，女扮男装，替父从军，奔赴疆场，杀敌立功，表现了国家兴亡、匹夫有责的大忠大义的崇高精神。今天，我们仍然要像花木兰那样，国家富强，人人有责。在祖国实现由站起来、富起来到强起来的伟大飞跃中，勇敢地站到改革开放的最前沿，把个人梦、家庭梦、企业梦和中国梦紧紧地融合在一起，奋勇拼搏，无私奉献，为祖国做出新贡献，为个人谱写新华章。

二是像花木兰那样，要有武艺高强的过硬本领。花木兰由于胆量大，武艺强，在战场上屡建奇功，在元帅被敌军围困的危急关头，她勇敢击退敌兵，救出元帅，成为一名战功赫赫的女将军，受到了无数人的敬仰。在"四化"建设中，我们每一个人都要爱岗敬业，勤学苦练，成为有过硬本领的行家里手，用实实在在的工作，实实在在的业绩，为共和国的大厦添砖加瓦、贡献力量。

三是像花木兰那样，要有孝老爱亲的优秀品德。常言说，百善孝为先，孝为德之本。对待年老多病的父母，花木兰百般孝顺，关爱有加。即使在激烈的战场上她想到的仍然是"平了贼儿回家再孝双亲"。这是花木兰让人感到最可亲、最可敬的闪光之处。在过去一段时间里，孝老爱亲曾被作为"封资修"被批判，致使我们民族的优良传统受到了严重破坏，甚至出现了不少啃老、坑老、骗老、害老的丑恶现象。当前有必要特别强调要从娃娃抓起，加强对青少年孝老爱亲的传统教育，而花木兰就是最好的榜样。

四是像花木兰那样，要有以理服人、以情感人，做好思想工作的领导艺术。豫剧《谁说女子不如男》的经典唱段，之所以久唱不衰，广为流传，是因为它不仅有很强的艺术性、思想性，而且还有很强的哲理性。花木兰从战士们身上的鞋袜和衣衫说起，由点到面，由近到远，由眼前到历史，把女子们的作用和贡献述说得淋漓尽致，让刘大哥等人口服心服，这也是她由一名普通士兵成长为将军的重要原因。今天在座的大多是企业家，要管理好一个企业，带好一个团队，做好思想工作是一项基本功。人心齐，才能泰山移，思想一致才能得胜利，在这方面花木兰也是我们学习的榜样。

五是像花木兰那样，要有只求奉献、不图名利的高风亮节。花木兰当了将军之后，功成名就，但她丝毫不贪恋荣华富贵，而是解甲归田，仍然过着"当窗理云鬓，对镜贴花黄"，全家人和和美美的平民生活，这是多么高尚的美德，多么伟大的情怀。我们每一个人都要像花木兰那样，不忘初心、牢记使命，把为中国人民谋幸福、为中华民族谋复兴当作自己义不容辞的责任，努力有所新作为，做出新贡献。

2018 年 3 月 8 日

巾帼创业再立新功

今天我们召开的这个座谈会的主题是"深入贯彻十八大，巾帼共谋新发展"，大家的发言着眼于企业实际情况，谈了学习贯彻党的十八大精神的新举措和今后企业发展的新思路，听后令人很受启发。大家的发言内容丰富、真实感人，也各有特色，充分展现了新时期女企业家的精神风貌。下面，我讲几点意见，和大家一起讨论。

一是学习贯彻党的十八大精神，开创民营经济发展新局面。党的十八大是在我国进入全面建成小康社会决定性阶段召开的一次十分重要的大会，浓缩了改革开放以来，特别是最近十年来党领导中国发展建设的经验与启示，勾画出中国未来发展的宏伟蓝图。民营经济也将在党的十八大精神指引下，迎来新的发展春天，开创出新的局面。当前，民营企业已成为我国国民经济的一支重要力量，但其在发展过程中也遇到了不少问题和困难。例如一些行业被垄断无法进入，生产成本大幅增加，利润空间越来越小，国际金融危机和欧债危机的影响仍在继续，民营企业的生存与发展处在严重困境之中。党的十八大精神让民营企业看到了新的希望，坚定了发展的信心。

首先是党的十八大对民营经济和民营企业发展更加重视。党的十八大代表中，民营企业家党代表有 24 名。民营企业家党代表连接着千千万万个民营企业，他们最了解民营企业的所思、所想、所求，最能反映广大民营企业家的呼声，在党的路线、方针、政策制定过程中，民营经济、民营企业不至于被边缘化，将有利于民营企业的发展。其次是党的十八大给民营企业带来了发展新机遇。党的十八大报告指出"毫不动摇鼓励、支持、引导非公有制经济发展，保证各种所有制经济依法平等使用生产要素，公平参与市场竞争，同等受到法律保护"，就意味着现在有些行业被高度垄断的局面将被打破，民营资本、民营企业将被允许进入，参与公平竞争，将有更广阔的发展空间和更多的发展机遇。再次是党的十八大报告为民营企业发展指明了方向。党的十八大报告提出："要适应国内外经济形势新变化，加快形成新的经济发展方式，把推动发展的立足点转到提高质量和效益上来，着力激发各类市场主体发展新活力，着力增强创新驱动发展新动力，着力构建现代产业发展新体系，着力培育开放型经济发展新优势，不断增强长期发展后劲。"这是国家经济发展全局的战略抉择，也为民营企业发展指明了方向和道路。每个民营企业都应当根据党的十八大精神，从自身实际出发，确定发展目标和发展战略，积极主动适应新形势，实现企业转型升级新发展。最后是党的十八大对民营企业发展提出了更高要求。党的十八大报告提出，"确保到 2020 年实现全面建成小康社会宏伟目标"，并提出"实现国内生产总值和城乡居民人均收入比 2010 年翻一番"的指标。还强调，努力建设美丽中国，实现中华民族永续发展。民营企业在我国经济建设中已成为一支重要的力量，民营企业数量占全国企业总数的 99%，全国民营企业从业人员已达 2.8 亿人，全国工业产值的 60% 以上是民营企业创造的。可见，无论是全面建成小康社会的宏伟目标还是国内生产总值、城乡居民人均收入翻番指标的实现，都离不开民营经济，这是民营经济艰巨而光荣的历史使命，所有民营企业家都要奋发努力，顽强拼搏，为实现这一伟大目标做出新的贡献。

二是要充分肯定女企业家在促进经济社会发展中所做的突出贡献。从刚才几位女企业家的发言中，我们了解到大家从事着不同的行业，有从事机械制造业的，有从事商业服务业的，有从事房地产开发的，有从事动漫行业的，也有从事科技研发的，等等。很多人在发言中畅谈了创业的艰辛和感悟，最终以自己的聪明才智和坚强的意志，以主人翁的精神，闯出了属于自己的一片天地，也为广大女性创业树立了榜样。可以说，女企业家们在为促进社会就业、经济社会发展、生态文明建设等方面做出了很大的贡献，对推动经济社会发展功不可没，对推动民营企业经济结构调整、转变发展方式发挥了重要作用，对带动就业特别是妇女就业、促进社会稳定做出了特殊贡献。你们以"巾帼不让须眉"的豪情壮志，创造了人生和事业的辉煌，为自己，同时也为广大女性赢得了社会的广泛尊重和赞誉。

三是女企业家创业的经验特别宝贵，要认真总结，继续发扬。从大家的创业经历中，我感受到新时期女企业家所具有的共同精神品质。一是转变观念、抢抓机遇，在把握时代发展脉搏中积极大胆创业。例如，江海集团的尹爱萍在发言中讲到，江海集团的发展与壮大主要得益于党的改革开放政策，还有新乡澳达置业的吴夏青也是在改革开放大潮中，抓住机遇，告别国企下海创业的。二是不畏艰辛、永不懈怠，在勇于创新创优中不断壮大企业规模，例如大桥石化集团的侯振荣、华辰伟业的张卫华等。三是诚信立业、无私奉献，在企业不断发展的同时积极回报社会。例如亚兴集团诚信经营，在企业做大做强的同时，积极反哺社会，提供了近万个工作岗位。四是积极改革、勇于创新。尽管很多民营企业同时也是家族企业，但都积极学习先进的管理模式和经营理念，都勇于开展技术创新，最终都取得了可喜的成绩，确保了基业长青。

四是对女企业家的几点希望：一是希望大家要与时俱进，在不断提高经营管理水平和文化素养方面下功夫。市场的竞争日益激烈，企业家作为企业的组织者和领导者，其决策水平、管理水平决定着企业的兴衰成败。对广大女企业家来说，提升整体素质不仅是企业发展壮大的需要，也是提升人生境界的需要。希望女企业家们结合民营经济形势发展需要，自觉学习国家有关法律法规和政策以及现代科学文化知识，钻研业务技能，增强创业本领，不断提高适应能力、自立能力和竞争能力。要积极投身创新的时代，让创新成为自觉的追求，以创新的思维、创新的胆略和创新的举措，推动企业走创新发展之路。二是希望大家在企业做大做强方面实现新的突破。党的十八大报告明确提出"要坚持男女平等基本国策"，女企业家们要充分利用好当前的大好形势，继续保持干大事、创大业的激情和气魄，继续解放思想，加强学习，开阔视野。要加强合作，广泛开展交流合作，实现互利共赢共同发展。同时，大家要清醒地认识到，在市场竞争中，企业只有不断发展壮大，才能站稳脚跟；只有持续做强，才能立于不败之地。希望大家继续保持创业激情，百尺竿头更进一步，在全国、全省的大格局中找准坐标、勇于超越，不断开拓企业发展的新局面。三是希望大家在履行社会责任方面有新的担当。企业是社会的细胞，一个企业要实现可持续发展，就要把企业发展、企业家的自身追求同回报社会紧密结合起来。这方面，女企业家有更多的优势，理应有更多的担当。从在座的女企业家来看，除了高新技术产业外，不少从事的是第三产业和劳动密集型产业，对不同层次的劳动者都具有很强的吸纳能力，能为就业与再就业提供广阔空间。希望广大女企业家始终坚持以人为本，注重人性化管理，增强对员工的人文关怀，充分调动广大员工的积极性、主动性和创造性，齐心协力共同推动企业的健康发展。企业家要坚持诚实守信。诚信不仅是道德层面的问题，也是法律层面的问题，要从企业的长远发展着眼，以实际行动树立起诚实经营、公平竞争的良好形象。企业家要更好地服务社会、回报社会，弘扬扶贫帮困、乐于奉献的优良传统，争当奉献社会的楷模。

习近平总书记在阐述中国梦时指出，"每个人的前途命运都与国家和民族的前途命运紧密相连"。希望女企业家们立足更高起点，继续用勤劳和智慧的双手谱写民营企业的新篇章，为早日实现中国梦做出新的更大贡献。

2013 年 6 月 28 日

企业家和创业者"五大法宝"

当前，大众创业、万众创新的"双创"正在全国蓬勃开展，不仅带动了大量就业，促进创新驱动发展战略深入实施，而且它也是一场改革，因为它抓住了人这个生产要素中重要的因素，让人的聪明才智和活力充分展现出来，让大家有改变命运获得纵向上升的平等机会。这对每一个创业创新者来说，都是巨大的鼓励和支持。

关于大力开展大众创业、万众创新的意义，我认为，从国家层面讲，它是发展的动力之源、富民之道、强国之策，是打造发展新引擎，增强发展新动力的根本举措，只有创业才能带动就业，只有创新才能促进发展；从个人的层面讲，也可以实现人生价值，不但能使自己和家庭过上幸福美好的生活，还能为社会做出更多贡献。那么什么样的人才适合创业创新呢？根据我的观察，他们起码要具备五个条件，即有目标，有自信，有激情，有能力，有人脉。为了帮助大家在今后的创业和创新中少走弯路，多出成果，我向大家提出五条建议，这也是我赠送给大家的"五大法宝"。

第一件法宝是一个望远镜。就是希望大家用全球视野来观察市场的发展趋势和变化，从而确定创业和创新的方向和目标。比尔·盖茨在谈到他成功的秘诀时指出，时机、眼光和立即投入巨大的行动，这就是成功的秘密。他还说，他从来都是戴着望远镜看这个世界的。

希望大家通过这个望远镜，一是能够看到更远的市场，从身边到天边；二是看到行业的发展方向和未来；三是看到已经出现或将要出现的新产品、新服务、新技术、新工艺、新材料、新消费需求、新商业模式。

第二件法宝是一台显微镜。就是用明察秋毫的眼光去观察社会的需求和消费的热点，用心去做好市场细分，从而开发出市场急需的产品和服务。

希望大家通过这台显微镜，一是要看清哪一片市场是属于你的市场，哪一部分人群才是属于你的消费群体；二是要看清市场风云正在发生的变化，以防经济危机来临时措手不及，毫无准备；三是看清企业的漏洞和团队的不足，及时加以弥补和纠正。

第三件法宝是一台发动机。就是希望大家在创业和创新中永远充满自信和力量。当你在创业中出现小富即安、小成即满的情绪时，当你在前进道路上停滞不前、不思进取时，当你的团队涣散松懈、缺乏朝气时，请你打开这台发动机，它能够给你带来无穷的前进力量。

我常将人分为五种类型，第一种是瀑布型，瀑布是江河在走投无路时创造的奇迹。这种人认准一件事不达到目的誓不罢休，他们是不撞南墙不回头，撞了南墙也不回头，撞翻南墙向前走的人。第二种是喷泉型，由于内在的强大力量使这些人在创业和创新中常常有着无穷的干劲儿和激情。第三种是江河型，他们伴随着波澜壮阔的大潮，奔腾不息，流向大海，但相对缺少独立的创业精神。第四种是湖泊型，喜欢平静安逸，不喜欢波滚浪翻，缺少必要的创业激情。第五种是压杆井型，缺乏积极性和自觉性，一切行动全靠外在的压力和推力。一般说来，前三种人，特别是具有瀑布和喷泉精神的人，最有可能在创业和创新中取得成功，因为他们拥有百折不挠、排除万难的动力。

第四件法宝是一把七星剑。希望大家用这把宝剑披荆斩棘，清除障碍，降妖伏魔，克服困难，在创新创业的道路上高歌猛进、一往无前。同时，用它保护你和家人的人身安全以及合法财产不被侵犯。

第五件法宝是一把金钥匙。一是希望大家用这把金钥匙打开财富之门，获得足够的创新和创业资金。二是用这把金钥匙打开人才之门，让更多的人才为你服务。三是用这把金钥匙打开项目之门，让更多的好项目供你选用。四是用这把金钥匙打开智慧之门，让你在创新创业的道路上插上腾飞的翅膀，飞得更高，走得更远。

当前大众创业、万众创新的形势很好，机会很多，希望大家把握机遇，找准项目，做好准备，下定决心，用创业创新的壮丽篇章去谱写自己出彩的人生。

2017 年 8 月 24 日

怎样让时间管理更有效

古往今来，如何看待和用好时间，成了一个历久弥新的话题。在进入信息时代的今天，面对经济社会迅猛发展，科技创新一日千里，国内外市场瞬息万变，生活节奏和工作节奏越来越快的新形势，一方面是时间越来越宝贵，另一方面却是浪费时间的现象严重存在。因此，树立正确的时间观念，学会有效地管理时间，让时间的价值最大化，对每一个人，特别是企业家来说，就成了一个重要而紧迫的问题。

一、要强化时间观念

强化时间观念，就是在思想上进一步提高对时间重要性的认识，头脑里要始终绷紧时间这根弦，在安排工作、处理问题以及日常生活中，都要把时间放在重要位置。

一是要高度重视时间的价值。古语说："一寸光阴一寸金，寸金难买寸光阴。"在企业发展中，很多企业家对人才、技术、土地、资源都高度重视，特别是对资金一分一厘精打细算，这些都是完全必要的，然而却往往忽视了时间这个重要的要素，其主要表现是在制定规划时和日常工作中，往往没有把时间摆到重要的位置。殊不知，在当今激烈的竞争中，"时间就是速度""时间就是金钱"绝不是一句空洞的口号，而是企业家必须树立的一种观念，也是一个成功的企业家必须具备的基本素养。

二是要充分认识时间的特性。时间具有不可控制性，它无形无影，稍纵即逝，诚如一位诗人所说："时间是无声的脚步，是不会因为我们有许多事情要处理而稍停片刻的。"时间还具有双重性，即时间最不偏私，给任何人都是二十四小时；时间也最偏私，给任何人都不是二十四小时，抛弃时间的人，时间也抛弃他。在有限的生命里，那些特别重视时间的人创造了辉煌的人生，而那些虚度年华的人则一事无成。因此有人说，在所有的批评中，最伟大、最正确、最天才的是时间。

三是要增强时间的紧迫感。我们在工作和生活中，由于不珍惜时间，常常把宝贵的光阴付诸东流，就是因为对时间缺乏紧迫感。时间就是生命，热爱生命就必须爱惜时间。富兰克林说过："你热爱生命吗？那么别浪费时间。因为时间是构成生命的材料。"美国著名女作家、教育家、慈善家、社会活动家海伦·凯勒的一句警示名言则应该成为我们每一个人的座右铭，那就是——"把活着的每一天当作生命的最后一天"。

二、要学会合理利用时间

恩格斯说："利用时间是极其高级的规律。"许多时间管理专家在探索这个规律中，提出了许多时间管理法则。我从自己的实践中体会到，行之有效的方法主要有以下几种。

一是二八分割法。这是"二八法则"在时间管理上的具体运用，就是要把主要精力和时间用在最具成效的地方。美国企业家威廉·穆尔在为格利登公司销售油漆时，头一个月仅赚了160美元。他仔细分析了自己的销售图表，发现他的80%收益来自20%的客户，但是他却对所有的客户花费了同样的时间。于是，他要求把他最不活跃的36个客户分派给其他销售员，而自己则把精力集中到最有希望的客户上。不久，他一个月就赚到1000美元。穆尔从未放弃这一原则，这使他最终成为凯利-穆尔油漆公司的领导。这个案例告诉我们，干什么事情都不能平均使用力量，要抓住问题的主要矛盾和主要环节，把好钢用在刀刃上，就能收到事半功倍的效果。

二是分类排序法。即常说的"四象限"时间管理法则。在日常工作中，千头万绪，问题很多，既不能胡子眉毛一把抓，也不能遇到什么抓什么，而要根据重要程度和紧急程度，分类排序，分别处理。"四象限"法则，是把工作按照重要和紧急两个不同的程度分为四个"象限"：一是既紧急又重要的，二是虽重要但不紧急的，三是虽紧急但不重要的，四是既不紧急也不重要的。其具体内容可根据工作性质的不同和企业情况的不同去确定。在处理的顺序上，应该先是紧急而又重要的，接着是重要但不紧急的，再到紧急但不重要的，最后才是既不紧急也不重要的。对四个象限的排序是否科学合理取决于对问题的判断，也是对一个企业家领导能力的考验。如果我们能坚持按照这一法则抓工作、办事情，不仅可以摆脱忙乱之道，还能提高工作效率和企业效益。

三是授权借时法。在和企业管理者的接触中，有些人常常反映，每天工作很忙很累，但又成效不大。通过分析，这些人有一个共同的特点，就是事无巨细，大包大揽，管了许多不该由自己管的事，干了许多不该由自己干的事。克服这种现象最有效的途径，就是实行放权借时法。要按照责权利相统一的原则，明确每个层级的人员各自的责任和权力。比如，凡是副职分管的工作，就由副职负责去处理；凡由秘书和助手负责的事情，就让秘书和助理去办理。作为企业的主要负责人，要大胆果断地授予下属一定的权力，委托其在一定权限内，自主处理工作，主动完成任务，从而把自己从繁杂的事务中解脱出来，集中精力和时间去考虑和解决一些更为重要的事情。但是放权并不是放手不管，领导者还必须拿出一定时间对被授权者工作完成的进度和质量进行检查和指导。这样不仅可以减轻领导者的负担，还可以形成一个良好的工作秩序。

四是统筹分配法。一个企业的领导者要想实现时间价值的最大化，就必须对时间的分配和安排科学合理，计划周密，做到长计划、短安排。对每一年，每一月，每一天做什么，怎么做，都要有一个明确的目标。不但在年初制订计划时要这样做，每天做什么事也要这样做。大的目标有大的计划，中等目标要有中等的计划，小的目标有小的计划，工作有了计划性，做起来就有了主动性。这样，看起来做计划虽然耗费了一定时间，但具体工作起来却节约了大量的时间。

五是分清焦点法。每一个企业在一定时期内都会有一个重点和难点，比如员工流失、资金紧缺、成本上升、效益下降等，这就是焦点，企业领导要善于发现并抓住焦点问题，然后集中时间和精力加以解决。焦点问题解决了，其他问题也就迎刃而解了。

六是时间控制法。第一是限制电话。电话在传递信息、沟通关系等方面具有重要作用，但它也是浪费时间的一个重要原因，有些电话不仅与自己毫无关系，而且往往还中断和扰乱了工作思路，因此对打来的电话要进行分析，减少或避免没有必要的电话。第二是限时会客。对来访人员，视其话题的重要程度确定时间，待话题谈完后，可巧妙有礼地送客。第三是避免争论。毫无意义的争论，不仅浪费了大量时间，而且还会影响情绪和人际关系。第四是学会拒绝。对别人提出的问题，不可有求必应，超出自己能力和管理权限的事情，要视其情况，善于说"不"。第五是减少会议。会前必须做好准备，开会必须解决问题，对可开可不开的会议，尽量不开。

七是主动支配时间法。一个领导者对时间的支配一定要有主动权。第一，要确保独立思考问题和处理问题的时间，不要整天处在众人的包围中和琐事的纠缠中。第二，领导要有必要的时间走出企业去考察市场，了解客户，寻找新的项目和合作伙伴。第三，要有积极的休闲时间，有利于身心的放松，精神的陶冶和人际的交流。第四，要有必要的学习时间，不断提高自己的素养和水平。第五，要有一定的时间和家人在一起，一个和谐的家庭和一个和谐的企业具有密不可分的关系。

八是海绵挤水法。就是要善于利用零碎分散的时间，集腋成裘，积沙成塔，持之以恒，大有益处。时间就像海绵里的水，只要愿挤，总还是有的。雷锋同志也说过："要学习的时间是有的，问题是我们善于不善于挤，愿意不愿意钻。"我们不少企业家经常利用出差、旅游的空余时间看书学习，撰写文章，这都是很好的习惯。例如建业集团董事局主席胡葆森的一篇很有名的文章《向农民学智慧》，就是在去往香港的飞机上写成的。

三、养成惜时节时的良好习惯

一是培养积极进取、乐观向上的心态。这是养成惜时节时习惯的前提和基础。

二是养成抓住今天、现在就做的习惯。明代大学士文嘉为劝勉人们珍惜时间，勿虚度年华，荒废光阴，曾写过三首有名的哲理诗，即《昨日歌》《今日歌》《明日歌》，其中《今日歌》尤其值得记取：

> 今日复今日，今日何其少！今日又不为，此事何时了。人生百年几今日，今日不为真可惜。若言姑待明朝至，明朝又有明朝事。为君聊赋今日诗，努力请从今日始。

有人说，昨天是期票，明天是支票，只有今天才是现金。因此，凡是确定要办的事，不要等待拖沓，就从今天干起。

三是养成守时节时、言而有信的习惯。凡是约定的时间约定的事，就要如约去做，这不仅是一个良好的习惯，也是一个美好的品行。

四是养成专心致志、心无旁骛的习惯。凡事只有集中精力用心去做，才能取得成功，而三心二意，见异思迁，则将一事无成。

五是养成计划周密、有条有理的习惯。不打无准备之仗，不做无准备之事，一事当前，只有厘清了思路，做好计划，再下手去做，才不至于手忙脚乱。

六是养成有头有尾、善始善终的习惯。做任何事都不能虎头蛇尾、半途而废，而是要不做则已，做则必成，做成一件是一件。这样看起来可能慢，其实并不慢。

七是养成日清日毕、日清日新的习惯。每天的工作要按照事先安排，该做的事一定要当天做完，尽量不要拖到明天，因为明天还有明天的安排。而且每天工作之后，不但当天清理，而且要争取有所进步，有所创新。

八是养成不断总结、不断提高的习惯。不仅对工作是这样，对时间的管理也是这样，过一段时间，就要回顾总结一下，对一些好的做法要坚持，对一些不好的做法要纠正，使时间管理效益不断提高，工作的效率不断提高。

2015 年 7 月 23 日

企业家怎样才能举重若轻、事半功倍

面对瞬息万变的市场挑战和纷繁复杂的矛盾问题，有些企业家总是事无巨细，亲力亲为，整天处在忙乱之中，忙得废寝忘食，甚至疾病缠身，但企业经营却平平常常，甚至每况愈下。有的企业家从容应对，游刃有余，大有"谈笑间，樯橹灰飞烟灭"之气概，不但没有忙乱之苦，还能有时间学习、健身、娱乐、外出旅游，企业反而红红火火，蒸蒸日上。究其原因，他们都善于谋大局，抓大事，能够做到举重若轻、事半功倍。因此，深入探讨如何做到举重若轻、事半功倍，对企业发展和企业家成功都具有十分重要的意义。

一、启动总开关，走活一盘棋

我们每个人似乎都有这样的体验，每当黄昏时分，夜幕降临，转眼之间所有路灯一起闪亮，给城市带来一片光明，这是因为有人打开了总开关。试想，这么多路灯要一个一个打开，那要耗费多少时间和精力？由此，我想到改革开放 40 多年来，我们伟大祖国发生的翻天覆地的巨大变化，正是由于改革开放的总设计师邓小平同志打开了解放思想这个总开关，就像打开了江河的闸门，亿万人民的积极性、创造性如排山倒海般涌流了出来。就说农村的变化吧，改革开放之初，因为农民没有种地的积极性，全国农产品的产量很低，什么都要靠计划供应，吃饭要粮票，穿衣要布票。实行家庭联产承包责任制以后，农业连年大丰收，"交够国家的，留够集体的，剩下都是自己的"，这一政策产生了神奇的力量。正如群众所说："人叫人动人不动，政策调动积极性。"农民的积极性空前高涨，希望的田野上崛起了一座座金山银山。改革先从农村开始，以后又逐渐到城市和各条战线。改革开放的春风吹到哪里，哪里就荡起滚滚春潮，祖国面貌日新月异，国家实力逐步增强，国际地位也在日益提升。

一个国家是这样，一个企业也是如此，也有一个总开关的问题。关键是把全体员工的积极性创造性调动起来，组织起来，发挥出来，就是要让员工真正有获得感、安全感和幸福感，这样才能同心同德，群策群力把企业搞好。过去讲，"火车跑得快，全靠车头带"，现在看来这话带有很大的局限性。如今是高铁时代，高铁跑得快，靠的并不是车头带，主要原因是轨道变了，车型变了，更重要的是动力机制变了，不仅车头有发动机，而且每节车厢都有发动机。司机只要按下总开关，所有的发动机都一起启动，所有的车轮都一起转动，因此才能高速运行。我们的企业也要像高铁一样，老板只要开启总开关，让每个员工的发动机都开动起来，每个车轮都转动起来，真正是心往一处想，劲儿往一处使，企业就会安全平稳高速地向前飞驰。

二、遇事抓根源，复杂变简单

我们在生活中、工作中和企业发展中往往会遇到这种情况，有些问题看似简单，但花费了很多时间和精力就是难以解决。原因就在于我们没有抓住问题的根源，如果我们以寻根问底、剥茧抽丝的精神抓住了要害所在，问题就会迎刃而解。这里和大家分享一个小故事，题目就叫"为什么"。

美国华盛顿广场的杰弗逊纪念馆大厦，年时已久，建筑物出现了斑驳、裂纹，政府耗费巨资也毫无办法。无奈之下，派出专家来解决这个头痛的难题。刚开始的时候，大家都认为造成大厦严重蚀损的原因是酸雨，后来发现是冲洗墙壁所含的清洁剂对建筑物有酸蚀作用。而这座大厦天天都要冲洗，冲洗的频率比一般的建筑高得多，所以受酸蚀损害更严重。但是为什么每天都要冲洗呢？因为大厦每天被许多鸟粪弄脏。为什么大厦有那么多鸟粪？因为大厦周围聚集了很多燕子。为什么燕子专喜欢聚在这里？因为大厦建筑物上有燕子爱吃的蜘蛛。为什么这里的蜘蛛特别多？因为墙上有蜘蛛最喜欢的飞虫。为什么这里飞虫特别多？因为飞虫在这里繁殖得特别快。为什么这里飞虫繁殖得快？因为这里的尘埃最适合飞虫繁殖。那这又是为什么呢？原因是灰尘本来没什么，只是因为从窗外照射进来的阳光，形成了特别能够刺激飞虫拼命繁殖的温床。大量飞虫聚集在这里，激情繁殖，吸引蜘蛛来此享受美餐，蜘蛛的聚集又引来了燕子的大量集结，燕子吃饱后就在大厦上屙屎……

令一般人想不到的是：政府耗费了巨资没法解决的问题，答案仅仅是四个字：关上窗帘！

一个伟大企业的坍塌与毁灭，往往也是因为如"关上窗帘"那样简单的症结没有找到！反之，如果"关上窗帘"这样简单的细节被忽视的话，往往也会导致一个企业的覆灭！曾经一年营销额80个亿的"三株巨人"的轰然覆灭，起因仅仅是一个乡下老汉喝三株出事处理不善！

三、抓住牛鼻子，用好"二八法则"

《吕氏春秋》中记载了这样一个故事：一个大力士将牛尾已拉断了，牛却纹丝不动。而一个小孩只牵着牛鼻环，牛就乖乖地听他摆布。这个故事告诉我们，做事要善于抓住重点，抓住主要矛盾，只要牵住问题的"牛鼻子"，很多困难都会迎刃而解。而"二八法则"就是在工作中抓住主要矛盾和矛盾主要方面的一个重要的方法。

"二八法则"，又叫"马特莱法则"，是国际上一种公认的企业法则，是19世纪末20世纪初的意大利经济学家和社会学家维弗烈度·帕累托提出的。经过长期的对群体的研究，他发现：只要能控制具有重要性的少数因子即能控制全局。典型的情况是：80%的收获来自20%的努力，其他80%的力气只带来20%的结果。"二八法则"的要旨在于将20%的经营要务，明确为企业经营应该倾斜的重点方面，从而指导企业家在经营中收拢五指握成拳头，突出重点，全力倾斜，以此来带动企业经营的各项工作顺势而上，取得更好成效。

在企业管理中，"二八法则"的基本内容如下：

一是"二八管理法则"。企业主要抓好20%的骨干力量的管理，再以20%的少数带动80%的多数员工，以提高企业效率。

二是"二八决策法则"。抓住企业普遍问题中的最关键性的问题进行决策，以达到纲举目张的效应。

三是"二八融资法则"。管理者要将有限的资金投入经营的重点项目，以此不断优化资金投向，提高资金使用效率。

四是"二八营销法则"。经营者要抓住20%的重点商品与重点用户，渗透营销，牵一发而动全身。

总之，"二八法则"要求管理者在工作中不能平均使用力量"撒胡椒面儿"，而是要抓关键人员、关键环节、关键用户、关键项目、关键岗位。

在"二八法则"指导下，国内外的一些著名企业的老板活得极为"轻松"。如比尔·盖茨的企业有数百亿美元的资产，不可谓不大，可他却能"周游列国"，多次来中国旅游。"股神"巴菲特的企业与比尔·盖茨的企业相比毫不逊色，可他却几乎每星期都有时间观赏两部以上的电影。阿里巴巴的马云不仅足迹踏遍祖国各地，而且经常出国会见外国政要和著名企业家，显得十分潇洒。就是这么一些看似"清闲"的企业家，领导的企业却红红火火，就是因为他们抓住了关键的20%。

有人这样概括：三流管理者学管理知识，二流管理者学管理技巧，一流管理者学管理智慧。有智慧才能正确分析各方面错综复杂的情况，作出决断，抓准时机，收到事半功倍的效果。我们的企业家要从这些成功的企业家身上多学一些管理智慧，使自己的企业用较少的投入产生较大的效益。

四、凡事皆需举，重轻两相宜

我们强调企业家要学会掌握举重若轻的工作方法和艺术，但绝非举轻若重不重要，相反，两者是相辅相成，密不可分的。在一个领导班子里或者一个团队里，既要有举重若轻的决策者又要有举轻若重的执行者。

对企业领导来说，一定要处理好举重若轻和举轻若重的关系，要拿捏好分寸，掌握好火候。举重若轻，抓住大事，绝不能当"甩手掌柜"，放手不可放任，放权不可放纵。举轻若重，也不可事无巨细，大包大揽，结果是什么都想管，什么都管不好。一个高明的企业家常常是两者兼而有之，融会贯通。最好的办法是，在领导班子和团队中，各人演好各的角，各人唱好各的戏，生旦净末丑，角色样样有，各自发挥优势，相互扬长避短，分工合作，密切配合，这样企业才能形成合力，演出一台威武雄壮的精彩大戏。

2020 年 8 月 23 日

企业家怎样广交朋友拓展人脉

在千变万化的市场竞争中，一些成功的企业家在遇到困难时，总能左右逢源，门宽路广，化危为机，屡战屡胜，扬帆远航。其原因是多方面的，比如具有百折不挠的拼搏精神、洞察秋毫的商业眼光等，其中还有一个重要原因就是他们拥有众多的朋友和广泛的人脉。但在同样的条件下，有些企业单打独斗，孤军奋战，左右碰壁，举步维艰，甚至关门倒闭。由此可见，企业家广交朋友、拓展人脉是企业发展中一个至关重要的问题。

一、要想发大财，打造大平台

这里说的发大财，不是让某个人一夜暴富，而是遵循经商之道把企业做大、做强、做久，为社会创造更多的财富，这就要广交朋友。因为朋友是活的信息载体、知识载体、智慧载体、优秀素质载体，多交朋友，就会多一些信息，多一些资源，多一些机会，多一些收获。一个人拥有的朋友多少决定他人生舞台的大小，也决定他事业的大小。只有朋友间的友谊地久天长，企业也才能基业长青。正如一首歌里唱的，"千里难寻是朋友，朋友多了路好走……千金难买是朋友，朋友多了春常留"。人际关系的重要性尽人皆知，在美国好莱坞流行这样一句话："一个人能否成功，不在于你知道什么和干什么，而在于你认识什么人。"斯坦福研究中心曾经发

表一份调查报告，结论指出：一个人赚的钱，12.5%来自知识，87.5%来自关系。由此可见，人脉是一个人通往财富和成功的重要通行证。

我们要广交朋友，拓展人脉，就要对人脉按照不同的形式做一简要的划分，如根据其形成的过程，可以分为血缘人脉、地缘人脉、学缘人脉、事缘人脉、客缘人脉、随缘人脉等；根据作用来划分，可分为政府人脉资源、金融人脉资源、行业人脉资源、技术人脉资源、思想智慧人脉资源、媒体人脉资源、客户人脉资源、高层人脉资源（比如老板、上司）等；根据重要程度的不同，可以分为核心层人脉资源、紧密层人脉资源、松散备用层人脉资源；根据动态变化状态，可以分为现在时人脉资源、将来时人脉资源等。根据这个划分，每个人都可以对自己的朋友交往和人脉关系进行盘点和分类，初步形成自己的人脉网络。

二、交友有原则，择友需谨慎

常言说："近朱者赤，近墨者黑。"人极容易受朋友的影响。如果你的朋友很有抱负很有志气，你就会在不知不觉中受到他的影响，也变得有志气有抱负；相反，如果你的朋友很懒散，当一天和尚撞一天钟，你也会变得像他那样混日子。所以选择什么样的朋友，某种意义上也决定你能够拥有什么样的人生，选择得好就能事业兴旺，人生辉煌；选择不当，不但事业受损，甚至会毁掉一生，所以结交朋友一定要有原则、有底线。有人总结的"六不合七不交"值得借鉴。

所谓"六不合"主要是指：

一是不与私欲太重的人合作，因为他看不见别人的付出，只在意自己的得失与结果。

二是不与没有使命感的人合作，因为他没有社会责任感，只知道以赚钱为目的，不会得到社会的支持，企业不会有好的经营环境。

三是不与没有人情味的人合作，因为和这种人在一起不会有快乐。

四是不与负能量的人合作，因为他们常常带着消极悲观的情绪，这样会消耗你的正能量。

五是不与没有人生原则的人合作，因为他们认为赚取利益就是人生原则。

六是不与无感恩之心的人合作，因为忘恩的人必然会负义，容易背叛朋友，恩将仇报。

所谓"七不交"指的是：

一是对父母不孝者不可交。百善孝为先，孝为德之本。一个人连养育自己的父母都不肯赡养，他怎么可能对你会有真正的感情？一定要和那些有孝心、爱心和善心的人交朋友。

二是为人刻薄者不可交。出言不逊、口无遮拦，为人不丈夫，处事不能将心比心，此类人往往会伤害他人，不可为伍。

三是斤斤计较之人不可交。凡事斤斤计较，生怕自己吃亏，投机钻营、耍小心眼儿，似乎只有占便宜方能使其心态安然，不可相交。

四是不知敬重之人不可交。凡事有来有往，你敬我一尺我敬你一丈，又则滴水之恩当涌泉相报，对自私只知索取的小人何必相交？

五是善于阿谀奉承者不可交。这种人往往见风使舵，见利忘义，是人生中最危险的人物，万万不可掉以轻心，与其相交。

六是对权贵无原则之人不可交。做人要有自己的尊严和人格，或高官或平民，或富人或贫者，都为血肉之躯，不可仰人鼻息，也不可卑躬屈膝，差距太大难以相交。

七是没有同情心的人不可交。这种人要么心肠歹毒，要么自私心重，与之相伴，如同以狼为伍，岂能相交？

三、多交四种人，善待三种人

一要多交一些欣赏你的朋友，在你穷困潦倒的时候安慰你、帮助你。

二要多交一些有正能量的朋友，在你情绪低落的时候陪伴你、鼓励你。

三要多交一些为你领路的朋友，甘愿做你的铺路石，带你走过泥泞，穿过迷雾。

四要多交一些肯批评你的朋友，时刻提醒你、监督你，让你时刻发现自己的不足。

在众多的朋友当中，最重要的是影响你一生命运和发展的三种人。一是恩人，就是为你提供救济、帮助、扶持和机会的人，在恩人里又有滴水之恩、养育之恩、知遇之恩和救命之恩。二是贵人，就是为你发展成长提供支持的人。三是高人，即为你事业成功指引方向和路径的人。一个人一生中能够交上这三种人，那是最大的荣幸，我们一定要倾心倾情尊敬之，善待之。

四、怎样交朋友，真诚最重要

美国石油大王约翰·D.洛克菲勒曾说："我愿意付出比天底下得到其他本领更大的代价来获取与人相处的本领。"其实只要真诚地想和别人交朋友，机会很多，渠道很多，方法也很多，这里讲几个小故事，也可能对大家有所启迪。

（一）抓住机会，主动出击

曾连续 12 年荣登世界销售第一宝座的乔·吉拉德，有一次要做关于人脉的演讲。演讲前，听讲的人不断地收到乔·吉拉德助理发来的名片。没想到，等演讲开始后，乔·吉拉德的动作却是把他的西装打开来，至少撒出了 3000 张名片，全场更是疯狂。他说："各位，这就是我成为世界第一名推销员的秘诀，演讲结束！"建立人脉资源最重要的就是主动出击。

（二）赞美别人，让人开心

美国"钢铁大王"安德鲁·卡内基在 1921 年付出 100 万美元的超高年薪聘请一位执行长夏布。许多记者访问卡内基时问："为什么是他？"卡内基说："因为他最会赞美别人，这也是他最值钱的本事。"卡内基甚至为自己写下了这样的墓志铭：这里躺着一个人，他懂得如何让比他聪明的人更开心。

（三）善于沟通，乐于倾听

有人在谈到"红顶商人"胡雪岩交友的手腕时，曾经这样说："其实胡雪岩的手腕也很简单，胡雪岩会说话，更会听话，不管那人是如何言语无味，他都能一本正经，两眼注视，仿佛听得极感兴味似的。同时，他也真的是在听，紧要关头补充一两语，引申一两义，使得滔滔不绝者，有莫逆于心之快，自然觉得投机而成至交。"只有先成为一个成功的倾听者才会有机会结交更多的人脉。

（四）真诚相待，遇见贵人

乔治·波特成为美国希尔顿饭店首任总经理就是最好的例子。一个风雨交加的夜晚，一对老夫妇走进一间旅馆的大厅，想要住宿一晚。无奈饭店的夜班服务生说，万分抱歉，今天的房间已经被订满，就让老夫妇住在自己休息的房间里，并不收任何费用。这位年轻的服务生就是乔治·波特，第二天老先生对他说："你正是我梦寐以求的员工。"

几年后，他收到那位先生寄来的挂号信，信中说了那个风雨之夜发生的事，另外还附一张邀请函和一张纽约的来回机票，邀请他到纽约一游。在抵达纽约几天后，老先生带他来到一栋华丽的新大楼前说："这是我为你盖的旅馆，希望你来为我经营，行吗？"当时接受总经理这份重任的就是当年的服务生乔治·波特，一位奠定华尔道夫世纪地位的推手。

其实，"贵人"无处不在，不要轻视任何一个人，也不要疏忽任何一个可以助人的机会，说不定贵人就在你的身边。

（五）网络交友，由虚变实

眼下网络交友已经成为时尚和流行，也是不错的"从虚拟变现实朋友"的渠道。有一个私营企业老板，经营的是专业改装车辆外观、装饰汽车的连锁企业。公司刚开业的时候生意很淡，经人指点后他积极参与网络上一些车友俱乐部的 BBS（网络论坛）。3 年多过去，他在很多 BBS 上都是赫赫有名的人物，经常有人向他讨教汽车知识，探讨改车潮流，他的企业也成了这个领域的领头羊。

五、人脉如财富，贵在善经营

人脉如同金钱一般，也需要管理、储蓄和增值。在人脉的经营过程中，需要把握如下法则。

一是互惠互利。人和人之间都是相互的，所谓赠人玫瑰手有余香就是这个道理，如果我们只想拥有而不想给予，那就是一个自私的人，而自私的人是不会拥有真正的朋友的。要主动去帮助对方，并且不要拒绝朋友的帮助。

二是相互信任。信任是友谊的基石，其中包括互相依赖、互相信赖。"人"字本身就是一撇、一捺互相依靠，互相扶持，要建立守信用和可信赖的形象，在某一领域突出自己的专业形象。

三是学会分享。分享是一种最好的经营人脉网络的方式，这个"分享"不是分享金钱，而是分享情感，分享关心与爱护，分享喜好与兴趣。用分享的精神来吸引别人，你分享的越多，得到的就越多，你分享的东西对别人越是有用，别人越会感谢你；你愿意同别人分享，别人会觉得你是一个正直、诚恳的人，愿意与你交朋友，这样就自然拓展了你的人脉。

四是区别对待。企业经营管理中有一个著名的"二八法则"，经营人脉资源也是如此，就是要抓住那些决定事物命运和本质的关键的少数。也许，对你一生的前途命运起重大影响和决定作用的，也就是那么几个重要人物，甚至只是一个人。所以，我们不能平均使用我们的时间、精力和资源，我们必须区别对待，对 20% 的"贵人"另眼相看，在他们身上花费 80% 的时间、精力和资源，这也是科学经营人脉资源的重要原则。

2020 年 7 月 23 日

企业家怎样巧借善联整合资源

在众多的民营企业家中，有两种人值得关注。一种是干起事来如推车上坡，用了九牛二虎之力，累得满头大汗，却行之不远，收效甚微。另一种是干起事来如借水行舟，顺水顺风，用力不大，却行稳致远，收效明显。二者的不同之处是，前者只靠自身力量，孤立独行，而后者却能借助外力，为我所用，这就是智慧。蒙牛集团董事长牛根生曾说："一两智慧胜过十吨辛苦。"由此可见，企业家要想用较小的代价，去获得较大的收获，就要学会巧借善联，整合资源。这是一门大学问，一种大智慧。

一、"借"的作用

《红楼梦》中薛宝钗《柳絮词》里有句诗，"好风凭借力，送我上青云"，许多人对此有不同的理解和解释。我倒以为它非常形象和巧妙地道出了有些人借助外力平步青云的奥秘。人生做事是这样，企业的发展也是这样。著名企业家张瑞敏说过，"企业说到底就是人，管理说到底就是借力"。为了便于理解借力的作用，我这里讲几个小故事加以说明。

第一个是借鸡下蛋，成就梦想。丹尼尔·洛维洛是美国有名的亿万富翁。其实，他孤身奋斗拼搏，到了近 40 岁的时候还是个穷人，成为船王的梦想还是镜花水月，前途一片暗淡。然而，有一天他突然来了灵感：何不借银行的钱成就自己的梦想呢？当时正有一艘旧货船出售，他成功地说服了一家银行，以这艘旧货船作抵押贷款，买下后将其改为油轮包租出去。随后，他又到银行借到另一笔贷款，买了第二艘货船，将之改成油轮出租。几年之后，他靠"借"拥有了自己的船队；也正是靠"借"，他获得了滚雪球式的发展，最终登上了"世界船王"的宝座。丹尼尔以"借"来成就自己梦想的智慧，连奥纳西斯和尼亚斯这两位大名鼎鼎的希腊船王也自叹不如。当你白手起家开始创业的时候，借鸡下蛋或许是一条通向成功的捷径。

第二个是借人之力，省时省钱。英国大英图书馆老馆年久失修，在新的地方建了一个新的图书馆，新馆建成后，要把老馆的书搬到新馆去。问题是按预算需要350万英镑，图书馆没有这么多钱。眼看着雨季就要到了，不马上搬损失会更大。馆长为此寝食不安，一筹莫展。

正当馆长苦恼的时候，一个馆员找到馆长，告诉馆长他有一个解决方案，只需要150万英镑，但有一个条件，如果把150万英镑全花了，那权当他为图书馆做个贡献；如果有剩余，就把剩余的钱给他。馆长听后满口答应并签订了合同。合同签订后不久，实施了馆员的新搬家方案，用了不到50万英镑，就把图书馆的书搬完了。

原来，图书馆在报纸上发出了一条消息：从即日起，大英图书馆免费、无限量向市民提供图书，条件是从老馆借出，到新馆去还。这个故事告诉我们，许多靠自己去干一筹莫展的事，只要想到利用外力去解决，就能找到解决的办法。

第三个是诸葛亮神机妙算，草船借箭。这是个家喻户晓、耳熟能详的故事，也是一个通过巧借把不可能变成可能的最经典的故事。这个故事之所以引人入胜，启人智慧，是因为故事里设置了很多常人看来无法解决的难题。因为故事的起因就是周瑜想借此事除掉诸葛亮而设下的一个圈套。十日内造出10万支箭，本来是根本不可能的事，而诸葛亮却答应只用三天，并且立下了军令状。用现在的话可以说是时间紧，任务重，要求严，风险大。诸葛亮的高明之处就是把"造"字换成了一个"借"字。向谁借呢？向吴蜀两家的对手曹操借，这就更增加了借的难度。但在诸葛亮的精心周密的安排下，却如囊中取物，如愿以偿。在一个大雾弥漫的清晨，诸葛亮用从东吴借来的草船，突然战鼓齐鸣，杀声震天向曹营冲去，曹操毫无准备，又逢大雾，不敢进攻，只好万箭齐发，阻击敌军，这恰恰上了诸葛亮的当。这件事的结果，使曹操后悔不已，也使周瑜自愧不如，而诸葛亮却大获全胜，不仅兑现了承诺，而且超额完成了任务。诸葛亮作为政治家、军事家的雄才大略、足智多谋可见一斑，被人们奉为"智圣"，真是当之无愧。同时这个故事也告诉我们，为了成功，不仅可以向朋友借，也可以向敌人借。我非常欣赏《游击队之歌》里的两句歌词："没有吃没有穿，自有那敌人送上前。没有枪没有炮，敌人给我们造。"这不仅表现了游击队战士的乐观主义精神，也反映了他们的英雄气概和大智大勇，企业家也需要这种勇气和智慧。

其实借的形式还有很多，如借风造势、借名扬名、借脑生财、借船出海、借梯子上楼等。不管哪种形式，只要巧妙运用，都能收到好的结果。谈到善于运用外力来壮大自己，不能不提到曾是世界首富的比尔·盖茨。而成就盖茨的便是有着"蓝色巨人"之称的 IBM 公司。由于 IBM 公司的发展规模庞大，很多小公司是不可能得到和它合作的机会的。但是正是这个庞大的巨人企业，却偏偏垂青于还没有发展的微软公司。盖茨对 IBM 的主动合作既感激又惊讶，他迅速做出了一个极其重要甚至令很多人难以想象的决定，以几乎是象征性的价格向 IBM 出售了 MS-DOS 操作系统。这项交易很快就完成了，借助 IBM 计算机的市场占有率，MS-DOS 操作系统立刻占领了市场。这使得盖茨的事业得到了决定性的发展，为今后的成功奠定了基础。微软的成长经历告诉所有渴望成功的创业者，成功并不是靠一己之力就可以达成的，能够站在巨人的肩膀上将会为你带来更多的机遇。

二、"借"的学问

我们每个人都不是万能的，只有借助外力，才能成就一番事业。

在楚汉争夺天下的战争中，即便是"力拔山兮气盖世"的西楚霸王，由于不会用人，只靠自己的勇猛，最后也落得个自刎乌江的可悲下场。而只是亭长出身的刘邦，由于善借别人的力量和智慧，最后取得了胜利。用他自己的话说："运筹于帷幄之中，决胜于千里之外，吾不如子房（张良）；镇国家，抚百姓，给粮饷，不绝粮道，吾不如萧何；连百万之军，战必胜，攻必取，吾不如韩信。此三者，皆人杰，吾能用之，此吾所以取天下也。"

那么，人为什么要学会借助外力呢？这是因为一个人有两种本领，即自本领与合本领。自本领，就是自身的一切本领，也就是自己的优势和特长，包括自信、自主、自知、自胜、自治等要素。有自本领的人，善于自我设计，善于自主学习，善于自我奋斗。自觉自律自动，自尊自信自强，自治自为自力；战胜自我，完善自我，超越自我。毫无疑问，这些自本领也都是十分宝贵的。

"合本领"，即合作、联合、融合、整合的本领。合本领，就是使外界力量与自身力量合一的本领，也就是借用、利用外界力量的本领。外界能量，是一个巨大无边、无穷无尽的能量宝库。掌握了合本领，就掌握了打开无穷能量宝库的金钥匙，那就会力大无边，所向无敌。因此，我们说"合"是时代精神的精髓，也是 21 世纪现代人应当特别重视的价值取向。联合国科教文组织提出要学会共处，学会交流。企业内部提倡的团队精神，沟通能力，还有在外部竞争的同时讲究"竞合""共赢"，都是无一例外地重视"合"的精神。

我们既然知道了"借"的重要、"合"的重要，也就进一步知道了"巧借善联"的重要。所谓巧借，就是要选择好借的理由、借的对象、借的方式、借的时间和地点等。所谓善联就是明确联合的目的，联合的方式和联合的原则。在很多时候，借和联就像一个硬币的两个方面，借的过程就是联的过程。不管是借也好，还是联也好，有三个原则是必须坚持的。第一，必须诚实守信，这样才能做到好借好还，再借不难。第二，必须互惠互利，而且一定要使被借方有利可图，就像当年广东珠海填海建机场时，明确提出的"今日借君一壶水，明日还君一壶油"，结果引来了很多的合作伙伴。第三就是要共商共建共赢，这样的联合才会产生强大的凝聚力和生命力。

三、怎样整合资源

首先要弄清什么是资源，所谓资源指的是一切可以被人类开发和利用的物质能量和信息的总称，它广泛地存在于自然界和人类社会中，是一种自然存在物或能够给人类带来财富的财富。资源可以分为自然资源和社会资源两大类，前者如阳光、空气、水、土地、森林、草原、动物等，后者包括人力资源、信息资源、政府资源以及经过劳动创造的各种物质财富等。对于企业发展来说，由于行业的不同，产品的不同，市场的不同，发展阶段的不同，每个企业所需要的资源也各不相同，因此企业家在整合资源之前，有必要列出一个资源清单，十分明确地提出，你到底需要什么样的资源，你需要这些资源的目的是什么，然后将这些资源通过适当的条件，进行调整和配置，形成新的发展平台和合力，这就是资源的整合。

在资源整合的过程中，一定要树立一个观念，就是"不求所有，但求所用"。大家一定要记住这样几句话：凡是你能够调用的钱，就是你的钱；凡是你能够使用的力量，就是你的力量；凡是你能够借用的本领，就是你的本领；凡是你能够利用的资源，就是你的资源。

让我们来看看蒙牛集团是怎样借助整合资源迅速崛起的吧。牛根生在离开伊利之后，可以说是两手空空，但并没有一蹶不振，他用了 8 年时间使蒙牛成为全球液态奶冠军、中国乳业总冠军，蒙牛集团也被全世界视作中国企业顽强崛起的标杆。蒙牛初创时，没有市场、没有工厂、没有奶源，什么都没有，但牛根生依旧成功了，他是怎么做到的？牛根生将工厂、政府农村扶贫工程、农村信用社资金等资源整合在一起，企业没有运输车，他就整合个体户买车；员工没有宿舍，他就将政府、银行、员工这三个资源整合在一起建宿舍。农民用贷款买牛，蒙牛用自己的品牌为农民产出的牛奶做包销保证。就这样，整个北方地区 300 多万个农民都在为蒙牛养奶牛。

一个资源的形成需要几年、几十年甚至几代人的摸索和创造，而通过整合资源，创业者就能在最短的时间内整合几十个甚至几百个资源，为企业的发展带来更大的机遇。因此，对白手起家的创业者或想将企业做大做强的企业家而言，通过整合资源来补充自己所缺少的能力与智慧，无疑是实现企业发展目标的重要手段。企业家朋友如果真正理解了"巧借善联"整合资源的内涵和真谛，并能娴熟地加以运用，就像给企业插上了腾飞的翅膀，企业将会飞得更高更远。

2020 年 8 月 25 日

企业高层领导的五大任务

今天很高兴和大家一起讨论"企业如何加强团队建设"的问题。一个企业一个团队，不论大小都由高层、中层、基层三大部分组成，他们在企业中扮演着不同的角色，发挥着不同的作用，关键是怎样把这"三层板"打造成"三合板"，成为一个有凝聚力和战斗力的团队。

"火车跑得快，全靠车头带"，充分说明了企业高层领导的重要性，一个企业发展得好坏，关键在领导，因为领导是这个企业的核心。企业领导担负的任务很多，要着力抓好以下五项任务。

一、认清形势，选准目标

常言说，识时务者为俊杰。就是说时势造英雄，但英雄也必须适应时势，人不知大势，也就难成大事。比尔·盖茨在谈到他成功的秘诀时指出，时机、眼光和立即投入巨大的行动，这就是成功的秘密。一个人是这样，一个企业也是这样。对形势的观察，眼光要看得远，因为只有看得远，才能走得远。对趋势的变化要看得准，因为只有看得准，才能走得稳。对企业发展目标一定要明确清晰，只有这样在前进的路上才会有信心和力量。

二、选贤任能，建好班子

战略要靠班子来制定，队伍要靠班子来带领，所以建好班子是加强团队建设的头等大事。怎样建好班子？我想主要是选好人，用好人，要将那些品德上靠得住、工作上有本事、作风上过硬、员工信得过的人放到领导岗位。

领导班子建设要抓住三个关键：

一是优势互补，形成合力。五个指头正因为长短不齐，才能握成拳头；只有握成拳头，才能形成战斗力。我们来看几个例子，可能会受到启发。一是《西游记》中唐僧的团队，二是《三国演义》中刘备的团队，三是楚汉战争中刘邦的团队，四是唐朝李世民的团队。这四个团队各不相同，但有几个共同的特点，就是有一个好的领导，有一个明确的目标，有一个相互配合的领导班子，他们都不同地取得了胜利，说明没有完美的个人，只有完美的团队。

二是有话摆在桌面，大事集体研究。一个好的领导班子，必须是一个团结的班子，领导成员要光明磊落，相互信任。成员之间发生各种分歧是正常现象，但一定要有话摆在桌面，避免造成误解，相互猜疑。话能不能放在桌面上讲，是一个班子团结和保持正气的关键。对于关系公司发展的大事，一定要集体研究，作出决定。

三是领导要以身作则，成员要顾全大局。作为公司的主要领导首先要考虑公司的核心利益和员工的整体利益，而不是个人或少数人的利益；其次，要带头执行国家的法律法规和方针政策，带头执行公司制定的规章制度；再次，要带头维护班子的团结和统一，及时发现和处理班子成员之间的矛盾和问题；最后，要不断提高班子成员的整体素质和水平。作为班子成员也要维护老板的权威，支持老板的工作，要自觉维护班子的整体形象，成员之间坦诚相见，相互支持，合作共事，和睦相处，努力把领导班子打造成一个团结的班子，和谐的班子，充满朝气活力，带领员工队伍克难攻坚、开拓创新的领导班子。

三、掌握方向，制定战略

企业制定战略的实质是确定目标和方向，然后围绕这个目标，制定战略规划、战略部署、战略步骤、战略举措，制订出具体的目标和计划，然后分步实施。联想集团采取的"五步法"，很值得其他科技公司借鉴。

第一步是确定公司远景。他们提出的口号是：联想要成为长期的，有规模的高科技企业，短期的事不做，非高科技企业的事不做。

第二步是确定中远期发展战略目标。公司目标的长短各有不同，既要长期目标，又要有近期目标；既要有大目标，又要有小目标。

第三步是制定发展战略的总体路线。这是制定战略比较重要的部分，有很多具体步骤：一是制定前的调查和分析，包括世界各地区的政治、经济方面的调查分析，本行业的状况和前景的分析。二是内部资源能力的审视，包括形成价值链各个环节的分析、核心业务流程的分析、核心竞争力的分析等。三是竞争对手的分析和比较。分析竞争对手的战略、实际情况等。调查分析之后就是制定路线。

第四步是确定当年的战略目标（总部和各子公司的），并分解成具体战略步骤操作实施。

第五步是检查调整，达到目标。调整更重要，很少有原定的目标一下就能达到的，一定要调整。

四、建章立制，带好队伍

没有规矩，不成方圆。一个团队，一个企业必须有一套健全的规章制度，这是一个团队有无执行力、战斗力的根本保证。国家有法律法规，部队有三大纪律八项注意。治政要从严，治军要从严，治企也要从严。严是爱，宽是害。严格要求，严格管理是对职工的最大爱护；放任自流，松松垮垮是对员工的不负责任。

带队伍要注意做好三件事：

一是如何充分调动员工的积极性。公司要有一套激励机制，激励方面的核心是把员工的发展方向和追求与企业的目标融合在一起，这是我们最高的愿望。如果大家没有一个共同的利益，每个人都以己为本，就不成一个企业了。

二是如何提高员工能力。关键是对领军人物和骨干队伍的培养，这是最重要的。柳传志说，第一把手有点像阿拉伯数字的"1"，后面跟一个"0"就是"10"，跟两个"0"就是"100"，跟三个"0"就是"1000"。这些"0"虽然很重要，但没有前面的"1"就什么都没有。我们对领军人物有"德""才"两方面的要求："德"就是要把企业的利益放在最高地位，"才"就是一定是个学习型的人。要善于总结，善于学习，善于把理论应用到实践，善于把实践加以总结。

三是健全规章制度，确保机器高效运转。根据我的经验，在规章制度的制定上越全越细越好；在规章制度的执行上，越严越狠越好。特别是其中的"高压线"，不管什么人绝对不能闯、不能碰，说到做到，毫无例外。

五、搭建平台，各尽其才

现代企业认可管理者的标准不再是你个人怎样而是你领导的团队怎样。要实现这样一个目标，领导者就应该多为下属着想，多为他们创造更好的工作条件和更多的发展机会。

一是领导者一定要为下属留"缺口"。一位著名企业家在作报告，一位听众问："你在事业上取得了巨大的成功，请问，对你来说，最重要的是什么？"企业家没有直接回答，他拿起粉笔在黑板上画了一个圈，只是并没有画圆满，留下一个缺口。他反问道："这是什么?"有的说是零，有的说是圈，有的说是未完成的事业，台下的听众七嘴八舌地答道。他对这些回答未置可否："其实，这只是一个未画完整的句号。你们问我为什么会取得辉煌的业绩，道理很简单：我不会把事情做得很圆满，就像画个句号，一定要留个缺口，让我的下属去填满它。"

二是要树立"天生我材必有用""木匠手里没废料"的用人理念，让每个人的长处和优点都发挥到极致。猴子爱爬树，就给它造一片树林；老虎爱爬山，就给它造一座山，让每个人都各展其才，才尽其用。

三是要形成一个鼓励成功、宽容失败的机制和氛围，让敢于创新的人大胆去闯、去试，成功了要总结经验，失败了要总结教训，让更多的人才脱颖而出。

四是要加快人才的引进和培训。要发展高科技企业，必须有高端人才，一定要加快高端人才的引进工作，同时要加强对现有人才的培养，给他们提供学习深造的机会，使整个员工队伍的文化素质、业务能力提高到一个新水平。

2017 年 6 月 1 日

企业中层领导的八种能力

中层领导干部是企业管理团队中承上启下、联系左右、协调四方的重要部分，是领导各部门员工按照公司战略规划和总体工作部署，创造性地开展日常工作的组织者和实施者，也是公司创造利润、实现社会价值、承担社会责任的推动者和实践者。中层管理干部的地位与作用可以用三句话来概括：对上落实、执行；对下管理、服务；对外联系、沟通。

目前公司中层领导的总体情况是好的，但也存在一些问题，一是心态浮躁，借口太多，工作中出现问题不责己而归罪于外；二是危机感淡薄，学习力不够，跟不上高层的工作节奏；三是缺乏老板意识，不肯用心主动地想问题，找办法，总觉得在为别人做事情。一个中层领导要想做好本职工作，就要充分发挥三大作用，自觉克服三大问题，不断提高以下八项能力。

一、领悟能力

做任何一件事之前，一定要先弄清楚领导的真实意图，他到底希望你做什么，需要怎么做，然后以此为目标来把握做事的方向，这一点很重要。千万不要一知半解或凭个人想象就开始埋头苦干，到头来力没少出、活儿没少干，但结果是事倍功半，甚至前功尽弃。所以，要清楚悟透一件事，胜过草率做十件事，并且会事半功倍。

二、计划能力

执行任何任务都要首先制订计划，把各项任务按照轻、重、缓、急列出计划表、路线图，落实到每个部属来承担，自己眼观大局，把握进度即可。把眼光放在部门未来的发展上，不瞄准每天、每周、每月、每季度、每半年，甚至全年的计划。在计划的实施及检讨时，要预先掌握关键性问题，不能因琐碎的工作而影响了应该做的重要工作。要抓住重点工作、重点岗位、重点人员，学会用"二八法则"指导和开展工作。

三、指挥能力

无论计划如何周到，如果不能有效地加以执行，仍然无法产生预期的效果，为了使部属有共同的方向可以执行制定的计划，适当的指挥是有必要的。

指挥下属，首先要考量工作分配，要检测部属与工作的对应关系，也要考虑指挥的方式，语气不好或目标不明确，都是不好的指挥。而好的指挥可以激发部属的意愿，而且能够提升其责任感与使命感。指挥的最高艺术，是让下属能够学会自我指挥。

四、控制能力

控制就是追踪考核，确保目标达到、计划落实。虽然谈到控制会令人产生不舒服的感觉，然而企业的经营有其十分现实的一面，有些事情不及时加以控制，就会给企业造成直接或间接的损失。但是，控制若是操之过急或控制力度把握不准，同样会产生反作用：控制过严会使部属口服心不服，控制不力则可能使现场的工作纪律也难以维持。最理想的控制，就是让部属通过目标管理方式实现自我控制。

五、协调能力

任何工作，如能照上述所说的要求，制定完善的计划、下达适当的命令、采取必要的控制，工作理应顺利完成，但事实上，主管的大部分时间都必须花在协调和沟通工作上。协调沟通不仅包括内部上下级、部门与部门之间的共识协调，也包括与外部客户、关系单位、竞争对手之间的利益协调，任何一方协调沟通不好都会影响执行计划的完成。美国普林斯顿大学对 1 万份人事档案进行分析，结果发现：智慧、专业技术和经验只占成功因素的 25%，75% 取决于良好的人际沟通。哈佛大学就业指导小组 1995 年的调查结果显示：在 500 名被解职的男女中，因人际沟通不良而导致工作不称职者占 82%。因此，企业中层领导既要清楚协调沟通的重要性，更要清楚最好的协调关系就是实现共赢。

六、授权能力

任何人的能力都是有限的，作为高级经理人员，不能像业务员那样事事亲力亲为，而要明确自己的职责是培养下属、共同成长，给自己机会，更要为下属的成长创造机会。孤家寡人是成就不了事业的。下属是自己的一面镜子，也是延伸自己智力和能力的载体，要赋予下属责、权、利，下属才会有做事的责任感和成就感。一个部门的人琢磨事，肯定胜过自己一个脑袋琢磨事，这样不但下属得到了激励，你自己也可以放开手脚做重要的事，何乐而不为？切记，成就下属，就是成就自己。

七、判断能力

判断能力对于一个经理人来说非常重要，企业经营错综复杂，常常需要主管去了解事情的来龙去脉因果关系，从而找到问题的真正症结所在，并提出解决方案。这就要求洞察先机，未雨绸缪，这样才能化危机为转机，最后变成良机。所以，一个中层领导不但要勤于学习，善于思考，还要学会全面、客观地分析问题，不断提高自己的判断能力。

八、创新能力

创新是衡量一个人、一个企业是否有核心竞争能力的重要标志，要提高执行力，除了具备上述七种能力外，更重要的还要时时、事事都有强烈的创新意识，这就需要不断地学习，而这种学习与大学里那种单纯以掌握知识为主的学习是很不一样的，它要求大家把工作的过程本身当作一个系统的学习过程，不断地从工作中发现问题、研究问题、解决问题。解决问题的过程，也就是向创新迈进的过程。因此，我们做任何一件事都可以认真想一想，有没有创新的方法使执行的力度更大、速度更快、效果更好。要清楚创新无极限，唯有创新，才能生存。

作为企业中层管理者，上有领导下有员工，我们需要正确地对待领导、下属和自己，需要"敬以向上""宽以对下""严以律己"。"敬以向上"是需要我们尊敬自己的领导，但不是阿谀奉承、溜须拍马；"宽以对下"是需要我们对自己的下属宽容，但不是听之任之、放任自流；"严以律己"是需要我们对自己要求严格，既要讲奉献也要讲回报，用真情感动下属，用改变影响下属，用实力征服下属，用行动带动下属，用坚持赢得下属。这样，在任何环境中我们都会是一个优秀的管理者。

2017 年 6 月 12 日

企业优秀员工的七种精神

我们常说，"基础不牢，地动山摇"。企业也是这样，"万丈高楼平地起，员工队伍是根基"。广大员工既是企业团队的基础，也是企业团队的主体。因此，打造一支有理想、有朝气、有本领的员工队伍对企业团队建设至关重要，而培养一批优秀员工对企业来说尤其重要。乔布斯说：一名优秀的员工可以顶 50 名平庸的员工。并不是说一个人可以干 50 个人的活儿，而是他可以影响到很多人，优秀的员工只要告诉他要做什么事、要什么效果，他就会想办法搞定。越是出色的人越善于在缺乏条件的状态下把事情做到最好，越是平庸的人越是对做事的条件挑三拣四。那么作为员工本人，如何使自己成为一名优秀员工，在公司成为一个不可或缺的人物呢？那就要具备以下七种精神。

一、爱岗敬业精神

作为一名员工，你对自己所从事的职业和岗位要忠诚，要热爱，要敬畏。一位成功学家说："如果你是忠诚的，你就会成功。"只有忠诚于你的工作，你的全部智慧和精力才可以专注在这个事业上。作为一种成功的特质，忠诚和专心致志是一对亲兄弟。忠诚和敬业是密不可分的，忠诚体现在内心上忠实不变，敬业体现在具体工作上尽职尽责，一丝不苟，善始善终。将敬业当成一种习惯的人，能够从工作中学到更多的东西，积累更多的经验；不但事业有成，而且会受人尊重。

二、勤奋刻苦精神

勤奋是检验成功的试金石，刻苦是成长成才的磨刀石，勤可补拙，苦可励志，这两块基石是一个从业者的安身立命之本。即便你智商一般，只要勤奋工作，就能弥补自身的缺陷，终究成为一名成功者。而一个人尽管天资聪明，如果缺乏勤奋刻苦精神，也终将一事无成。成功者和失败者的分水岭在于成功者无论做什么，都会努力去做，丝毫不会放松；成功者无论做什么职业，都不乏刻苦勤奋的精神。

三、诚实守信精神

作为一名优秀员工，应该光明磊落，坦诚正直，言而有信，一诺千金。你要做一个可以信赖的人，那么你的一举一动都是诚实可靠的，丝毫没有见不得人的地方，你就会得到领导和同事的信任；相反，一个说话办事都不靠谱的人，是很难取信于人的。路遥知马力，日久见人心。如果你对自己的工作总是认真负责，积极主动，精心尽力，那么升职和奖励一定会在不远处向你招手。

四、自动自发精神

什么是自动自发？自动自发就是对工作的主动性和自觉性，就是在没有人要求你、强迫你的情况下，你仍然能自觉而且出色地做好自己的事情。成功的人很早就明白，什么事情都要自己主动争取，并且要为自己的行为负责。作为一个好员工，你首先要明白，做好本职工作，是你应尽的责任。其次，你在做好本职工作的同时，还要主动地关心企业的发展，要

为企业出谋划策，提一些合理化建议。最后，还要体谅老板的难处，主动
为老板分忧解难，你的自觉和主动、善意和热情必然会得到老板的欣赏，
同时也会感动其他员工，因而得到更多人的尊重和赞许。

五、精益求精精神

精益求精的精神，就是工匠精神、创新精神，就是做事做到极致的精
神。一个人无论从事何种职业，都应该尽职尽责，尽自己的最大努力，求
得不断地进步，没有最好，只有更好。这不仅是工作的原则，也是人生的
原则。在企业生产中，和精益求精背道而驰，也最不能令人容忍的现象就
是粗制滥造。中国中小商业企业协会的一份研究资料显示，在 500 多种主
要工业品中，中国有 220 多种产量居世界第一，但在一些领域，一些"中
国制造"成为"质次价廉"的代名词。因此，提升产品品质、树立自主品
牌，"工匠精神"就显得尤其迫切。每一个员工都要发扬工匠精神，将
"十年磨一剑""终身做好一件事"作为自觉选择；每一个企业都要耐得
住长时间研发的寂寞，经得起经济利益的诱惑，把做具有"工匠精神"的
企业作为自己的选择。

六、团结协作精神

我们常说，"一个巴掌拍不响""一个好汉三个帮""帮助别人，就是
帮助自己，成就别人，就是成就自己"。所有这些都在告诉我们要懂得团
结协作的道理。一个优秀员工必须和同事搞好关系，生活上互相关心，工
作中相互支持，多看别人的优点和长处，多看自己的缺点和不足，相互学
习，相互帮助，有难同当，有福同享。如果能够生活、工作在这样的环境
里，你就像进了天堂；否则，如果员工之间钩心斗角，相互拆台，那你就
像进了地狱。天堂也好，地狱也好，不是上帝造的，而是企业员工自己造

的，优秀员工应该成为把企业打造成天堂的带头人。

七、知恩图报精神

知恩感恩既是中华民族的传统美德，也是做人做事的基本原则。知恩图报的人，会得到更多人的理解和支持，而以怨报德的人最终会成为无人理睬的孤家寡人，甚至会成为《农夫和蛇》中的毒蛇，受到万人痛恨。一个员工不但要感恩父母，还要感恩老板和公司，是老板给了你工作的机会，是公司给了你施展才华的平台，还要感谢这个时代，是这个伟大的时代给了你建功立业的机会。

2017 年 6 月 19 日

企业家怎样讲好故事

今天是 2020 年的最后一天，再过几个小时，我们就要跨进 2021 年。在这个特别的时刻，这么多企业家放弃休息时间，冒着严寒，聚在这里，交流学习，听我演讲，让我十分感动。我在渔社经管图书馆这个地方曾经向大家讲过《和民营企业家谈读书》《和民营企业家谈学习》，今天我要和大家分享的是《企业家怎样讲好故事》。讲好故事对我们启迪创业智慧，引领企业发展具有重要指导意义。习近平总书记不仅是讲好中国故事的倡导者，也是践行者，为我们树立了光辉的学习典范。

我今天主要讲三个问题。

一、企业家为什么要学会讲故事

一是和员工加强沟通的需要。有人说过，世上有两个问题最难办，一是把自己的思想装进别人的脑袋，二是把别人的金钱装进自己的口袋，而企业家几乎天天都会遇到这样的问题。作为企业老板最头疼的事，往往就是自己的经营理念、管理方式不被下属理解，或者一知半解，执行起来就走样。但如果经营者会讲故事，就能让下属一听就明白，而且记住不忘，效果就会非常明显。著名企业家张瑞敏在自己的实践中，对此深有感悟。他说："提出新的经营理念并不算太难，但要让人们都认同这一新理念，那才是最困难的。我常想，《圣经》为什么在西方深入人心？靠的就是里面一个个生动的故事。推广某个理念讲故事，可能是一种比较好的方式。"张瑞敏的这番话把讲故事推动管理工作的意义已经说得十分透彻了。

二是适应市场竞争的需要。现在大家普遍感到市场竞争十分激烈，但是为什么在激烈的竞争中有些企业却能稳步发展，产品的市场占有率却越来越高？很重要的一个原因，就是这些企业家善于讲故事。如华为的任正非，联想的柳传志，万达的王健林，格力的董明珠，新东方的俞敏洪，等等，他们不仅是创业创新的行家里手，也是讲故事的高手。

事实上，如今的商业竞争已经进入了讲故事的时代，难怪有管理专家提出了企业家应是故事家这一观点。为什么故事家会在企业家群体中如此流行？就是因为单纯的说教和枯燥的理论远不如通俗易懂的故事更容易接近人们的情感世界，更容易得到人们的认同和理解。人们常说，一个小故事胜过一堆大道理。这正如国内品牌专家李光斗说的那样，如今世界上最容易的赚钱方式是什么？在家编故事，出门讲故事，见人卖故事。在他看来，从海尔到麦当劳，好品牌与好故事有着必然的联系。由此看来，学会讲故事是企业家参与市场竞争的一项基本功。因此，我们的企业家也必须在这方面加强和提高。

三是加强企业文化建设的需要。优秀的企业离不开优秀的企业文化，而优秀企业文化的核心则是统一的企业价值观，因此，从某种意义上说企业文化建设的核心就是价值观不断提炼与不断优化，这往往和企业家的思想观念有着极为密切的关系，甚至有人说，企业文化实际上就是企业家文化。因此，企业文化也具有不同的个性和特征。我省民营企业中的圆方集团、大桥石化、磴槽集团都是由小到大、由弱到强逐步发展起来的，现在都已成为行业内的领军企业，但是企业文化却是各具特色，如圆方提出的"五种精神"：党建引领，不畏艰难的创业精神；创新发展，精益求精的专业精神；坚守责任，拼搏进取的敬业精神；无私奉献，帮扶助残的爱心精神；坚定理想，牢记使命的初心精神。大桥石化提出的"五心五献"：把孝心献给父母，把爱心献给家乡，把关心献给员工，把诚心献给朋友，把忠心献给党和国家。而磴槽集团提出的是建立幸福企业——幸福企业就是能够满足职工不断增长的幸福需要的企业，幸福企业的六项指标就是：快乐工作、快乐生活、共同富裕、共同发展、受人尊敬和健康长寿。这些企业文化都是他们在长期奋斗中，无数个感人故事的浓缩和结晶，值得我们每个企业学习和借鉴。

二、企业家要讲哪些方面的故事

企业家要讲哪些方面的故事，什么时间讲故事，没有一定之规。不同的时间，不同的地点，不同的对象，不同的问题，要讲不同的故事。我在《商海宝典——创业者必读的 365 个经典故事》里把故事内容分为十五个部分，我在这里主要讲八个方面，都是大家经常遇到的一些问题。

第一，要讲自己创业与发展的故事。它不仅能引导员工爱岗敬业，还能让员工产生自豪感和凝聚力，如我省的双汇集团、三全集团、圆方集团、大桥石化、磴槽集团、彭世集团等，他们都有很多精彩动人的创业故事。例如双汇集团怎样从杀猪杀出个世界肉类第一品牌，三全集团怎样将"小汤圆"发展成一个大产业，等等。由此可以看出，一个好的企业，总会有一本能贯彻自己企业精神的"创业英雄故事集"，其事迹令人感动，其精神令人振奋，从而激发人们的创业激情。

第二，要讲员工创新与执行的故事。现在已经到了年末岁尾，马上就要迈向新的一年，这也是总结工作表彰先进的重要时刻。回顾一年的工作成绩和经验，最好的办法就是让员工自己总结，领导点评。我参加过郑州市美林通科技有限公司的年会，他们不少部门都把自己一年来工作中最突出的成绩和遇到的最突出的困难编成文艺节目，在节目演出中，反映他们是怎样克服困难完成任务的，既生动感人又相互激励。企业领导在总结中通过讲故事肯定员工在创新发展中取得的成绩和经验，指出工作中的不足，突出重点地说明成败的原因，从而收到很好的效果。

第三，讲企业如何制定和落实目标的故事。制定科学合理的目标，切实可行地分解目标，对企业发展和个人成功来说，都是十分重要的。首先，要弄清确定奋斗目标的重要意义。比如《白龙马和小毛驴》的故事，白龙马和小毛驴本是一对好朋友，但是 17 年之后，白龙马因驮唐僧去西天取经有功被封为八部天龙广力菩萨，而小毛驴仍在磨坊拉磨。这说明，同样的条件有无明确的目标结果是大不相同的。

确定年度大目标以后，如何分解为季度、月度等小目标也很重要。这里有一个《马拉松运动员》的故事。日本著名马拉松运动员山田本一，曾两次夺得世界冠军。他的主要经验就是每次比赛前，他总是开车把比赛的路线仔细地看一遍，把 40 多公里的赛程，找出不同的标志分解成若干个小目标，这样跑起来就轻松多了。当然，在前进过程中，如果看不到目标，或看错了目标损失可能会更大。

第四，讲企业如何提高产品质量打造著名品牌的故事。产品质量是企业的生命，企业品牌是市场竞争的法宝。而要实现这个目标不光是靠制定严格的制度就能实现的，关键是企业员工要树立牢固的质量意识和品牌观念。张瑞敏砸冰箱既是一个经典的故事，也是一个经典的案例。1985 年，张瑞敏让人从仓库里的 400 多台冰箱中挑出 76 台有缺陷的冰箱。他问大家怎样处理，不少人认为低价处理卖掉就算了。张瑞敏却说，我要是允许把这 76 台冰箱卖了，就等于允许你们明天再生产 760 台这样的冰箱。他宣布，这 76 台冰箱要全部砸掉，他带头砸了第一锤，很多职工砸冰箱时都流下了眼泪。张瑞敏说，只有砸得心里流血，才能长点记性。三年后，海尔人捧回了我国冰箱行业的第一块国家质量奖。我们的企业家不但要讲好这个故事，更要像张瑞敏那样，有一股抓好产品质量的决心和魄力。

第五，讲推动企业变革创新的故事。企业总是在不断的变革中前进与发展的，但是企业的每次变革，往往是与员工的惰性和习惯相对立的。在这种情况下靠企业家直接讲道理来动员大家行动起来，往往是非常困难的，但是通过讲故事就能很快得到员工的理解和支持。

TCL 集团经过 20 多年的发展，已经从一个小企业发展成为初具规模的国际企业，正是在向国际化进军的过程中，过去曾经是支撑企业成功的因素现在却成了阻碍企业发展的羁绊。在这个关键时刻，董事长李东生经过深刻反思，在企业内部发表了《鹰的重生》的文章。大意是说，一生寿命可达 70 岁的鹰，到 40 岁时由于它的喙、爪子和羽毛开始老化，经过一个十分痛苦而漫长的蜕变，又获新生 30 年。李东生通过这个故事告诉全体员工，要像鹰的蜕变一样，重新开启他们企业新的生命周期。这个故事，不仅引爆了一场深刻的企业变革，而且使一个严重亏损的企业浴火重生，摆脱困境展翅高飞。

第六，讲企业经营理念的故事。企业家要让自己的经营理念被员工理解接受并变为自己的自觉行动，也是一件比较困难的事情。在这方面华为集团的董事长任正非就是一位高手。经营企业也像经营人生，首先最重要的是活着，任正非就是用安徒生一个广为流传的童话故事《红舞鞋》诠释了这个重要的道理。任正非通过这个故事告诉大家：我现在想的不是企业如何实现利润最大化、高速发展的事，而是考虑企业怎样活下去，如何提高企业的核心竞争力的问题。毫无疑问，正是在企业怎样活下去的问题上，员工们的心和任正非的心更加紧紧地贴在了一起。任正非善于用通俗生动的比喻，向员工讲述深奥的道理。他讲水和空气都是世界上最温柔的东西，但水一旦在高压下从一个小孔中喷出来，就可以用于切割钢板。同样温柔的空气，火箭燃烧后的高速气体，通过一个叫拉法尔喷管的小孔，产生的巨大动力，可以将人类推向宇宙。任正非用这个故事让华为的员工明白，15 万人的能量如果在一个单孔里去释放，大家的利益都在这个单孔里去获取，坚持"力出一孔，利出一孔"，下一个倒下去的就不会是华为。任正非用 20 多个故事，从不同角度诠释华为的战略发展、人力资源政策、管理思想及面临的挑战，带领员工取得一个又一个令人瞩目的业绩。

第七，讲企业发展愿景和美好未来的故事。这样可以获得员工的拥护和合作者的认同，从而齐心协力支持企业的发展。尽管大家对马云有不同的看法，但说他是企业家中的"故事大王"却并不为过。如今马云讲创业故事已经走出国门，走向世界。2017 年 6 月，马云在美国底特律的演讲，着实又让他火了一把，3000 多个美国中小企业主都沉浸在他的故事里。马云不仅讲阿里巴巴的故事，而且大讲中国的故事。他说，如果美国是坐在车轮上的国家，那么今日的中国是在互联网上、移动端上的国家。马云充满自豪地说："过去 30 年，美国人口和中产改变了整个世界的经济；未来 30 年，中国这个增长中的市场会根本性改变世界经济的图景。"在这次演讲中，马云为美国和世界的中小企业界讲了一个令人鼓舞的"愿景"，引起了在场的中小企业主全体起立并报以长时间的掌声。

第八，讲企业制度的制定和执行的故事。制定一个好的企业制度，特别是绩效考核制度，是企业实现发展目标的重要保障。《制度的力量》就是制度建设及其导向作用的一个著名的例证。18 世纪末期，英国政府决定把犯了罪的英国人统统发配到澳洲去。英国政府开始实行的办法是以上船的犯人数支付船主费用。船主按人数拿到了政府的钱，对于这些人的死活就不管不问了。3 年以后发现，犯人死亡率达 12%，最高达 37%。后来英国政府改变制度，以到澳洲上岸的人数为准计算报酬，死亡率降到了 1% 以下。把上船计数改为上岸计数，实际上是以过程考核为导向变为以结果考核为导向，制度变了，效果当然也大不一样。

除了以上八个方面的故事，企业家要讲的故事还有很多，比如营销方面、管理方面、人才方面、机遇方面、传承方面等。

三、企业家怎样讲好故事

企业家要把故事讲好，一定要注意以下几点。

第一，要讲好故事，首先要选好故事。一个好的故事往往具备五个特征：一是内容的生动性。故事多来源于生活，有的是真人真事，有的是寓言传说，比起单纯的说教，这些更具说服力。二是来源的群众性。好的故事都有着深厚的群众基础，产生于群众，传播于群众，更易得到群众的认同。三是语言的鲜活性。讲故事要生动有趣，让人听之有味，思之有得，能够起到事半功倍的效果。四是教育的直接性。讲故事能够拉近讲述者与聆听者的心理距离。五是对人的启迪性，让人听后豁然开朗，茅塞顿开，举一反三，融会贯通。

第二，讲真人真事要准确无误。不要胡编乱造，添枝加叶，一定记住，只有真诚、真实才能感人。

第三，主题突出，讲究单一。内容越集中，针对性越强，给人的印象也越深，产生的效果也越好。

第四，故事要短小精悍，寓意深刻。讲话、讲演、发言中讲的故事不要太长，太长容易让人生厌，表明意图，恰到好处，干净利索，及时打住。

第五，讲故事要语言生动形象，亲切活泼。让人爱听想听，入脑入心，要有气场，聚人气，接地气，弘扬真善美，传播正能量。

第六，对故事点评要简明扼要。把故事里的道理和智慧以及给人的启迪进行高度概括，把握精神要领，点石成金，一语中的。

2020 年 12 月 31 日

商协会如何破解难题提升服务能力

如何评价一个商会、协会办得好还是差，我的标准很简单，就是看它是否具有实力、活力、影响力。那么怎样才能具有这"三力"呢？关键要看这个社会组织的服务力，有了服务力，就有了生命力，对内就有凝聚力，对外就有影响力。而要提升服务力，就要破解八大难题。

一、怎样选准商协会的定位

选准定位就是明确商协会的宗旨和指导思想，也是商协会一切工作的出发点和落脚点，我认为简单就是三句话：你是谁，为了谁，怎样为。凡是搞得好的商协会都有一个明确的定位，比如河南省豫清协提出的"以服务会员、社会、政府为宗旨，以提高从业人员素质为重点，以理顺发证渠道为突破口，以制定宣贯国标、行标为抓手，以加速行业机械化为推动力，以打造清洗保洁强省为目标"的协会定位，指导思想很明确，工作思路很清晰，工作重点很突出，当然成效也很显著，成立时间不长就成了河南省的先进单位。

二、如何增强经济实力

社会组织有了充足的资金来源，是稳定队伍、开展活动、招揽人才的保证。资金的来源主要有会费收入、政府资助、社会捐赠、服务收入。现在会费收入仍然是协会的可靠来源。有人反映会费收不上来，我的看法是，不是会员不交费，而是服务不到位。政府的资助基本上希望不大，社会捐助的可能性也比较小。依靠服务收费，那就要看协会的服务能力的大小。比如河南省服装协会在这方面做得就比较好，有较强的造血功能。还有一种就是靠政府购买服务，那就需要更高的服务水平和服务质量。

三、如何争取政府支持

协会要想得到政府支持，就必须和政府同频共振，想政府之所想，急政府之所急，干政府之所需。河南省民促会曾经开展的多次重要活动大都得到了省委、省政府领导的高度重视。比如该会举办的"民营经济与中原崛起""民营经济与经济危机""民营经济与创新发展"等大型活动，都得到了省委、省政府领导的支持。

四、如何整合社会资源

整合资源的核心是借助外力求发展，其关键是要树立"不求所有，但求所用"的理念。这里我送给大家几句话：凡是你能够用的钱，就是你的钱；凡是你能够使用的力量，就是你的力量；凡是你能够利用的资源，就是你的资源。因此，有人遇到困难就会左右逢源，而有的人就会左右为难。

五、如何开展横向合作

合作的实质是通过与合作伙伴相互信任，相互支持，相互帮助，取长补短，结成利益共同体，也可以说是命运共同体。合作的出发点，首先是通过合作，你能使对方得到什么利益，其次才是你从中得到什么利益。合作的原则是共商共建共享。现在大家都在谈联盟，想联盟，说明抱团取暖、合作发展已经成为一种发展趋势。但你必须弄清楚联盟的目的、原则、形式是什么，各方的优势、劣势、责任和利益又是什么。这些问题都必须弄清楚，否则就是有名无实，同床异梦，难以见效，而且也难以持久。

六、如何抓好党建工作

现在有不少商协会都建立了党组织，但真正搞得好的并不多。也有搞得特别好的，如省豫清协，已经成为全省全国的先进单位。全省18个市的常委委员、组织部部长都去参观过，全国清洗保洁党建工作研讨会也是在这里召开的。他们的基本经验就是做到"五个结合"：一是协会党建由"要我抓"和"我要抓"相结合；二是党的组织建设和协会机构建设相结合，实行一岗双责；三是党的思想建设和协会文化建设相结合；四是发挥基层党组织的战斗堡垒作用和发挥共产党员先锋模范作用相结合，他们提出共产党员要平时看出来，困难站出来，危机豁出来；五是开展活动要把传统的方式和创新形式相结合。

七、如何提高社会地位

要想有地位，必须有作为。就要做到以下几点：一是要有一个坚强的领导班子，特别是要选一个有责任、敢担当、有能力、心胸广的人当会长。然后要选一个务实能干、善于协调的人当秘书长。这两个人如果强强联手，成为黄金搭档，这个协会就大有希望。二是要有一个充满积极性和创造性的团队，特别要建好一个秘书处。三是协会要有开拓创新、敢为人先的精神。四是协会工作要有特色，有亮点，敢于标新立异，与众不同。五要做到会员满意、政府支持、社会认可，妥善处理好三者关系。

　　总之，我们要以这次座谈会为契机，协会之间要以会长沙龙为平台相互学习，相互促进，加强合作，共创共赢，把我省商会协会建设提高到一个新水平，为中原出彩、中华振兴做出新的更大的贡献。

2019 年 6 月 13 日

辑五

为民营经济建言

企业家要发扬"四万"精神

　　走遍千山万水，想尽千方百计，说尽千言万语，历尽千辛万苦的"四千"精神，集中反映了乡镇企业初创时期坚忍不拔、执着追求、知难而上、顽强拼搏、勇于奋进的艰苦创业精神，这是一种十分宝贵的精神。可以说，没有"四千"精神，就没有乡镇企业的今天。

　　现在，乡镇企业正在从幼稚走向成熟，它面临的发展环境及其自身内部都发生了深刻变化。这些变化带来了新的竞争、新的挑战、新的机遇和新的课题。目前及今后相当长的时期内，乡镇企业面临的机遇和希望、竞争和困难都将是前所未有的。如果说乡镇企业以十多年的快速发展取得巨大成绩，并为今后发展奠定了坚实的基础的话，那么，在新的形势和条件下，乡镇企业则面临着由量变到质变的二次腾飞，要实现这一宏伟目标，乡镇企业不但要继续发扬"四千"精神，而且要进一步弘扬"四万"精神。

　　诚然，随着形势变化和乡镇企业的二次腾飞，也必须赋予"四千"精神新的内涵，将其加以充实与升华。

　　以鲁冠球为代表的一批著名乡镇企业家提出的"读万卷书，行万里路，交万人友，创万年业"的"四万"精神，既是对"四千"精神的继承，也是一种发展和提升，它体现了乡镇企业适应发展新形势的必然要求，是新时期乡镇企业家不断开拓、勇于进取、自我超越、敢于创新的时代精神，是乡镇企业迈向新阶段的根本保证。

"读万卷书"，要求企业家们通过自觉刻苦地学习，不断提高自身的文化素质和思想道德素质，努力做一个懂经济、懂科技、懂法律、懂市场、懂管理的新型的高素质企业家。

"行万里路"，要求企业家们走出方寸之地，敢于打破地域界限，开辟国内外广阔市场。只有行万里路，才能行多知远，开阔视野，认识到自己的不足和差距；才能更新观念，不断解放自己的思想；才能了解外边的市场和信息，学习别人的先进经验，吸取失败教训，得到不断的完善和提高。

"交万人友"，要求企业家们改变封闭的传统观念，学会公关，广交朋友。多个朋友就多了一个合作的伙伴，多了一个学习的对象，多了一个发展的机会。市场经济是开放经济，也是合作经济，只有交万人友，才能开展广泛的合作，实行优势互补，互利互惠，共同发展；只有交万人友，才能向社会上的有识之士请教，获得他们的建议和忠告，做到准确决策，减少风险；只有交万人友，才能拓宽发展渠道，靠众多朋友的关心支持和帮助，点燃企业的希望之火。

"创万年业"，则充分体现了一个企业家远大的目标和宽广的胸怀，以及对事业的坚定信念和必胜信心。乡镇企业是关系到亿万农民切身利益，关系到农村乃至整个社会大局的崇高事业，也是造福子孙的伟大事业，需要几代人的努力和奋斗。只有树立创万年业的雄心壮志和远大目标，才能激发更加昂扬的斗志，战胜前进中的各种困难，永葆革命青春。每一个企业家都要把创万年业当作自己最远大的追求。

从"四千"精神到"四万"精神是一种超越，是一种质的飞跃。"四万"精神具有时代性、现实性。愿"四万"精神成为每一个企业家新的追求、新的目标，以"四万"精神为动力，开创乡镇企业更加美好的明天。

1996 年 12 月 2 日

让企业家在改革开放中锻炼成长

1987 年 6 月，中国改革开放的总设计师邓小平同志在和外宾谈话时，热情洋溢地赞扬乡镇企业"异军突起"，是农村改革中"完全没有预料的最大收获"。十年过去了，在漫长的历史长河中，只不过是弹指一挥，然而乡镇企业就是在这短短的十年间以它强大的生命力创造了令世人瞩目的辉煌成就。乡镇企业的迅猛发展不仅创造了巨大的物质财富，而且造就了一代杰出的新型农民，就是乡镇企业家。乡镇企业家的崛起和乡镇企业的突起，改变了中国农民的命运，改写了中国农村的历史。在对乡镇企业发展历史进程进行回顾的时候，我们不会忘记乡镇企业家不寻常的成长过程和他们创造的丰功伟绩。

中国是一个农业大国，80%以上的人口是农民。几千年来，一条天经地义的定律就是农民务农，"土里刨食""贫穷落后"似乎是命中注定的。中华人民共和国成立以后，广大农民在政治、经济、文化等方面都发生了巨大变化，但不少地方连温饱问题还没有得到解决。农村、农业、农民始终是中国革命的根本问题。党的十一届三中全会以来，我国的改革也是首先从农村开始的，党的富民政策像一把金钥匙，开启了亿万农民治穷致富的闸门，极大地调动了农民的积极性和创造性，家庭联产承包责任制的推行，使农业生产获得迅速的恢复和发展，农民的生活水平也得到了改善和提高。

在温饱问题解决之后，一部分有胆有识的农民开始向生产的深度和广度进军，这些人中有农村基层干部，有退伍军人，有能工巧匠，有乡土秀才。"春江水暖鸭先知""向阳花木早逢春"，他们最先感受到党的富民政策的温暖，并率先走出黄土地，办工厂、开商店、搞运输、搞建筑、兴办各种服务业，在推动农村商品经济发展的同时，他们也先富了起来。人们称他们是"经济能人"。随着乡镇企业的发展壮大，不少"经济能人"成长为懂经营会管理的厂长经理，他们中间勇于开拓、敢于创新的佼佼者被授予了"乡镇企业家"的光荣称号。改革开放以来的 19 年，特别是 1987年以来的十年，是中国乡镇企业家成长的最重要的历史时期。乡镇企业家的健康成长，首先是由于党的政策春风化雨般的滋润与哺育。党的十一届三中全会以来制定的方针政策，不仅为乡镇企业家指出了前进的方向，而且也为他们施展才华、建功立业创造了良好环境。其次是由于各级党委、政府的关怀与支持。十年来，仅全国性的乡镇企业家评选活动就有两次，评出优秀乡镇企业家 1000 名，受到了党和国家领导人的亲切接见。再次是社会各界的支持与帮助。最后是由于乡镇企业家自身不断加强学习与提高。由于以上这些原因才使十年前的纤纤秀木成长为今天的栋梁之材。乡镇企业家，这个特殊的群体和阶层，在农村乃至全国的改革与发展中已经发挥并将继续发挥越来越大的作用，它和乡镇企业一样，是具有中国特色社会主义的一个重要组成部分。

乡镇企业家是带领群众共同致富的"领头雁"。改革开放之初，当农村不少人对党的富民政策心存疑虑的时候，他们大胆地冲破了旧体制的束缚，冒着"割资本主义尾巴"的危险和"不务正业"的责难，务工经商，独辟蹊径，拓宽了脱贫致富的新路子。他们敢于破除温饱即富、小成即安的小农经济传统观念，坚定地向着小康目标迈进。在辽阔的中华大地上，一座座欣欣向荣的小康村，如雨后春笋层出不穷，不管叫乡村的都市也好，或者叫都市里的村庄也好，哪一个不是乡镇企业家带领群众共同致富的结果？华西的吴仁宝、刘庄的史来贺等早已是尽人皆知，这里要特别介绍一个鲜为人知的乡镇企业家，他就是河南郑州宋砦村的党总支书记、亨达集团的总经理宋丰年。在那吃大锅饭的年代里，宋砦人辛辛苦苦干一天，买不了一盒"公字烟"（一角七分钱）。当生产队长的宋丰年为了增加群众的收入，办了几个小工厂，在一"左"一"旧"思想的影响下，厂被关了门，他也被罢了官。但宋丰年坚决不向贫穷的命运低头，他冒着风险，自己办起了油漆厂、化工厂，一年盈利几十万。他被推选为村党总支书记后，无偿地把两个工厂献给了村里。他不顾自己心脏做过三次大手术的身体，到处引资金、引项目、引人才，这个人口不足 600 人的小村子，外来工就有 4000 多人，其中大学生 800 多人。现在，宋砦村已经办起了各类企业 30 多个，拥有资产 4.8 亿元，工业产值达 5.14 亿元，人均收入 5000 多元。在成千上万个乡镇企业家当中，像宋丰年这样的典型，是举不胜举的。

乡镇企业家是改革开放的先行者。我国农村改革和乡镇企业改革的历程，是乡镇企业家不畏艰难，大胆探索的过程。他们在党的指引下，以敢闯、敢干、敢试、敢冒、敢为天下先的精神，不断开辟和拓宽改革的道路。乡镇企业家最早借鉴了农村实行家庭联产承包责任制的经验，在实验中，创造了"五定一奖"责任制、承包承制、股份合作制、组建企业集团、租赁、兼并、拍卖、联合等各种经营方式，使乡镇企业逐步形成了一套灵活的经营机制。在乡镇企业里，企业没有"铁拐棍"，厂长没有"铁椅子"，职工没有"铁饭碗"，乡镇企业这种职工能进能出的用工机制，厂长能上能下的干部机制，自主经营的决策机制，工效挂钩的分配机制，为乡镇企业发展注入了生机和活力。在改革的大潮中，乡镇企业家始终站在潮头，探索新问题，总结新经验，成为市场经济的先导力量，为推动城市改革和整个改革都做出了巨大贡献。

乡镇企业家是发展区域经济和支柱产业的排头兵。乡镇企业家的产生与定位，是和他们所创造的企业融为一体的。实践证明，一个地方乡镇企业家群体的大小强弱决定了该地区经济的发达与落后。乡镇企业家通过他们的辛勤劳动和不断创新，发展支柱产业，创出了名牌产品，搞活了一方经济，富裕了一方群众，推动了区域经济的快速发展。在中国市场上，深受广大消费者欢迎的红豆服装、雅戈尔衬衫、森达皮鞋、科龙冰箱、霞飞化妆品等，无不凝聚着乡镇企业家的聪明和智慧、心血和汗水。在实现农业产业化的进程中，各地都出现了种养加一条龙、贸工农一体化的龙头企业，带动了产业结构的调整，带动千家万户走向市场，而使龙头飞舞的舞龙者也正是谙熟市场经济规律的乡镇企业家。

乡镇企业家是实施东西合作工程的架桥人。广泛开展经济合作，既是经济发展的必然趋势，也是推动地区间经济均衡发展的重要途径。经济合作除了各级领导的支持外，最关键的还有赖于一大批高素质的乡镇企业家。从合作对象的选择、项目的筛选、资金技术的保障、生产经营的管理到市场的开拓，企业家们都担负着责任，承担着风险。从某种程度上讲，经济的合作就是企业家之间的综合素质的合作与交流、竞争与较量，也是他们发挥才智、创造业绩的机遇与起点。就在国务院发出实施东西合作工程的号召不久，以常宗林为代表的一批乡镇企业家，从胶东半岛开出了一支挺进中西部的大军。常宗林首先投资 2 亿多元在邢台建起来一座年产几万吨的钢铁厂，拉开了东西合作的序幕。东西合作的春风也吹到了沉寂一时的虎头山，大寨党总支书记郭凤莲，带着一班人，到江浙发达地区寻求合作伙伴，在短短的几年里，办起了羊毛衫厂、水泥厂等十多个企业。东联西进，南北合作，使各种生产要素得到了优化组合，有力地推动了乡镇企业的发展。

乡镇企业家是各级党委、政府实行科学决策的智囊团。乡镇企业家是农村先进生产力的代表，他们中的绝大多数是共产党员，各级劳动模范、三八红旗手、五一劳动奖章获得者，有的还是党代会的党代表、人大代表或政协委员，他们是联系企业与党委、政府的桥梁和纽带。乡镇企业家是经过长期锻炼、经受各种磨难成长起来的，他们不仅具有丰富的实践经验，而且具有较强的创新能力、决策能力、组织协调能力；他们不仅有较高的经营眼光，而且富有创新意识、竞争意识、风险意识、发展意识等。更为重要的是，通过长期实践，他们具备了对各种矛盾和问题、对国内外市场发展趋势的分析判断能力和参政议政能力。在全国党的代表大会上和人大代表会议上，在庄严的人民大会堂里，他们同党和国家领导人一起共商国家大事，提出了很多好的意见和建议，如《中华人民共和国乡镇企业法》，从酝酿到出台，也是和乡镇企业家代表的多次提案分不开的，乡镇企业家的参政议政为各级党委政府的科学决策发挥了重要作用。

乡镇企业家是精神文明建设的播种机。他们在改造社会、改造自然的过程中，也在不断地改造自己。他们认真学习邓小平具有中国特色社会主义的理论，具有较高的政治素质，始终坚持两手抓，在企业文化和企业精神的建设上坚持自力更生，艰苦创业，顽强拼搏，不断进取，遵纪守法，严于律己，注重质量，讲究信誉，爱岗敬业，无私奉献。乡镇企业家所具有的优秀品质和崇高精神，也是我们的时代精神和中华民族传统美德的光辉体现。在乡镇企业家当中，有不少人就是精神文明的带头人。如著名乡镇企业家鲁冠球一直坚持抓"两袋投入"，即"口袋投入"和"脑袋投入"。"口袋投入"是指尊重职工的劳动价值，严格实行按劳分配，按职工对国家集体产生的效益决定其报酬高低，也就是说鼓励职工通过自己的诚实劳动逐步走向共同富裕。"脑袋投入"，则是指做好职工思想政治工作，教育他们热爱社会主义国家，热爱共同富裕的集体，明确只有国家富了，企业效益提高了，个人才能富起来，并要求每个职工为企业多做贡献。他们提出"做主人公，想主人事，干主人活，尽主人责，想主人乐"。狠抓"两袋投入"的结果是物质文明建设和精神文明建设双获丰收，使这个20多年前的打铁铺变成了一个拥有30亿资产的企业集团，而鲁冠球则由一个名不见经传的"小炉匠"成长为一个蜚声中外的企业家。

回眸十年，成绩斐然；展望未来，任重道远。乡镇企业家是改革开放的产物，也是改革开放的动力。他们刚由黄土地走出不久，因此不可避免地还有这样那样的缺点和不足，比如思想还不够解放，管理还比较粗放，素质还有待提高，法治观念还不够强，等等。世纪之交，乡镇企业家应该进一步增强使命感和责任感，要努力学习政治、学习文化、学习科学技术、学习法律知识、学习国内外先进的管理经验，不断提高在市场经济条件下的竞争能力和创新能力。要用新思路、新对策不断发展壮大自己，努力创造无愧于伟大时代的光辉业绩，以崭新的面貌，把乡镇企业带进 21 世纪。

1988 年 8 月 28 日

正确认识乡镇企业快速发展之动因

在中国的经济发展史上，似乎从未出现过一支像乡镇企业这样能够在短时间内迅速崛起、发展壮大、气势恢宏的经济力量。尽管乡镇企业取得了举世瞩目的巨大成就，但是，对于乡镇企业为什么能在中国农村这片土地上奇迹般地迅速崛起，即它产生与发展的动因到底是什么这一问题，可以说至今还缺乏系统的剖析和研究，而对这一问题进行认真地研究和探索，对于人们全面认识和理解乡镇企业，从宏观上把握其内在的运行规律，更加积极、主动地引导它沿着快速、高效、稳定、健康的轨道向前发展，具有十分重要的意义。

一、亿万农民治穷致富的强烈愿望和伟大实践
是乡镇企业快速发展的根本动力

日出而作，日落而息。这种田园牧歌情调的生活方式，并没有给广大农民带来多少温饱和富裕，他们被牢牢禁锢在土地上，辛勤地耕耘换来的依然是贫困和落后。正因为如此，亿万农民摆脱贫穷、追求富裕的愿望始终是强烈的。从20世纪50年代在传统手工业基础上形成的农村副业，从为实现公社工业化、农村工业化而兴办的一大批社队企业，直至80年代初，广大农民一直在寻找着依靠从事非农产业实现脱贫致富的生活格局。

但是当时的农业基础十分薄弱，农民绝大部分时间和精力投入了农业生产，而用于非农产业的人力、资源则十分有限；又由于政策缺乏应有的稳定性，致使从事非农产业生产与经营屡遭限制、打击、非议和责难。但"青山遮不住，毕竟东流去"，广大农民的选择是任何人也压制不住、阻挡不了的。尤其是当他们一次次初尝从事非农产业和创办工业带来的甜头却被迫停止时，他们广泛厚积的激情更加强烈。由此带来的直接结果是：诞生了家庭联产承包责任制第一个伟大创造，以及一场以燎原之势席卷全国乡村各个角落的具有划时代意义的工业革命，即农民的第二个伟大创造——乡镇企业的异军突起。

二、乡镇企业是亿万农民实现治穷致富的首要载体

这是因为：作为乡镇企业主体的亿万农民以其亲身实践体验到，逐步解除土地束缚，而从事工业、商业、运输业、交通及饮食服务业等非农产业，才能给他们带来最直接、最迅速、最有效、最经济的利益，才能在较短时间内获得温饱和富裕；亿万农民强烈的致富愿望必然要通过某种方式表现出来并变为现实。

三、家庭联产承包责任制的推行，为乡镇企业的发展奠定了坚实基础

家庭联产承包责任制，拉开了中国农村改革的序幕。它与其说是中国农民的伟大创造，不如说是中国农民与贫穷命运相抗争的一种伟大尝试。它激发了中国农民的无限激情，给中国农业注入了新鲜血液，增添了新的生命力。首先，粮食总量的快速增长，初步解决了农民的温饱问题，并为粮食的加工转化提供了充足原料；其次，生产效益的提高，带来了劳动力的节约和剩余，促使一大批农民从土地束缚中解脱出来，向非农产业转

移；再次，丰富的粮源带来了畜牧养殖、庭院经济、林果种植等产业的发展，使农民有机会进行简单的原始积累，为创办工业积累了一定的资金；最后，第一次发现自身创造力和价值的农民，不再满足于一日三餐的温饱，而是更加激起了他们寻求释放潜能和智慧的领域与空间。所有这些正构成了乡镇企业异军突起的前提和基础。可以这样说，没有家庭联产承包责任制，就不会有 20 世纪 80 年代乡镇企业的快速发展。

四、农民小康目标的实现，对乡镇企业的发展提出了更高的要求

实现小康目标既包括农民的食品营养和居住、交通、用电等物质生活的改善，又包括教育水平、文化生活、卫生保健等精神生活的提高。物质生活和精神生活的提高最终要依赖于经济收入的提高，而农民经济收入提高的主要来源就在于乡镇企业，因此，没有乡镇企业的持续快速发展，农民实现小康目标将很困难。作为农民致富奔小康的必然选择，乡镇企业将必然既担负着历史重任，又在农民切身利益的驱动下，保持着强大的发展动力和高速发展态势。

五、"四千"精神和灵活机制是乡镇企业发展的内在动力

乡镇企业作为农民办的企业，是同亿万农民的切身利益和治穷致富、奔小康的愿望紧密联系的。正因为如此，它才在遭受各种磨难挫折面前、在各种非议和责难面前，仍矢志不渝，始终保持着顽强的生命力。也正因为如此，作为乡镇企业主体的亿万农民才具有了克服一切困难的决心和意志。"四千"精神既是他们艰苦创业、克服一切困难的法宝，也是乡镇企业不断发展的内在强大动力。

灵活的机制是乡镇企业在市场风雨中经受考验，不断发展的重要内在

动力。在激烈的市场竞争中，乡镇企业形成了一套具有特色的自主经营、自负盈亏、自我积累、自我发展、自我调节、自我约束的灵活机制。具体表现在：在企业经营目标上，有顽强的改变自身贫困落后面貌的动力，有危机感和紧迫感；在企业决策上，有较大的自主权，实行真正的厂长（经理）负责制，没有皮球可踢；在经营形式上，自负盈亏，独立核算；在分配上，多劳多得，分配与效益挂钩，职工没有"铁饭碗"可端；在用人上，平等竞争，能者上，庸者下，没有"铁交椅"可坐；在生产上，以市场为导向，以销定产，随机应变，没有"铁拐杖"可拄；在发展上，靠自我积累，艰苦创业，居安思危，没平稳日子可过；在管理上，机构简单，办事效率高，没有闲置人员。因此，乡镇企业能够依靠其灵活机制，在客观环境宽松时，及时抓住机遇，抓发展，上规模；在客观环境偏紧时，抓内强，练内功，抓管理，增效益。实践证明，灵活的机制是乡镇企业发展的特有优势和充满生机和活力的源泉。

六、国内外日益增长的市场需求是乡镇企业发展的强大拉力

乡镇企业是市场经济的"先行者"，它始终遵循市场导向的经济规律，市场是它赖以生存和发展的基础。首先，改革开放极大地解放和发展了生产力，人们的物质和文化生活的需求日益增长，并呈现出多层次、多形式、多样化，这种变化了的社会需求，对传统的生产经营及供给方式提出了新的要求，从客观上激发了乡镇企业的产生与迅速发展，同时也为乡镇企业的产品提供了广阔的市场。其次，乡镇企业根据市场需求，不断调整产品结构。市场是乡镇企业的生命，它充分发挥市场的价格机制、竞争机制以及优化配置资源功能，实现生产要素的重新组合。最后，国际上一些发达国家产业结构的调整，为劳动密集型和资源加工型产品提供了更加广阔的市场。乡镇企业充分发挥丰富的劳动力资源优势和自然资源优势，抓住发达国家调整产业结构的契机，并以此为切入点，大力发展劳动密集型

产业和资源加工业，积极进军国际市场。国内外市场这两只无形的大手，以其强大的拉力无时不在推动着乡镇企业向深度和广度快速迈进。

1995 年 9 月 6 日

乡镇企业主管部门要积极实行职能转变

乡镇企业主管部门是各级政府的一个重要经济管理部门，担负着对本地区乡镇企业进行指导、监督、管理、协调和服务的职能。改革开放十几年来，它为乡镇企业的发展做出了积极贡献。但随着我国经济体制改革的不断深入，特别是随着社会主义市场经济体制的逐步确立和完善，面对乡镇企业迅速发展的新形势，乡镇企业主管部门同其他经济部门一样，也面临着加快职能转变、强化服务功能的艰巨任务。对这一问题进行深入研究和探讨，对乡镇企业主管部门深化改革，加快乡镇企业发展，都具有十分重要的现实意义。

新形势下，乡镇企业主管部门加快职能转变具有其客观必然性。

首先，社会主义市场经济体制的建立迫切要求乡镇企业主管部门转变自己的职能。乡镇企业主管部门虽然与乡镇企业一样是市场经济的产物，但其诞生与发展依然依附于计划经济的土壤，因而不可避免地受计划经济的影响。这主要表现在：一是对企业干预多，管了一些管不了也管不好的事情。二是对企业管理过细，在微观管理上耗费了大量的时间和精力，缺乏对宏观调控的研究与实施。三是一些乡镇企业主管部门常常与其他经济管理部门相互攀比，热衷于两手向上要钱、要物，不能完全按市场经济运行机制调整管理手段。所有这些都使乡镇企业主管部门工作思路的拓宽、工作积极性和创造性的发挥以及管理方法和手段的转轨受到严重影响。在社会主义市场经济体制下，政府管理经济的职能，主要是制定和执行宏观调控政策，创造良好的经济发展环境。因此，乡镇企业主管部门也必须实现从被动僵化、干预过多的计划经济管理体制到宏观指导、微观服务的市场经济管理体制的转轨。

其次，属于开放经济的乡镇企业，要求乡镇企业主管部门职能发挥也必须转变为开放型。在改革开放条件下，经济发展具有很强的开放性，而乡镇企业更是从一开始就属于开放型。从原材料购进、生产经营到产品销售等各个环节无一不是以市场为取向的，并且在立足国内市场的同时，逐步加快了与国际市场接轨的步伐，外向性、开放性明显增强。乡镇企业这种特性及发展趋势，对主管部门的管理也提出了新的要求。因此，对乡镇企业主管部门来讲，其管理活动也必须是开放性的，必须从管理的封闭性转向开放性，从静态管理转变为动态管理，打破行业、部门与地域之间的界限，加强与外界的联系与沟通，把自身置于宏观政治环境与经济环境之中，认真研究乡镇企业发展中出现的新情况、新问题以及应当采取的策略和措施，为乡镇企业的发展创造最佳的经济运行环境。

最后，乡镇企业的迅速发展，要求其主管部门对传统管理内容、方式、手段进行调整和转变。随着乡镇企业的迅速发展，主管部门担负的管理任务更加繁重和复杂。首先是管理范围的扩大，乡镇企业已由原来的乡办、村办、个体、联合体企业扩大到了股份制、股份合作制、三资企业、企业集团（集团公司）等多种经济组织形式。其次是宏观调控的任务加重，从有关政策的制定、监督、实施到产业结构及产品结构的调整，从产权制度的改革到工业小区与小城镇建设的规划，等等，都需要乡镇企业主管部门给予及时的指导、协调、监督和管理。再次是协调工作增多，当前及今后一个相当长时期内，乡镇企业作为整个国民经济链条中的重要一环，与外部的联系必然会进一步扩大，各个方面利害关系的冲突，各种矛盾的出现等都需要主管部门去帮助协调。最后是需要解决的具体问题日益增多，资金、技术、人才、项目的不足，产品质量、劳动安全、环境保护问题都需要主管部门给予帮助解决。所有这一切，都要求乡镇企业主管部门必须转变职能，强化服务。

乡镇企业主管部门转变职能主要应实现四个方面的转变：在指导思想上，要实现由行政管理型向指导服务型转变。乡镇企业主管部门不要当企业的"婆婆"，而要成为企业的"娘家"，尽量减少不必要的行政干预，多为企业发展提供切实有效的指导和服务。在工作抓法上，要实现由微观管理型向宏观管理型转变。要从达标升级等具体琐碎的工作中解脱出来，抓方针政策的制定和落实，抓软硬环境的营造和改善。在工作重点上，要实现由速度为主型向效益为主型转交。乡镇企业主管部门一定要克服重速度、轻效益的倾向，切实把工作转到以经济效益为中心的轨道上来。在工作作风上，要实现由部门中心型向企业中心型转变。乡镇企业主管部门要牢固树立企业至上、服务第一的指导思想，要把企业是否需要、是否满意作为一切工作的出发点和落脚点。

要实现上述四个转变，应当突出抓好以下四个环节：

第一个环节，对上当好参谋。即真正当好当地党委和政府的参谋和助手。对上当好参谋要抓好三点：一是各级乡镇企业主管部门要根据党和国家有关发展乡镇企业的方针政策，结合本地实际情况，协助党委、政府研究制定具体的政策措施，指导和推动乡镇企业的发展。二是在认真调整、科学论证的基础上，研究制定乡镇企业的发展规划，加强对乡镇企业的分类指导。三是坚持实事求是的原则，深入实际，调查研究，及时发现和总结乡镇企业发展中出现的新情况、新问题、新经验，及时反馈，为上级领导科学决策提供可靠的依据。

第二个环节，对下搞好服务。宏观指导、微观服务是主管部门的两大基本职能。对下搞好服务，要求乡镇企业主管部门在发挥上述两大职能的同时，更多地把指导、监督、管理、协调职能寓服务之中，突出服务这个主旋律，切实解决乡镇企业发展中遇到的实际问题。诸如，采取成立人才培训中心、建立乡镇企业职业学校、与大中专院校对口委培等形式，解决乡镇企业的人才匮乏问题；聘请大专院校、科研单位、大型厂矿的专家教授组成"专家咨询服务团"到乡镇企业开展技术咨询和指导，解决乡镇企业的技术问题；建立"项目库"，解决乡镇企业的项目问题；通过建立乡镇企业发展基金等形式，解决乡镇企业发展的资金问题；等等，都可以为企业提供切实有效的服务。

第三个环节，对外搞好协调。封闭式的经济运行在市场条件下已不复存在，乡镇企业的发展促使它与外界的联系更加广泛和密切，尤其是乡镇企业千行百业、点多面广的特性，更离不开方方面面的帮助和支持，如果单凭乡镇企业主管部门来管那么多企业，解决这样那样的问题，是根本不可能的。因此，积极主动地搞好对外协调，争取方方面面的支持，显得尤为重要，它不但有利于为乡镇企业的发展营造宽松的环境，而且有助于各种困难和问题的顺利解决。在对外协调中，乡镇企业主管部门要坚持少埋怨、多理解、识大体、顾大局，热情真诚、平等互利的原则，争取外界的理解、信任与支持，使协调工作有声有色，富有成效。

第四个环节，自身搞好建设。打铁须先自身硬。转变职能，强化服务，搞好自身建设是重要的前提和保障。搞好自身建设，要从四个方面着手：一要加强思想建设。坚持用建设有中国特色社会主义的理论武装乡镇企业主管部门干部职工的思想，使他们充分认识到发展乡镇企业在建设有中国特色社会主义中的特殊地位和作用，使他们树立强烈的事业心和历史责任感。二要加强作风建设。努力树立四种风气：树立真抓实干之风，高效率、快节奏、办实事、求实效，真正为企业排忧解难；树立勤奋好学之风，通过认真学习市场经济理论知识、现代科学技术知识以及专业知识等，逐步转变传统的知识结构、工作方法和思想观念，不断提高乡镇企业主管部门的个体素质和整体素质，提高管理水平和服务水平；树立调查研究之风，深入实际，调查研究，了解新动态，总结新经验；树立勤政廉政之风，坚决杜绝到企业吃拿卡要，坚决同腐败现象作斗争。三要加强制度建设。建立健全各项规章制度，按规章制度办事，用规章制度管人，做到令行禁止。四要搞好实体建设，增强经济实力。这不仅是搞好机构改革、实行干部分流的需要，也是强化服务手段的需要。

总之，乡镇企业主管部门转变职能具有其客观必然性。但同时，它又是一个渐进的过程，不可能一蹴而就，需要不断探索、不断实践、不断改革、不断完善。在转变职能过程中，既要积极主动，不等不靠；又要因地制宜，稳步推进，确保职能转变的顺利进行，取得实实在在的成效。

1996 年 6 月

实施"四联"战略扩大开放促发展

改革开放以来，中西部地区的乡镇企业有了较快发展，但与沿海发达地区相比仍存在很大差距。如何尽快缩短这种差距，促使中西部欠发达地区的乡镇企业迅速发展起来呢？近几年来，开封市坚持立足本地实际，经过不断的探索、实践和总结，理出了一条适合本地乡镇企业发展的基本思路：发挥优势，实施"四联"，扩大开放，加快发展。以"联老大、联老外、联老九、联老乡"为内容的"四联"战略的实施，短短几年内，开封市乡镇企业结出了累累硕果。

一、提出"四联"战略的现实背景

"四联"战略是在对开封市市情和乡镇企业发展的现状及整体趋势进行综合分析、认真研究基础上提出的。一是基于对乡镇企业现状的分析。开封市地处豫东平原农区，乡镇企业起步较晚，进入 20 世纪 90 年代虽有了较快发展，但仍处于规模小、产品老、基础差、效益低、速度慢的发展水平。直到 1992 年，一个拥有 430 多万人的省辖市，乡镇企业总产值仅有 40 亿元，发展速度比全省平均水平低十几个百分点。产值百万元以上的企业不足百家，千万元以上的企业更是寥若晨星。原因当然是多方面的，除了缺资金、缺技术、缺项目、缺人才以外，最主要的还在于缺乏开放意识，不少地方囿于自身狭小的天地，土打土闹，小打小闹，而不善于借助外力，走联合发展之路。二是基于对乡镇企业整体趋势的分析。从全国来看，东部沿海地区的乡镇企业经过多年的快速发展，积累了丰富的技术、经济实力和管理经验，但生存空间相对狭小，彼此竞争日趋激烈，同时又受到原材料、能源、劳力资源的制约，急需体外求发展、异地办企业，拓宽新的发展空间。而中西部地区却因种种原因，面对丰富的资源优势，开发不足，急需借助东部地区资金、技术、人才、管理等方面的优势，促进开发，加快发展。这种相互间的需要，为东西部的互相交流、开展合作提供了前提和机遇。三是基于对发展快、效益好的先进典型的调查与分析。进入 20 世纪 90 年代，开封市一些乡村和企业认识到了自身的差距，面对国际、国内市场的双重压力，开始走出自我封闭的狭小圈子，寻求联合发展的路子。开封市郊区发挥地处城郊的优势，积极与市内国有大中型企业联合，于 1993 年和开封博达电机集团公司联合投资 1500 多万元办起了冲压套裁厂、铸造分厂。开封县城关镇袁楼村利用当地盛产花生的优势，与新加坡华丰食品工业有限公司联合，投资 500 万美元建成了开封市第一家中外合资企业开封豫丰油脂食品有限公司。开封县五里河乡粮机厂与郑州粮食学院联合，开发填补国家空白的新产品，使产值连续 5 年翻番。尉氏县朱曲乡黄庄村 30 多家阀门铸造企业自觉地实行乡乡联合，组建了尉氏县阀门铸造集团公司，实行产供销一体化，降低了生产成本，增强了竞争能力。

对这些乡镇企业发展中出现的先进典型，我们进行了认真的调查和剖析。1993 年 6 月，我们在对大量典型调查分析的基础上，正式提出了推动开封市乡镇企业发展的"四联"战略。"四联"战略具有鲜明的时代特点，是开放带动战略的具体体现，是促进开封市乡镇企业发展的新思路、新举措，受到了市委、市政府领导的充分肯定和高度重视，要求在乡镇企业和其他战线广泛进行宣传和实施。

二、实施"四联"战略的具体抓法

实施"四联"战略，找到了开封市乡镇企业向高层次发展的切入点。如何尽快把这一战略由点到面迅速实施呢？我们主要采取了以下措施。

一是解放思想，扩大开放。"四联"战略的实质和前提就是对外扩大开放，而对外扩大开放的程度取决于思想解放的深度。为此，市委、市政府于1994年在全市开展了以"开封何时能'开封'"为主题的思想大讨论，我们也抓住这次机会，在全市乡镇企业开展了"解放思想找差距，冲出低谷上台阶"的大动员、大讨论，并分期分批组织县、乡、村和企业的领导到先进发达地区参观学习，使大家的思想观念从狭隘的小农意识和一"左"一"旧"的束缚中解放出来。不少基层反映"困难困难，困在家里就作难，出路出路，走出去就有路"，逐步悟出了一条小开放小发展，大开放大发展，不开放不发展的道理。从根本上破除了温饱即安的小农经济思想，树立了市场经济观念；破除了自我封闭思想，树立了开放联合的观念；破除了肥水不流外人田的思想，树立了互惠互利、让权让利的观念；破除了等靠要的依赖思想，树立了主动出击、寻求合作的观念，从而为"四联"战略的实施奠定了坚实的思想基础。

二是发挥优势，扬长补短。实施"四联"，关键是要选准结合点。也就是说，要选准自身的优势，包括经济优势、地域优势、资源优势以及人文优势等，按照市场经济的原则，以互惠互利为前提，实行多种形式的联合。我们在开展联合过程中，按照上述的指导思想，坚持以资源优势为依托，敢于拿出最好的企业、最好的项目去吸引对方。兰考县素有"泡桐之乡"的美誉，桐木资源量大质优，是闻名遐迩的桐木加工基地。近几年来，他们围绕这一优势，一方面把分散的小型板材加工企业联合起来，相继成立了十多个桐木板材集团公司，实行分散加工、集中经营、统一管理，避免了相互间的压价竞销，提高了整体竞争能力和经济效益。另一方面，他们还充分发挥这一优势，积极开展对外联合。与上海钢琴厂联合，建立了钢琴复合音板生产基地；与香港、台湾客商联合，兴办了开封兰茵木制品有限公司、开封中原民族乐器有限公司等一批合资企业，生产的板材和古筝、琵琶等畅销东南亚、日本、韩国等十多个国家和地区。通许县是有名的黄牛饲养基地，近几年来，他们依靠丰富的牛皮资源，先后建起了制革厂、皮革加工厂。1994 年，通许县制革厂与香港昌润（亚洲）有限公司合作，兴建了开封豫达皮革皮毛制品有限公司。最近，该公司又从亚行引进资金 98 万美元进行技改，项目完成后，年产值将达 6000 多万元。

三是招商引资，寻找伙伴。搞好"四联"，开放为先，单靠政府的包揽包办、等客上门是难以奏效的。我们采取了广泛的对外招商引资活动，积极动员各级领导和企业主动走出去，请进来，到先进地区招商引资，寻找合作伙伴。市委、市政府每年都组织大型的招商团，到山东、江苏、浙江等发达地区考察学习、发布信息、洽谈项目、寻求联合。各县郊也都成立了招商机构。市、乡企委也组织了有关人员到胶东、辽东考察学习，寻找伙伴。全市每年外出招商引资都在 1500 人次以上。仅尉氏县 1995 年内引进人才 178 人，引进技术 65 项，引进资金 4500 万元，引进设备近百台（套），兴办联合企业 6 个。其中，与新疆希格玛集团联合投资 450 万元兴建的河南希格玛电子电器有限公司，年产值达 2500 万元。

四是制定政策，建立机制。为了调动各级开展联合的积极性，加快"四联"的步伐，市、县、乡各级党委和政府都制定了一系列鼓励、支持开展"四联"的激励措施。一方面吸引外地客商和企业到开封来联合办厂，一方面对各级干部和企业提出明确目标，并实行奖罚兑现。如市委、市政府在《关于发展乡镇企业奖罚办法的若干规定》中明确提出：对两年内办起三资企业，城乡联合体企业，科研生产联合体企业、集团公司 5 个以上，产值 1 亿元以上，利税率 20% 以上的县（区），对县（区）委书记、县（区）长、主管乡镇企业工作的领导和乡镇企业局局长各奖 1500 元。

三、实施"四联"战略产生的效果

"四联"战略的实施，有效地拓宽了开封市乡镇企业发展的空间，提高了乡镇企业的整体水平。在短短的三年时间内，全市与"老大"联合的企业就发展到 280 家，与"老外"联合的企业发展到 28 家，与"老九"联合的企业发展到 170 家，与"老乡"联合的企业发展到 350 家；并建成东西合作项目 16 个，引进资金 9000 多万元。

催生了一批强乡、强村、强企业。"四联"战略的实施，改变了全市乡镇企业小、老、差、低、慢的落后面貌，发生了脱胎换骨的变化，一批规模较大的乡村和企业如雨后春笋迅速崛起。到 1995 年年底，全市超亿元的乡镇由 1993 年的 25 个增加到 82 个，其中超 3 亿元的 11 个；超千万元的企业由 22 个增加到 62 个，其中 3000 千万元以上的 8 个；超千万元的村由 57 个增加到 221 个，其中超亿元的行政村 3 个，形成了"满天繁星"与"明月高照"竞相发展的新局面。

提高了企业的技术水平和产品质量。通过实施"四联"战略，在引进资金、项目的同时，也引进了一大批先进技术、先进设备和高级技术人才，既发展了一批新企业，也嫁接改造了一批老企业，使企业的整体素质、管理水平和产品质量有了明显提高。开封市第二粮食机械厂自与郑州粮食学院联合以来，技术力量得到加强，已先后开发了 20 多种新产品，有十多种获得了国家、省部级科技进步奖，产品畅销全国各地，并出口到东南亚、俄罗斯等国家和地区。

组建了一批企业集团，提高了企业竞争能力。通许县玉皇庙镇把全镇十多个企业联合起来，组建了通玉企业集团公司，年营业收入超过 5000 万元，并以其雄厚的经济实力，被国家外经贸部批准为全市唯一一家拥有自营进出口权的企业。目前全市通过"乡乡"联合和以"公司+农户"等形式组建的企业集团已近 30 家，通过联合，共闯市场，提高了生存、发展和竞争能力。

加快了发展速度，提高了经济效益。1995 年，全市乡镇企业总产值、工业产值、实现利润、上缴税金分别完成 187 亿元、106 亿元、17 亿元和1.8 亿元，增长速度分别达到 68.3%、89.9%、97.8% 和 69.2%。主要经济指标无论是绝对值还是增长速度，都在全省升了位次。

四、实施"四联"战略的几点体会

一是实施"四联"，扩大对外开放，制定发展战略，必须从本地实际出发。对外开展横向联合，不论采取哪种形式，都必须立足本地实际，找准优势和不足，有目的、有重点地选择适合本地乡镇企业发展的联合方式。要把实施"四联"的出发点、立足点放在取得实效和促进乡镇企业的发展上；绝不能不切实际、图形式、摆架子、急功近利、盲目联合，更不能搞强迫命令，搞"拉郎配"，必须尊重群众的选择，坚持互惠互利的原则。只有符合实际情况和群众利益的发展思路，才能真正成为经济发展的出路，才能产生好的效果。

二是实施"四联"，必须加强领导，认真组织。"四联"战略的提出和实施始终得到了市委、市政府的高度重视。市委书记王日新在全市经济工作会议上提出："四联"战略不仅要在乡镇企业中加快实施，国有企业、集体企业、区街企业都要实施"四联"，走"四联"驱动发展之路。把"四联"作为推动全市经济发展的战略措施，切实抓紧抓好，抓出成效。由于各级领导高度重视，使"四联"战略在全市迅速得到推广和实施，并不断拓宽了"四联"的范围和层次，从而使"四联"在全市普遍开花结果。

三是实施"四联"，必须抓好对外开放和思想解放两个关键。对外开放是实施"四联"的前提，而解放思想是对外开放的基础。实践证明，思想越解放，对外就越开放，实施"四联"的步子就会越迈越大，实施联合的层次就会越联越高，所取得的效果就会越联越好。

四是实施"四联"，必须与实施东西部合作工程相结合。东西合作对实现东西部的优势互补，共同发展，特别是对促进中西部地区乡镇企业的发展具有十分重要的意义。实施"四联"，必须把东西部合作作为重点，强力推进。虽然"四联"包含了东西合作的内容，但并不能完全替代东西合作，应把东西合作和"四联"有机结合起来，不断拓宽"四联"的深度和广度，实现"四联"向多层次、多渠道、全方位方向发展。

1996 年 4 月

要重视发挥乡镇企业家群体优势

在改革开放的大潮中，涌现出的大批乡镇企业家，既是改革开放的产物，又是改革开放的实践者、开拓者。但是，过去不少地方对发挥乡镇企业家的个体优势比较注意，而对如何发挥他们的群体优势则注意不够。笔者认为，深入探讨如何充分发挥乡镇企业家的群体优势，对推动乡镇企业的发展，乃至推动整个国民经济的发展，都是一个很有意义的课题。

在社会主义市场经济体制逐步建立的新形势下，为什么要充分发挥乡镇企业家的群体优势呢？

首先，充分发挥乡镇企业家群体优势是造就一支宏大的企业家队伍的需要。市场经济体制的逐步完善，需要有与之相适应的大批的乡镇企业家。而通过发挥乡镇企业家的群体优势，可以有效地催生和带动更多乡镇企业家的涌现和整体素质的提高。作为乡镇企业家，他们不仅要有较高的政治觉悟和道德品质，而且要有强烈的创新意识和开拓精神，还要有较高的管理水平和丰富的文化内涵。发挥企业家群体优势，可以促使他们进行彼此间的交流和信息的传递，从群体中吸取经验，相互学习，取长补短，共同提高。

其次，充分发挥乡镇企业家群体优势是加速市场经济发展的需要。国内外经济发展的实践证明，企业家及其经营管理才能是经济发展的要素之一，而这种要素的匮乏是造成经济落后的重要原因。在市场经济条件下，企业的兴衰成败在很大程度上取决于作为生产经营活动总指挥的企业家，不仅如此，企业家群体力量的大小还会直接影响一个地区乃至整个国家的经济增长与经济发展。

再次，充分发挥乡镇企业家的群体优势是加快乡镇企业实现两个转变的需要。乡镇企业家是乡镇企业的灵魂，他们的素质高低、能力大小与企业的命运息息相关。实现经济体制由计划经济向市场经济转变和经济增长方式由粗放型向集约型转变，需要靠人去开拓，去实施。人的素质决定了实现两个转变的成败。它既需要一支素质较高的职工队伍，一批懂经营、会管理的企业经营管理队伍和各类专业技术人才，更需要一大批优秀的乡镇企业家。

最后，充分发挥乡镇企业家群体优势是建立现代企业制度的需要。现代企业制度的建立和企业家队伍的素质是紧密联系在一起的。企业家群体弱小，企业家人才缺乏是当前经济体制转换和经济发展的制约因素之一。因为乡镇企业家是现代企业制度的探索者、实践者、开拓者、推动者，是现代企业制度中企业法人责任和权利的人格化，是对现代企业进行科学管理的人才保证。

发挥乡镇企业家群体优势，应着重抓好五个方面的作用。

一要充分发挥乡镇企业家群体在各级政府科学决策中的智囊团作用。乡镇企业家始终站在改革开放和生产经营的第一线，他们不仅具有丰富的实践经验，而且具有一定的创新能力、决策能力、应变能力、组织协调能力。因此，各级领导在实施决策中应听取乡镇企业家的意见和建议，把他们当作科学决策的"智囊团""脑外脑"，使决策更具科学性、正确性和超前性。

二要充分发挥乡镇企业家群体在区域经济发展中的排头兵作用。实践证明，一个地方乡镇企业家群体的大小、强弱决定了该地区经济的发达与落后。因为一个地区乡镇企业的兴衰、拳头产品的形成、支柱产业的培植无不凝聚着乡镇企业家们的心血和汗水、智慧与创造。因此，一个地区的领导要想发展独具特色的区域经济，就必须最大限度地发挥乡镇企业家群体的积极性和创造性。

三要充分发挥乡镇企业家群体在深化改革、转换经营机制中的探险队作用。乡镇企业家最早借鉴了农村实行家庭联产承包责任制的经验，在实践中创造了承包责任制、股份制和股份合作制、组建企业集团、租赁、兼并、拍卖、联合等多种经营方式，使乡镇企业逐步形成了一套灵活的经营机制。在新形势下，充分发挥乡镇企业家群体敢于创新，勇于开拓的作用，对把改革引向深入具有重要的现实意义和深远的历史意义。

四要充分发挥乡镇企业家群体在经济合作中的桥梁和纽带作用。经济合作除了各级领导的支持外，最关键的还有赖于一大批高素质的企业家。企业家不但是经济合作的桥梁和纽带，也是确保合作成功的首要因素。因为任何经济合作最终的结合点不是政府，而是企业。在某种程度上，经济的合作就是企业家们之间综合素质的合作与交流、竞争与较量，也是他们发挥才智、创造业绩的机遇和起点。

五要充分发挥乡镇企业家群体在精神文明建设中的示范作用。乡镇企业家群体具有共同的思想政治素质，即自力更生、艰苦创业、顽强拼搏、不断进取；遵纪守法、严于律己、品质优良、道德高尚；爱岗敬业、无私奉献。乡镇企业家们所具有的优秀品质和崇高精神，也是我们时代精神和中华民族优良传统的光辉体现。在精神文明建设中，大力弘扬乡镇企业家的创业精神和奉献精神，充分发挥他们的示范带头作用，对农村精神文明建设乃至整个社会的精神文明建设都将产生强大的推动作用。

1996 年 7 月 30 日

乡镇企业与农业产业化要协调发展

我国当前经济体制下，农业由于分散的生产经营方式，较低的生产效率及经济效益，一直处于弱势地位。农业产业化作为一种能够推进农业和农村经济改革和发展的新思路，对于农业生产逐步实现专业化、商品化和社会化具有极其重要的作用。已在农村经济中占主体地位的乡镇企业，农业产业化对它的发展有何影响？在农业逐步实现产业化过程中，乡镇企业将起什么样的作用？从理论与实践的结合上弄清这些问题，是很有意义的。

改革开放以来，实行家庭联产承包责任制，乡镇企业异军突起，这是中国农民的两大创造。从总体上讲，农业和乡镇企业是相互促进共同发展的。农业是乡镇企业发展的基础，乡镇企业通过以工补农、以工养农，支持了农业的发展。但是二者之间远未实现协调同步发展：一是乡镇企业每年的发展速度都在 40% 以上，而农业只有 5% 左右，差距过大；二是乡镇企业虽然为农业发展提供了多方面的支持，但与农业没有建立共同的利益纽带；三是农业生产投入的增多，生产成本的波动，在农业生产比较效益下降的同时，也影响了乡镇企业的加工生产。

农业产业化很可能是农业与乡镇企业协调发展的一条道路。在农业产业化过程中，传统农业将得到改造，农业、乡镇企业以及商业的结合将得到促进、稳固和强化，如群众比喻的那样，农工商由相互分离的"三张皮"变成有机结合的"三合板"。

第一，农业产业化将促进农产品的区域化规模经营。劳动力、资金、技术等生产要素的投入更加集中，从而提高农产品的产量和质量，这不但使农业的主体地位得到强化，同时使乡镇企业的农产品加工业具有了更加丰厚的物质基础。

第二，农业产业化过程中形成的规模化和专业化生产，要求社会化的配套服务，诸如机耕、播种、病虫防治，产品的储藏、运输、销售、加工等，这将为乡镇企业的发展开辟新领域。

第三，农业产业化实行产供销一条龙、贸工农一体化的经营方式，成了三者结合完整的产业体系。在这个体系中，以农业资源为基础，以市场需求为导向，以加工企业为载体，以增值增效为目的的农工商三个部分将相互促进、协调发展。农业实现产业化，既是工业项目又是农业项目，既有农业的综合效益又有乡镇企业的工业效益。因此，农业产业化将有力地促进乡镇企业特别是乡镇工业的发展。

第四，农业产业化将以市场带龙头，龙头带基地，基地连农户为实现形式。龙头作为连接千家万户和广阔市场的中介体，起着纽带和桥梁作用。农业要实现产业化，关键就在于培育和建立众多的龙头，也就是要建立达到一定经济规模，对当地经济发展起带动和辐射作用的龙头企业。因此，农业产业化必将催生一批以加工、储藏、运输等为主的融贸工农于一体的规模企业。

第五，农业产业化将促进乡镇企业水平的提高。在农业产业化进程中，乡镇企业与农业形成了利益共享、风险共担的新的一体化经营合作关系。这势必将增加乡镇企业的活力，因为它在农业生产中获得了稳定的基础；同时，又增加了乡镇企业的压力，因为它不仅自身要发展，还要带动广大农户，考虑他们的利益。这就迫使乡镇企业不断扩大规模，提高管理水平、科技水平、产品质量、运营质量和经济效益。

农业产业化必然促进乡镇企业的发展与提高，而乡镇企业作为农业实现产业化的支柱，在加快农业实现产业化的进程中也必将发挥重要的作用。

第一，乡镇企业将充当把农业引向规模化、专业化的龙头。围绕农业开发形成的乡镇企业，在组织农业生产中将发挥重要作用：一是找到了农业生产协调发展的物质载体，分散的农产品生产者在龙头企业的带动下，相互协调共同发展；二是为农业生产的协调发展起到了引领导向作用，龙头企业根据自己的加工能力和市场需求，给分散的农业生产单位提供信息和指导，使它们能够按照市场需求组织生产，减少生产中的盲目性和风险性。

第二，乡镇企业是带动农业实现产供销、贸工农一体化的纽带。乡镇企业一头连着千家万户，一头连着国内外的广阔市场，承担着连接乡村与城市、农民与市场的重任。同时，乡镇企业又具有多种经营方向和多种经营形式，既能生产又能销售，既可以采取松散的合作组织形式又可以实行紧密的工厂化组织形式。因此，通过乡镇企业组织形式、经营方式的多样化，可以带动形成各种种养加、产供销、贸工农、农工商等经营一体化组织。

第三，乡镇企业是实现农业产业化的重要推动力量。农业产业化的目的在于改善农业的弱势地位，提高农业的生产水平和经济效益，乡镇企业肩负着重任。首先，乡镇企业正越来越成为农业投入的主要来源，在农业产业化过程中，由于乡镇企业与农业建立了新的利益机制，形成了经济利益共同体，将给农业更多的支持。其次，农业产业化过程中，由于引入现代企业管理制度，按照法治化、规范化的原则，乡镇企业与联合农户通过签订合同契约，保证了农民利益。最后，乡镇企业通过储藏、保鲜、运输、集散，特别是通过深层加工、系列开发、综合利用等形式，将达到农产品的多层次增值，提高农业的比较效益。

总之，农业产业化是乡镇企业进一步发展的新机遇，乡镇企业的发展也将有力地推动农业产业化进程，这种相互促进的良性循环，必将进一步加快农村的工业化、城镇化、现代化进程。

1996 年 4 月 9 日

调整发展战略，推进乡镇企业二次创业

党的十一届三中全会以来，我省乡镇企业异军突起，迅速发展，已经成为全省农村经济的主体力量和国民经济的重要组成部分，为全省的经济发展、政治稳定和社会进步都做出了重要贡献。但是，乡镇企业在发展中也面临着一些新情况、新问题，正处在结构调整和机制创新的关键时期。为使乡镇企业持续健康发展，省委、省政府及时提出，我省乡镇企业要以实行两个根本性转变为契机，进行第二次创业。本文试就乡镇企业二次创业面临的挑战和机遇、二次创业的战略选择等问题谈一些粗浅的看法。

一、乡镇企业二次创业面临的挑战和机遇

乡镇企业是我国亿万农民的伟大创造，也是党领导改革开放所取得的一项巨大成就。改革开放 20 年来，我省乡镇企业在第一次创业中以高速发展之势创造了辉煌的业绩，在振兴农村经济和整个国民经济中发挥了不可替代的作用。从 1978 年到 1997 年，乡镇企业总产值占农村社会总产值的比重从 22.1% 增加到 71.5%；转移农村富余劳动力 1013 万人，占农村劳动力总数的四分之一，占富余劳动力的二分之一；累计向国家缴纳税金 298.5 亿元，有效地增强了我省的综合实力；乡镇企业实现增加值已占全省工业增加值的 54.9%，用于小城镇建设的资金近 10 亿元，成为加快农村

工业化、城镇化的主要推动力量。据测算，乡镇企业增加值每增减一个百分点就影响国内生产总值增减一个百分点，乡镇工业增加值每增减两个百分点，就影响工业增加值增长一个百分点。因此，在新的历史时期，我省国民经济要保持一定的增长速度，从农业大省变为经济强省，在全面实现小康的基础上向更高的水平迈进，就要求乡镇企业必须在二次创业中实现历史性的大跨越。

但是，当前乡镇企业发展中出现的一些情况和问题却令人不容乐观，突出的表现是速度下滑，效益下降，亏损面增加，吸纳剩余劳力的能力减弱。出现这些问题的原因是多方面的，有些是外部环境发生变化，乡镇企业不适应造成的；有些是乡镇企业在长期的发展过程中积累下来的；有些是在发展市场经济过程中难以避免的；有些则是自身机制弱化、企业素质不高造成的。和一次创业相比，乡镇企业二次创业面临的挑战更加严峻，概括起来有八个方面。

一是来自国际环境变化的挑战。随着经济全球化趋势的出现，世界经济形势的变化对乡镇企业的影响越来越明显，特别是 1998 年以来受东南亚金融危机的影响，乡镇企业出口交货额大幅度下降，引进国外资金更加困难。二是来自市场转型的挑战。现在国内市场已从卖方市场变为买方市场，这使在短缺经济条件下发展起来的乡镇企业还不能很快适应这一根本性的变化。三是来自结构不适应竞争的挑战。从产业结构看，缺乏优势产业和支柱行业，低水平的重复建设较多。从产品结构看，一般产品、低档次产品较多，拳头产品和名牌产品较少。从组织结构看，中小企业较多，规模大、效益好的企业较少。四是来自技术和质量的挑战。近年来，我省乡镇企业量的扩张相对较快，而质的提高相对较慢，企业技术水平较低，产品质量较差，难以应对激烈的市场竞争。五是来自体制和机制方面的挑战。由于乡镇企业改革滞后、产权不清、政企不分、管理粗放、负盈不负亏等问题日益突出，而伴随着国有企业改革步伐的加快，三资企业、个体私营企业和各种混合经济的迅速崛起，竞争对手越来越多，乡镇企业机制优势弱化的问题越来越明显。六是来自人员素质不适应的挑战。市场竞争需要以人为本，依靠高素质的人才队伍取胜，而我省乡镇企业职工队伍整体素质偏低，缺乏应有的技术人才和管理人才，善于驾驭市场经济规律、懂经营、善管理的企业家队伍尚未形成。七是来自资源配置方式变化的挑战。乡镇企业在第一次创业中在很大程度上是靠优惠政策、人际关系、银行举债等因素发展起来的，而随着市场经济体制的逐步建立，资源配置方式发生了很大变化，不少企业还习惯于按老套路办事，对于通过市场调节，资本运营来配置生产要素既缺乏认识，又缺少办法。八是来自领导方式和政策环境变化的挑战。在新的历史条件下，政府如何对乡镇企业进行调控和指导，还需要一个探索过程，不少地方的领导仍习惯于下指标、分任务、铺摊子、上项目的领导方式，而对于如何提高质量和效益则缺少招数。另外，乡镇企业的优惠政策越来越少，负担却越来越重，发展环境并不宽松，也是一个大的挑战。

在看到乡镇企业面临困难和挑战的同时，我们也要看到乡镇企业面临的机遇和有利条件。这主要表现在以下几个方面：一是党中央、国务院、省委、省政府对发展乡镇企业高度重视，制定完善各种政策措施，加大了对乡镇企业的扶持力度，特别是江总书记去年以来关于乡镇企业的重要讲话和党的十五届三中全会高度评价了乡镇企业的地位和作用，指明了乡镇企业今后发展的方向和任务，必将极大地激发起广大干部群众发展乡镇企业的积极性和创造性，为乡镇企业战胜困难、加快发展提供了强大的动力和重要的保证。二是国家为扩大内需、刺激经济增长而采取的宏观调控政策，特别是加大基础设施建设，不仅对乡镇企业与基础建设相关产业有直接的拉动作用，而且使乡镇企业发展的"硬"环境得到明显改善。三是国家对中小企业加大了指导力度和政策支持力度，将形成有利于乡镇企业发展的政策环境。四是国家对国有企业实行"抓大放小""减员增效""下岗分流"等改革措施，为乡镇企业实行低成本扩张和吸纳各类人才提供了有利条件。五是随着社会主义市场经济体制的建立和完善，商品市场、要素市场、资本市场逐步形成，为乡镇企业的发展提供了更加广阔的空间。
六是乡镇企业经过 20 年在市场中的磨炼，形成了面向市场的灵活机制和
丰富经验，适应性、创造性不断增强，综合实力大大加强，涌现出了一批
在国内外市场上叫得响的好企业、一批好的企业带头人和经营管理队伍。
总之，乡镇企业二次创业是挑战与机遇同在，困难与希望并存，只要抓住
机遇，迎接挑战，克难攻坚，开拓创新，我省乡镇企业就一定能在二次创
业中再创辉煌。

二、乡镇企业二次创业的战略选择

面对乡镇企业的挑战和机遇，我们必须审时度势，进一步解放思想、
更新观念，调整发展思路和发展战略，引导乡镇企业通过实行两个根本转
变，以新的姿态跨入 21 世纪。

第一，实施改革带动战略，创新机制优势。改革是乡镇企业发展的动
力，乡镇企业二次创业的过程，也是不断深化改革的过程。乡镇企业改革
要以"三个有利于"为标准，以产权制度改革为核心，以建立富有活力的
经营机制为方向，通过改革，使乡镇企业真正成为"自主经营、自负盈
亏、自我约束、自我发展"的法人实体和市场主体，改革中要尊重群众的
创造和选择，形式上要多种多样，不能搞一刀切。对规模大、效益好的骨
干企业，以股份有限公司和有限责任公司为主要形式，实行规范化的公司
改造，逐步建立起现代企业制度。对于面广量大的中小企业的改革，要因
地制宜、一厂一策。对一般的乡村集体企业以股份制和股份合作制为主要
形式。对于微利亏损的小企业，通过改组、联合、兼并、租赁、拍卖等多
种形式，使其焕发生机。对原有的个体、联合体和私营企业在自愿的原则
下，也可以改造成股份合作制企业。企业改革中，要切实搞好资产评估、
产权界定、资产量化等工作，不论实行哪种形式的改革，都要保证集体资
产保值增值。通过改革，重构多元化产权格局，优化生产要素配置，打造

新的经营机制，充分调动投资者、经营者和劳动者的积极性，再造乡镇企业机制新优势。

第二，实施调整带动战略，发展优势产业和支柱行业，培育龙头企业和名优产品。结构不优是乡镇企业的突出问题，加快调整是二次创业的关键环节。在调整中要重点抓好四个方面：在产业结构调整上要着力抓好主导产业和支柱行业。我省是一个农业大省，乡镇企业要把大力发展农副产品加工业作为主攻方向，实行种养加一条龙，贸工农一体化，实现农产品的多次转化增值，促进农业向产业化、市场化、现代化发展。在企业结构调整上，要抓好组建企业集团，培育龙头企业。我省乡镇企业规模较小，缺乏大型企业是一个突出的弱点。因此，我们要选择一批基础好、发展潜力大的企业在资金、技术、人才等方面给予重点扶持，促使其上规模、上档次、上水平。在抓好大型企业的同时，也要注意引导中小企业向小而专、小而精、小而特、小而新的方向发展。在产品结构调整上，要抓好名牌产品，靠名牌产品的优势占领和开拓市场。在所有制结构调整上，要抓多元化发展，在抓好集体企业的同时，放手发展个体私营等非公有制经济，培育新的经济增长点。

第三，实施科教带动战略，提高企业整体素质，切实把经济增长方式转移到依靠科技进步和提高劳动者素质的轨道上来。据抽样统计，我省乡镇企业科学技术对经济增长的贡献率只有25%左右，远远低于国有大中型企业40%和发达国家60%~70%的水平。随着国际、国内竞争的不断加剧，对于技术落后、整体素质较低的乡镇企业来说，将是最严峻的挑战，乡镇企业要在激烈的市场竞争中立于不败之地，依靠科技进步是一个必然选择。首先，必须提高乡镇企业职工的整体素质，特别是经营管理者的素质，要把乡镇企业厂长经理的培训作为乡镇企业二次创业的一项基础工作来抓。同时，要创造良好环境，建立激励机制，引进高层次的科技人才和管理人才，使他们在乡镇企业建功立业。其次，要积极鼓励和帮助企业提高技术创新能力，加强企业技术开发机构，特别要鼓励和支持有条件的大型企业和大专院校、科研院所联合，建立厂办科研所。围绕市场需求，开发一批具有高附加值、高技术含量的名牌产品和专利技术产品，进一步提高科技进步对经济增长的贡献率。最后，要在乡镇企业中开展质量振兴活动，下功夫抓好质量基础工作，要促使乡镇企业采用先进、实用的新技术、新设备、新工艺、新材料，通过科技进步带动乡镇企业新的大发展。

第四，实施开放带动战略，强力推进东西合作，努力扩大出口创汇。广泛开展东西合作，对我们河南这个内陆省份来说，既是乡镇企业发展的良好机遇，也是一个新的经济增长点。东部沿海发达地区，由于产业结构的调整和产品的换代升级，一些劳动密集型和资源加工型的产业，正在积极向中西部转移，而且技术、资金、人才也随之流动。我们一定要抓住这一难得的机遇，进一步改善投资环境，拓宽合作领域，使东西合作由点到面、由小到大、由少到多、由低到高地加快展开，以推动我省乡镇企业的发展与提高。大力促进乡镇企业与国际经济接轨，主动走向国际市场，参与国际竞争，积极支持乡镇企业合理利用外资，广泛开展招商引资活动。要推行市场多元战略，拓宽出口渠道，尽快形成大经贸格局。要大力发展三资企业，对有条件的乡镇企业要利用外资嫁接改造。要加强出口商品生产基地的建设，培植带动区域经济发展的创汇龙头企业，对全省 100 家出口商品生产基地给予重点扶持。要积极开拓国际市场，既要继续发展和开发亚洲传统市场，也要开发有潜力的欧美市场，还要开发非洲、东欧、独联体等新兴市场，争取使我省乡镇企业产品在国际市场上占有更大的份额。

第五，实施重点带动战略，推动乡镇企业全面发展。和先进地区相比，我省乡镇企业一个突出的弱点是"有群山无高峰"，因此，应坚持重点突破，整体推进的方针，集中力量抓好一批重点骨干，如省委、省政府表彰的 2 个县（市、区）、50 个乡（镇）、100 个村、100 个企业。从数量看，它们在全省乡镇企业中占的比重不算太大，但在全省乡镇企业经济总量中占的比重以及它们在乡镇企业改革与发展中所起的导向作用都是举足轻重的。抓住这四个方面的重点，就是抓住了我省乡镇企业二次创业的"排头兵""领头雁"。政府有关部门要研究制定对这些重点骨干企业的扶持政策和措施，注意总结推广它们的经验，充分发挥它们的示范带动作用。有这样一批先进典型在前面引路，我省乡镇企业二次创业的大军就能浩浩荡荡地阔步前进。

第六，实施城镇带动战略，把发展乡镇企业和小城镇建设结合起来。《中共中央关于农业和农村工作若干重大问题的决定（草案）》指出："发展小城镇，是带动农村经济和社会发展的一个大战略。"当然也是带动乡镇企业发展的一个大战略。加快小城镇建设有利于乡镇企业由分散布局向集中布局发展。目前，乡镇企业的分布格局基本是，80%分布在自然村落，12%分布在农村集镇，7%分布在建制镇，1%分布在县以上城镇。这种分散的布局状况必须加以调整，使乡镇企业的发展和工业小区、小城镇建设相结合，走相对集中的路子。相对集中布局是第二、第三产业发展的一般规律，只有相对集中发展，才能使工业化和城市化进程同步进行，有利于节约土地、节约资源，相互配套、相互促进，产生聚集效益和规模效益。加快小城镇建设有利于吸纳农村剩余劳动力，有利于改变农民的消费方式，从而拓宽农村消费市场，带动第二、第三产业的发展。

三、推进乡镇企业二次创业要实行四个转变

乡镇企业二次创业是一次创业的继续和延伸，但又是互不相同的两个阶段，如果说第一次创业的突出特点是量的扩张，那么第二次创业的突出特点则是质的提高。由于形势的变化和战略的调整，指导乡镇企业发展的工作思路和方式方法也必须进行调整，要实行四个转变。

第一，在指导思想上由数量型、速度型向质量型、效益型转变。乡镇企业在一次创业过程中主要走的是靠外延扩张的路子，在新的形势下，仍然需要坚持大力发展，保持一定的增长速度，但是工作的重点要转移到向

内使劲，在提高质量和效益上下功夫。对现有企业要加强技术改造和内部管理，提高企业的自我发展能力、技术创新能力和市场开拓能力，在发展中求提高，在提高中求发展。对新上项目，要加强科学论证，努力走高起点、高科技、高效益的路子。

第二，在增长方式上由粗放型向集约型转变。实行这个转变是一个长期的过程，从我省实际情况出发，劳动密集型、资源开发型的企业还是要大发展的，但总的来说，要逐步从主要依靠增加投入，转变到主要依靠提高生产要素的使用效率，提高综合要素生产率对经济增长的贡献份额；从主要依靠增加能源、原材料和劳动力的消耗，转变到主要依靠科技进步，加强科学管理，提高劳动者素质，降低消耗，提高资源利用率；从主要依靠经济规模扩张，转变到主要依靠结构优化升级，提高产品技术含量、附加值和市场占有率。只有实现了由粗放型经济增长方式向集约型经济增长方式的转变，才能从根本上使乡镇企业改变面貌，出现持续大发展、大提高的局面。

第三，在经营管理上由"橄榄型"向"哑铃型"转变。所谓"橄榄型"是指有些企业重视生产而轻视产品开发与市场营销，对市场反应不灵，产品缺乏竞争力，不能有效占领市场，这种现象在乡镇企业相当普遍。所谓"哑铃型"管理，实际上是一种两头大、中间小的方式，即产品设计开发能力和市场营销能力相对较强，而生产环节相对较弱。我省乡镇企业中已涌现出一些成功的典型，他们注重产品开发，重视营销战略，在扩大销售、开拓市场方面都有一套好的办法，如注重广告宣传，扩大企业和产品的知名度，有一支过硬的营销队伍和健全的营销网络，实行产销服务一条龙等。当前对乡镇企业来说，加强营销，开拓市场特别是开拓农村市场尤为重要。

第四，在领导方式上由行政命令型向指导服务型转变。实行政企分开，改变领导方式既是乡镇企业改革与发展的需要，也是政府转变职能的需要。政府部门要从对企业大包大揽、跑钱要物的直接管理中解脱出来，从宏观上进行规划、协调、监督、指导、服务，用经济、法律手段和信息引导乡镇企业发展，特别注意制定和落实有关政策法规，保护企业合法利益，减轻企业负担，为乡镇企业营造一个宽松的发展环境。

乡镇企业二次创业需要探讨的问题还很多，在前进中还会遇到新的困难、问题和矛盾，但是只要我们认真贯彻执行党中央、国务院的方针、政策，充分调动广大群众的积极性和创造性，不断深化改革，勇于开拓创新，就一定能推动我省乡镇企业再上一个新台阶，开创一个新局面。

1999 年 8 月

发展乡镇企业必须注意环境保护

环境保护是一项基本国策。党中央、国务院在国民经济"九五"规划和 2010 年远景目标纲要中明确提出，要加强环境保护，控制环境恶化趋势，改善环境质量，确保环保目标实现，推进可持续发展战略。在促进乡镇企业发展中切实抓好环境保护，既是保证乡镇企业持续健康发展的主要措施，也是实现"九五"规划和 2010 年经济发展目标，推动我国经济与环保事业协调发展的战略选择。

一、必须正视一些乡镇企业对环境污染的严重性和危害性

改革开放以来，我国乡镇企业持续快速发展，取得了令人瞩目的辉煌成就，为推动农村经济和整个国民经济的发展做出了巨大贡献。同时，乡镇企业根据自身经济发展的特点，针对环境保护中出现的问题，积极采取了一系列防治措施，收到了一定成效，并积累了一些经验。但是毋庸讳言，不少地方乡镇企业在经济快速发展的拉动下，污染物排放量也在不断增加，高耗能、污染严重的行业没有得到有效治理。不但存在污染现象，个别地方和企业污染还相当严重，甚至有逐步恶化的趋势。特别是一些小化工、小造纸、小制革、小冶炼、小印染等行业，因生产工艺和设备落后，超标排放了大量的废水、废气、废渣等，一方面造成对水源的污染，

甚至破坏了人们的清洁饮水，直接威胁了人们赖以生存的物质基础；另一方面，大量的粉尘和有害气体又影响了人们的生活、生存环境和空间。环境污染作为人们生存的一大公害，已经到了非治不可的地步。当然，这种状况并非乡镇企业一家所造成的，但是环境污染已成为全社会对乡镇企业关注的焦点，向乡镇企业敲起了警钟：防治污染，势在必行。

二、充分认识乡镇企业加强环境保护的重要性和紧迫性

发展乡镇企业与环境保护是相互促进、相互统一的，不是相互对立的。首先，从根本上讲，发展乡镇企业与加强环境保护都是推进两个文明建设的需要。发展乡镇企业的根本目的是提高人民的物质文化生活水平，改善人们的生活条件，是为了造福人民。而环境污染不仅破坏了资源，而且严重影响了人们的正常生活，危害了人们的身心健康。许多过去已绝迹的疾病，因环境污染而死灰复燃，并诱发了许多新的疾病。如果人们仅仅是物质生活得到了满足，而生活环境却十分恶劣，身心健康无法保证，精神上得不到享受和愉悦，乡镇企业就失去了存在和发展的意义。所以，如果以牺牲环境为代价去发展乡镇企业，就违背了发展乡镇企业的初衷。因此，发展乡镇企业必须注重环境保护，实现经济效益、社会效益、生态效益相统一。在努力创造物质财富的同时，也创造一方适合人们生活的优美环境。

其次，发展乡镇企业与加强环境保护是实行可持续发展战略的需要。实行可持续发展关系到我国长远发展和全局性的战略措施。保护环境的实质就是保护生产力。乡镇企业要持续发展，必须走资源消耗少、经济效益高、环境保护好的良性循环的发展道路。如果在发展中不注重环境保护，发展速度越快，环境污染和生态破坏就越严重，发展的持续能力就越低。特别是随着国家环保力度的加大，如果有些乡镇企业仍然重发展、轻治理，只污染、不治理，必然会受到国家法律、法规的惩治。换言之，即使

走先污染、后治理的路子，也是不可取的，那样做不仅会付出更大的代价，而且会造成不可弥补的损失。因此，从根本上讲，保护环境就是保护乡镇企业自身持续发展的能力。

再次，发展乡镇企业与加强环境保护是建立法治经济的需要。市场经济的建立、完善和正常运行需要法治规范的引导和约束，从一定意义上讲，市场经济就是法治经济。它要求各种经济活动必须在法律、法规的制约下进行。作为经济发展重要基础的环境，同样也必须靠法律来保护、开发和利用。国家早在 1979 年就制定了《环境保护法》，接着又颁布了《水污染防治法》等法律、法规。通过广泛的宣传和贯彻，各级领导和群众的法治观念不断增强，经济发展正在逐步走上法治的轨道。因此，加强环境保护，是乡镇企业必须遵循的法律义务，也是乡镇企业不可推卸的法律责任。

最后，加强环境保护是改善乡镇企业形象，实现健康发展的需要。环境意识和环境质量是衡量一个国家和民族文明程度的重要标志，也是乡镇企业综合素质、整体形象外在体现的一个重要方面。乡镇企业由于布局分散，点多面广，污染源多，疏于治理，已严重影响了乡镇企业的形象。如果这种状况不改变，乡镇企业就不能赢得各方面的支持，就不能拥有良好的外部发展环境，同时也会因对环境的破坏遭到环境的报复，这样就势必影响乡镇企业健康发展。

三、正确处理五个关系，努力实现乡镇企业
与环境保护的协调发展

一是正确处理加快乡镇企业发展与强化环保意识的关系。搞好环境保护，关键要在发展乡镇企业的同时，牢固树立环保意识，不能认为一强调环境保护就会影响乡镇企业的发展。事实上，环境污染不但严重威胁着广大人民群众的正常生活和身心健康，而且会严重削弱乡镇企业乃至整个国

民经济发展的基础和后劲。环境污染，不但是乡镇企业面临的一个不容忽视的问题，而且已影响到我国与国际间政治、经济、贸易、文化等众多领域的交往。因此，乡镇企业必须站在历史的高度，清醒地认识到加强环境保护的现实意义和历史意义，进一步强化环保意识。首先，要严格执行国家制定的"预防为主，防治结合""谁污染，谁治理"和"强化环境管理"三大环保政策。其次，要强化法治观念，把环境保护作为自己的法律职责。最后，在制定决策和具体工作中要突出环保意识，把环保治理由被动的末端治理转变为积极主动，贯穿于企业的规划、生产、管理的全过程，做到同步规划、同步实施、同步发展。

二是正确处理眼前利益与长远利益、局部利益与整体利益的关系。环境保护是功在当代、利在千秋的大事。乡镇企业的发展必须坚持经济效益、社会效益、环境效益相统一。决不能目光短浅，急功近利，为了眼前、局部利益而牺牲长远、整体利益。不仅要考虑眼前利益，还要为子孙后代着想，为未来的发展创造更好的条件。决不能走先污染、后治理的路子，更不能吃子孙饭，断子孙路。发展乡镇企业既要为社会创造巨大的经济效益，又要使青山常在，碧水长流，为保护环境、改善环境、美化环境做出新的贡献。

三是正确处理环境保护与企业利益的关系。当前，有些乡镇企业对环境保护之所以重视不够，治理不力，一个很重要的原因就是因为没有摆正保护环境与企业利益的关系。他们愿意投资扩大生产，不愿意投资治理污染，认为后者得不到直接经济效益，是"赔钱买卖"。其实不少乡镇企业通过治理污染，特别是对废水、废气、废渣的回收处理，化害为利，变废为宝，不仅保护了环境，而且收到了良好的经济效益。相反，有些乡镇企业因污染严重不予治理而被迫关停，造成大量经济损失，既失去了眼前利益，更谈不上长远利益。因此，乡镇企业为了自身利益，一定要按有关要求搞好环保治理，已形成污染的要抓紧治理，治理不了的要及时关停并转。但要坚持少关停，多并转，对关停的也要做好善后工作，以免造成更大的损失。

四是正确处理调整产业结构与加强环境保护的关系。产业结构不合理是造成乡镇企业环境污染的重要原因，大量的五小企业和高耗能企业是主要污染源。因此，乡镇企业要积极调整产业结构、产品结构，按照国家产业政策和环保要求，大力发展低耗能、轻污染、高科技的产业。一要定期淘汰耗能高、污染严重的生产工艺、技术和设备，加快技术改造，采用先进适用的生产技术和设备，控制污染，减少污染排放量。二要大力发展高科技，深加工产品，发展无污染无公害企业。三要依靠科技进步，提高资源利用率，提高管理水平，积极推行清洁生产。四要大力发展环境保护产业，生产环保设备，推广利用环保技术，积极推进环保产业化。

五是正确处理乡镇企业分散与集中的关系。乡镇企业的分散布局造成了大量的污染源，加大了治理的难度。因此，搞好污染防治，需要乡镇企业逐步向区域化、集约化、规模化方向发展，实行企业治理与区域集中治理相结合。单个的企业污染治理投资大、难度大、见效慢，而实行区域和集中的综合治理便于提高对污染防治的整体效果，有利于节约投资，提高环保投资的利用率，有效地改变区域环境状况。同时，乡镇企业应积极发展规模经济，加快工业小区和小城镇建设，不断提高防治污染能力，把环境保护提高到一个新水平。

1996 年 12 月

河南工业旅游亟待开发

被人们称为朝阳产业的工业旅游，在一些发达国家和我国发达地区，正以其强大的生命力显示着广阔的发展前景。而在我省，与蓬勃发展的风景名胜游和农业观光游相比，工业旅游则显得十分薄弱。这里，我根据自己的亲身体验，结合我省实际情况，就如何加快我省工业旅游谈一点粗浅的看法，以期引起更多人的讨论和关注。

一、日本啤酒厂的启示

几年前，我随团去日本旅游，不仅游览了一些名胜古迹，而且参观了一些种植场、养殖场、加工厂，但给我留下印象最深刻的是名古屋啤酒厂。我感觉它既是一座现代化的工厂，又像是一个风景秀丽的花园，也是一个有关啤酒知识大全的博物馆。

当我们的旅游车开进工厂大门的时候，映入眼帘的是地毯似的草坪，修剪整齐的绿化带和盛开的簇簇鲜花。身着黄色衣裙的导游福田小姐，陪我们乘坐电瓶车驶进了生产厂区。在宽敞且全封闭的参观走廊里，一边是啤酒生产车间，一边是玻璃橱窗，里面陈列着有关啤酒生产的各种原料标本和资料，播放着啤酒生产工艺的电视录像。福田小姐向我们介绍，这家啤酒厂选用原料十分讲究，大麦是从美国购进的，啤酒花是从法国购进的。这里的整个生产过程几乎都是用电脑控制的，最引人入胜的是灌装车间，宛若长龙的生产线把排列整齐的啤酒瓶从楼下传送上来，经过冲洗后又齐刷刷地传向灌装处。灌装好的啤酒瓶要经过仪器的严格检查，有一点毛病就不能装箱出厂。参观结束后，日本朋友还请我们在休息厅品尝了他们生产的各种啤酒和饮料。当时，我一边品尝一边想，像名古屋啤酒厂这样优美的环境、先进的技术、严格的管理、热情的服务，确实是值得我们学习和借鉴的。

二、汾酒工业园香飘何方？

"清明时节雨纷纷，路上行人欲断魂。借问酒家何处有，牧童遥指杏花村。"想不到杜牧的这首脍炙人口的《清明》诗，竟成了山西杏花村汾酒厂招揽游客的金字招牌。2005 年，我有幸游览了杏花村汾酒工业园林，不仅大饱了眼福和口福，而且上了一节生动的有关中国酒文化的课。在这里，我首先看到了神秘的汾酒酿造生产工艺，"地缸分离发酵，清蒸二次清"，这正是汾酒酿造的独特之处。看着发酵室偌大一片排列整齐的地缸，让人感受到一种威严和壮观。在这里，我还看到了传统酒库、万吨酒海、风韵犹存的十年古井，参观了收藏有历代酒器的博物馆，欣赏了数千幅新中国成立以来的名人字画。通过这些观览，我不仅领略到了中国酒文化的源远流长、博大精深，而且对杏花村汾酒产生了强烈的认同感和购买欲望。显而易见，靠着得天独厚的自然条件和浓厚的文化底蕴而精心打造的杏花村汾酒工业园林观光旅游，对于提升杏花村汾酒的品牌价值将产生不可估量的影响。

三、温州工业游咋掘金矿？

改革开放以来，温州的民营经济迅猛发展，创造了令世人瞩目的辉煌业绩，现已拥有"中国鞋都"等26个"国"字号生产基地、8个中国驰名商标、16个中国名牌产品、206个省级著名商标和名牌产品。这不仅极大地增强了温州民营企业在国内外市场上的竞争力，而且也为发展工业旅游提供了丰厚的资源优势。在国家旅游局（现为文化和旅游部）评定的103家"全国首批工业旅游示范点"中，温州就占了5家。前不久，应温州市经济学会的邀请，我前往温州进行了为期三天的考察，深感精明的温州人又从工业旅游中掘开了致富金矿。在我所去的正泰集团、报喜鸟集团、奥康集团、人民电器集团这四家企业中，前三家都是全国首批工业旅游示范单位。这些单位对工业旅游十分重视，都成立了由主要领导挂帅的接待机构，有固定的参观路线，有印制精美的介绍资料，有反映企业情况的电视专题片，有的还有游客购物中心，不少单位都是老总或副总出面介绍情况并与游客对话交流。在这里，不仅让你看到漂亮的厂容厂貌、先进的生产工艺流程、各式各样的新产品，还能学到先进的经营理念和管理经验。同时，络绎不绝的参观者也为这些企业带来了效益可观的回报。如奥康集团，自2003年建立"游客购物中心"以来，每年的销售额都在500万元以上，2006年达到1000多万元。五年来，公司在接待工作中直接创造的经济效益达到3000多万元，间接创造经济效益近亿元，公司老总王振滔深有体会地说："接待也是生产力。"

四、河南工业旅游呼唤春天

通过以上所述，和先进的地方相比，我深深地感到河南的工业旅游确实是落后了，但我也相信，河南的工业旅游潜力巨大，前景光明。我省各类先进典型到处涌现，工业旅游资源十分丰富。比如全国第一、世界三强的超硬材料生产企业黄河集团，全国最大的档发生产企业瑞贝卡集团，全国最大的肉类加工企业双汇集团，全国最大的速冻食品生产企业三全、思念集团，等等，都出自我省。只要把这些"全国之最"和"全省之最"

的工业企业开发起来，我省的工业旅游局面就会大为改观。

那么，怎样促使我省工业旅游又好又快地发展呢？我认为应该抓好以下几个方面。

第一，发展工业旅游，要转变思想观念。观念决定行动，思路决定出路。有些企业对发展工业旅游的重要意义认识不足，片面认为企业主要靠生产经营盈利，搞旅游是"野菜"一盘，没多大油水，甚至认为是自找麻烦，不务正业。其实，企业对外开放，接待游客，不仅可以提高企业的知名度、美誉度，从而提升企业形象，而且可以增加收入，同时还可以广交朋友，招商引资，促进企业快速发展，是一举多得的好事，应积极参与和支持。

第二，发展工业旅游要学会市场运作。在实践中要实行四个转变，即要把企业的看点转变为旅游的卖点，要把原来的接待职能转变为旅游服务，要把参观考察转变为游览观光，要把原来的免费参观转变为有偿旅游。

第三，发展工业旅游，要按照市场规则办事。游客拿钱参观，是一种消费行为，因此要尊重游客的合法权益。除涉及核心技术和商业秘密的地方，在参观区内不要随意设置"禁止通行""禁止拍照"之类的告示，使游客感到索然无味，有伤雅兴。要热情接待，认真介绍，真正使游客感到有看头，有听头，有学头，物有所值。同时也要教育游客，参观时应维护企业正常的生产秩序，注意安全和环境保护。

第四，发展工业旅游，要突出特色，选准定位。比如煤是怎样从地下挖掘出来的，煤又是怎样变成各种化工产品的；蚕是怎样吐丝的，丝又是怎样变成各种丝绸和服装的；平平常常的头发是怎样变成各式各样的"头上时装"的；等等，总之，要千方百计地满足游客的求知欲望和好奇心理。

发展工业旅游是一项复杂的系统工程，需要各级政府的高度重视，需要旅游部门和企业的精心组织，需要工业企业的大力支持，也需要社会各界的热情参与。希望方方面面通力合作，为尽快开创我省工业旅游的新局面做出积极贡献。

2007 年 11 月 13 日

发展绿色食品大有可为

春风给大地染上了一层诱人的绿色，大地显得更加春意盎然。不仅大地需要绿色，人们的生活和心灵也同样需要绿色。近年来，随着生活水平的提高和健康意识的增强，人们对无污染、无公害的绿色商品就显得情有独钟。如今绿色消费已逐渐成为时尚，像滚滚春潮涌进了我们的生活，诸如绿色食品、绿色服装、绿色家电、绿色公寓等，林林总总，不胜枚举，甚至有人说，世界贸易已经进入绿色时代，可见绿色对于人类的生存和发展是何等重要。

在众多的绿色商品中，和人们生活最密切的要算是绿色食品。所谓绿色食品是无污染、优质、安全、营养类食品的总称。之所以称为"绿色"，是突出这类食品出自良好的生态环境，体现出饱受污染之害的人们自我保护的意识和回归自然的愿望。由于绿色食品既具有营养又安全，所以一经问世，就显示了强大的生命力和广阔的发展前景。近年来，我国绿色食品发展迅猛，方兴未艾，到 1998 年年底，已有 1080 种产品获得绿色食品标志使用权。

在当前，强调发展绿色食品有着特殊的意义。一是发展绿色食品可以丰富人们的餐桌，提高生活水平，增强国民体质。河南省长垣县金鑫集团公司生产的恒友牌绿色鸡蛋，因其营养丰富、无残毒、无公害，受到广大消费者的青睐，成了北京、上海、郑州等地市场上的抢手货，月产 150

吨，仍供不应求。二是发展绿色食品可以促进生态农业的发展和产业结构的调整。生态农业已成为我国的基本国策之一得以确立，被列入《国民经济和社会发展"九五"计划和 2010 远景规划纲要》与《中国 21 世纪议程》。在当前，农产品实现总量基本平衡、丰年有余的情况下，发展市场短缺的绿色蔬菜、瓜果、粮食、禽蛋及其加工制品，无疑对农业的发展开辟了新的途径。三是发展绿色食品可以充分利用潜在的资源优势。例如"天苍苍，野茫茫"的内蒙古大草原成了发展绿色食品得天独厚的自然资源。到目前为止，全区开发绿色食品的生产企业已发展到 65 家，生产绿色食品 148 种，占全国绿色食品总数的 16%，名列全国第一。其中有些产品如伊利雪糕、伊利奶粉茶、兴发肉鸡、兴发羊羔肉、宁城老窖已成为全国名牌产品。四是发展绿色食品是增加地方经济实力和农民收入的重要渠道。地处边远地区，原来经济落后的黑龙江虎林市，近几年来通过实施绿色食品开发战略，使全市工农业生产迅速发展，农民人均收入不断增加，1998 年已达 3663 元，比 1996 年增长 9.6%。五是发展绿色食品有利于扩大出口创汇。在国际市场上，绿色食品具有很强的竞争力，发达国家对绿色食品的需求量远远超出其生产能力，需要大量进口。我国加入 WTO 已经指日可待，这将为我们加快发展绿色食品，进而推向国际市场提供了一个难得的机遇。

虽然我国的绿色食品近年来有了较快的发展，但不论是其在市场上占有的份额，还是满足人们需要中所发挥的作用都还不尽如人意。出现这种局面的原因是多方面的。其一，对绿色食品的优越性缺乏广泛的宣传和引导，使不少人对绿色食品并不了解。其二，许多绿色食品价格较高，使得一些收入较低的消费者望而却步。其三，近年来假冒商品的泛滥，导致市场内外鱼目混珠，真假难辨，从而影响了绿色食品的销售。其四，目前绿色食品品种较少，还不能满足广大消费者的多种需求。

鉴于上述原因，要加快绿色食品的发展，必须从实施可持续发展的战略高度，进一步宣传大力发展绿色食品的重要性和必要性，增强国民的环保意识和自我保健意识。各级党委和政府在决策中要强化绿色意识，把发展绿色食品作为结构调整、扩大内需的一项内容列入议程，统筹规划，抓好试点，总结经验，逐步推开。要制定优惠政策，从资金、技术、人才、项目等方面对发展绿色食品给予必要的扶持。广大企业应具有战略眼光和超前意识，充分认识绿色食品蕴含着的无限生机和活力。特别是有条件的地方和企业，要率先生产绿色食品，而且要千方百计吸引外商投资绿色食品的生产与开发。

20 世纪 90 年代初，当绿色食品刚问世的时候，就曾有专家预言："21 世纪中国的主导农业是生态农业，21 世纪中国的主导食品是绿色食品。"我们坚信，具有广阔前景的绿色食品一定会大有作为的，它将像挡不住的春风一样吹遍神州大地。

愿我们的生活永远充满绿色。

1998 年 5 月 16 日

从"难忘的四顿饭"看餐饮业如何发展

现在，大家对如何振兴豫菜，特别是如何加快民营企业的餐饮业开展大讨论，我看很有必要，并对此产生了浓厚的兴趣。这使我想起我在不同地方吃过的四顿饭，它们都给我留下了难忘的印象。我想，这些难忘之处也正是可借鉴之处，或许对民营企业的餐饮业发展会带来有益的启迪。

一、难忘鼓楼夜市吃小吃

有一次，河南日报社的几位朋友到开封来看我，晚上我请他们吃饭，推荐了几家有名的酒店让他们选。他们却说，这些地方都不去，还是到鼓楼吃小吃吧。我们来到鼓楼夜市，这是开封名吃荟萃的地方，只见各具特色的风味小吃摊点应接不暇，招揽顾客的各种叫卖声此起彼伏，一下子把我们的胃口吊了起来。我们转了一圈，便找个地方把桌子一并坐了下来。这家老板娘急忙走过来说："你们想吃什么尽管说，我们马上给你们送来。"说话间，黄线鱼送来了，小笼包子送来了，还有沙家酱牛肉、马家的桶子鸡、锅炉烧饼、杏仁茶。我们还要了炒菜和啤酒，不一会儿摆满了一桌子。大伙儿吃着喝着，说着笑着，好不热闹。为了多吃几样，一碗汤分着喝，一个饼掰开吃，真是情同手足，亲如家人。酒足饭饱之后，大家不约而同说的一句话就是："今天吃得真得劲儿。"这顿饭给我的感觉是，风味加特色，就会招人来。

二、难忘王相岩的山村菜

2020 年的夏天，我去安阳搞调研，市中小企业局的同志陪我到林县游览了大峡谷，中午在王相岩的一个农家饭店就餐。从外表看，那餐馆就是树墙草顶，走进去却别有洞天，早已打开的空调让我们来到一个清凉世界。刚坐下，服务员就送来了小毛巾，笑盈盈地说："外边天气热，赶紧擦擦汗吧。"接下来，端上两盘红得透亮的西红柿和青翠欲滴的嫩黄瓜，又给每人送来一碗蒜汁拌凉粉，这时我们的心情只有一个字，那就是"爽"。接着上来的是山韭菜炒柴鸡蛋，不但颜色好看，味道也鲜美，大家也顾不上谦让，便如风扫残云般地吃个精光。这时有人叫："服务员，再来一盘。"接二连三上的是小鸡炖蘑菇、炒蕨菜等，都是原汁原味的山村农家菜。这时我才发现周围的风光更是优美动人，眼前就是重峦叠嶂的巍巍太行，窗外便是蜿蜒流淌的溪水，看着美景，吃着美食，油然而生一种飘飘欲仙的感觉。这顿饭之所以让我难忘，就是因为让我体会到，美食加美景，才有好心情。

三、难忘的杭州"楼外楼"

前不久，我随团到杭州旅游，中午在西湖边的"楼外楼"吃饭。说起杭州菜，人们自然想起著名的品牌菜"东坡肉""叫花鸡""西湖醋鱼"。这些年我也吃过好多次，却不知道每道菜背后都有一个动人的故事。这次在"楼外楼"吃饭，不仅对其优美的环境、地道的菜味留下美好的印象，更为它那浓厚的文化氛围所感染。在上"东坡肉"这道菜时，服务员还向我们介绍了"东坡肉"的来历。当年苏东坡第二次回杭州任知府，发动数万民工整治西湖，除封草，疏湖港，既改善了环境，又为群众带来水利之益，还增添了西湖景色。老百姓为了表示感谢，过春节时，都纷纷给他送来了猪肉，苏东坡觉得这么多猪肉应该同数万疏浚西湖的民工共享才对，于是便让家人把这些猪肉切成方块，按他的烹制方式烧制成红烧肉，分送到各家各户。后来，每逢农历除夕，家家户户都做"东坡肉"，以至相沿成俗，用来表示对他的怀念之情。听完这个故事，便感觉"东坡肉"不仅是一种美食，而且还包含着一种文化。"楼外楼"这顿饭之所以让我难忘，就是让我懂得了一个道理，文化加品牌，美食更可爱。

四、难忘在巴塞罗那吃中餐

经常出国的人都知道，到了国外，除了看的是外国景，住的是外国店以外，吃的主要还是中国餐。有一年，我到西欧七国旅游，来到了西班牙的第二大城市巴塞罗那。巴塞罗那也是一座世界名城，整个城市依山傍海，地势雄伟，风景秀丽。那天上午，我们参观了巴塞罗那奥运会比赛场馆和一个大教堂，游览了兰布拉大街，中午便来到一家中餐馆就餐。这家餐馆门面并不大，但很干净，老板是一个新加坡的年轻人，讲得一口流利的中国话，一见我们便热情地迎了上来，询问我们是从哪里来的，在巴塞罗那都看了什么地方。说完，便让服务员抓紧上饭菜。今天的饭菜不仅量大，而且味道特别好，特别是大虾仁、烧鱼片，就是在国内也很少见。吃饭间，这位老板还不时地向我们介绍当年巴塞罗那奥运会的盛况，中国餐馆在这里的发展情况，在这里旅游要注意些什么，还帮助几位游客按当地牌价兑换了外币，临走时给每个人都加满了开水，直到把我们送上车才挥手告别。当时我就想，如果有机会再到巴塞罗那，我一定还到这家餐馆吃饭，这顿饭让我深深感到，美食诚可贵，服务价更高。

以上这四顿饭从城里说到山里，从国内说到国外，其实就想说明一个意思，如果我们的民营企业餐饮业都能在优化环境、提高质量、改善服

务、提升文化品位上下功夫，做到让人吃了忘不了，到那时振兴和发展就
大有希望了。

2022 年 3 月 13 日

致富莫开"大锅饭"

改革开放以来，我国不少农村通过发展集体经济，走上了共同富裕的道路。在这些地方，乡镇企业蓬勃发展，村镇建设日新月异，社会福利设施不断完善，人们的生活质量不断提高，充分显示了社会主义新农村欣欣向荣的喜人景象。但是在少数地方也出现了一种值得注意的重开"大锅饭"的现象。主要表现是名目繁多的各种免费，诸如用水免费、用电免费、粮油免费、肉菜免费、住房免费、医疗免费、幼儿入托免费、学生上学免费，农业生产供种、打药、施肥、浇水、治虫免费，凡事种种，举不胜举。

对于以上各种免费，合理与否，不能一概而论，应区别对待。问题在于对免费对象缺乏区别对待。不论干与不干，干多干少人人有份，统而免之，这岂不是重开"大锅饭"吗？这种做法的弊端甚多。

一是助长了平均主义。实行平均主义的结果是"均"而不"平"。首先是造成了一部分人心理上的不平衡，干得多、贡献大的人难免就会有吃亏之感。其次会使一些人的胃口越吊越高，总想"均"的范围再大一些，"均"的标准更高一些。这样水涨船高地"均"下去，基层干部就感到越来越为难，一旦新的要求不能满足，干群关系就会出现新的矛盾。

二是"大锅饭"养懒汉，容易削弱人们开拓创新的斗志和艰苦奋斗的精神。实行高福利并不能带来经济发展的高速度和高效益。恰恰相反，它会逐渐削弱人们的竞争意识和风险意识，影响经济的发展和社会的进步。这一点已经为较早实行高福利的英国等西方国家的实践证明。众所周知，山林中凶猛无比的老虎，在动物园的笼子里关久了，肉来张口的日子过惯了，一旦放出来，连捕捉一只鸡的能力也没有了。人也是这样，只会吃奶，不会吃饭的人，还能会创业吗？

三是容易助长铺张浪费的陋习，不利于培养勤俭节约的作风。用水不要钱，就可能出现"长流水"。用电不要钱，就可能出现"长明灯"。吃米吃面不要钱，就容易忘记"粒粒皆辛苦"的至理名言。以此类推，就会使宝贵的财富和资源白白付诸东流。

四是影响了集体经济的积累和扩大再生产。当前各地在发展经济特别是发展乡镇企业中，资金短缺已经成了一个十分紧迫的问题。如果把大量的生产资金转化为消费资金，或者把本来可以集中起来办大事的资金化整为零，分散使用，都是不利于集体经济的壮大和发展的，也是不符合社会主义市场经济的观念的。

在一些地方出现的各种免费的"大锅饭"现象，原因是多方面的。既有主观方面的原因也有客观方面的原因，既有认识上的原因也有工作上的原因。根本的问题在于对我国还处于社会主义初级阶段的基本国情缺乏全面的认识和准确的把握，因为这是我们制定路线、方针政策和处理问题的出发点。正如江泽民同志在党的十五大报告中所指出的，"面对改革攻坚和开创新局面的艰巨任务，我们解决种种矛盾，澄清种种疑惑，认识为什么必须实行现在这样的路线和政策而不能实行别样的路线和政策，关键还在于对所处社会主义初级阶段的基本国情要有统一认识和准确把握"。那么，社会主义初级阶段在分配问题上应该把握什么样的政策和原则呢？邓小平同志早在 1980 年就指出："社会主义是共产主义第一阶段，这是一个很长的历史阶段，必须实行按劳分配，必须把国家、集体和个人利益结合起来，才能调动积极性，才能发展社会主义的生产。共产主义的高级阶段，生产力高度发达，实行各尽所能，按需分配，将更多的承认个人利益、满足个人需要。"显而易见，在当前农村采取各种不要钱的做法，是和社会主义初级阶段的分配原则不相符合的。我们必须走出免费项目越多，越是体现社会主义优越性这个认识上的误区，不能把共产主义高级阶段才能实行的政策和做法过早地搬到社会主义初级阶段。要看到，即使少数地方富裕了，也是初步的和局部的，还没有实现生产力的高度发达和物质财富的极大丰富，还不能实行按需分配，还必须坚持按劳分配为主的分配原则。要正确处理国家、集体、个人三者之间的关系，最大限度地调动广大群众的积极性和创造性，推动社会主义生产力的发展。

我们提出有些地方实行各种免费的做法有不妥之处，并不是要马上统统取消，那样做也是不合适的。既要看到这些做法如上面指出的有其消极的一面，也要看到这些做法对减轻农民负担、改善群众生活、促进社会稳定也曾发挥过积极作用。正确的做法应该是从我国还处在社会主义初级阶段这一基本国情出发，坚持实事求是的原则，以"三个有利于"为标准，具体问题，具体分析，需要取消的则取消，需要保留的则保留，需要调整完善的要进一步调整完善。总之，要体现出正确的导向，比如对老弱病残、丧失劳动能力或者有特殊困难的人一定给予免费照顾，以体现社会主义大家庭的温暖。为了引导学生奋发学习，在有条件的地方，对学生上学实行免费，对升入中专和大学的学生实行奖励都是未尝不可的。对于在生产、生活和社会义务等方面应该由农民自己合理负担的部分，则应不实行或少实行免费的做法，这样做既有利于集中资金发展壮大集体经济，也有利于农村精神文明建设。

1997 年 9 月 26 日

大力发展民营经济　加快实现中原崛起

　　河南省委七届五次全会通过的《河南省全面建设小康社会规划纲要》（以下简称《规划纲要》），是从河南实际出发，以"三个代表"重要思想和党的十六大精神为指导，确定了我省全面建设小康社会的奋斗目标、基本途径、发展布局和战略举措，为我们描绘出了一幅鼓舞人心的宏伟蓝图，是我们努力实现中原崛起的行动纲领。《规划纲要》提出："放手发展非公有制经济，把非公有制经济发展纳入国民经济和社会发展总体规划，坚决革除制约非公有制经济发展的阻力和障碍，创造有利于非公有制经济发展的公平环境，切实保护个体私营等非公有制企业的合法权益，大幅度提高非公有制经济在全省国民经济中的比重。"这是完全符合我省实际的一项重大战略决策，是实现中原崛起伟大目标的一项重要举措。我认为，从河南实际出发，大力发展民营经济，并且把民营经济做大做强，必须抓好以下几个问题。

一、大力发展民营经济，必须从战略高度提高思想认识

　　首先，大力发展民营经济是破解"三农"问题的重要举措。全面建设小康社会，加快实现中原崛起的难点和重点在"三农"，而解决"三农"问题的难点和重点又在于减少农民数量，增加农民收入。大力发展民营经

济能够使大量农民从传统农业向非农产业转移，使农民收入不断增加，而且大力发展民营经济正在使农民变为市民，农村变为城镇，这已经成为不争的事实。

其次，大力发展民营经济是壮大县域经济的必由之路。县域经济的规模和实力，在很大程度上取决于民营经济的发展水平。国家统计局曾对全国 2000 多个县（市、区）的社会经济发展情况，进行发展水平、发展活力、可持续发展潜力的综合测评和比较，排出全国社会经济发展综合指数前 100 个县（市、区），其中我省只有巩义市榜上有名，而浙江省却由 22 个增加到 27 个，居全国首位。浙江省县域经济为什么能在全国独占鳌头？其奥秘就在于这些地方拥有活跃而强大的民营经济。有资料表明，该省在 88 个县（市、区）中，有 85 个县（市、区）形成了独具特色的民营经济区块，其中年产值超亿元的区块 519 个，年产值 10 亿～50 亿元的区块 26 个，100 亿元的 3 个。浙江省和巩义市的经验告诉我们，发展县域经济的潜力、希望和后劲就在于大力发展民营经济。

再次，大力发展民营经济是扩大就业的有效途径。就业是民生之本。我省作为人口大省，就业问题显得尤为突出。农村有 2000 多万富余劳动力需要转移，城市还有一批为数不少的下岗职工、待业青年需要安置，出路何在呢？最有效的办法就是大力发展民营经济。外省和我省一些地方的经验都证明，凡是民营经济发展比较好的地方，那里的就业就比较充分，有些地方不仅实现当地劳力就地转移，还吸纳了大量的外地劳力甚至城市下岗职工前来就业。

最后，大力发展民营经济是实现工业化、城镇化和农业现代化的战略选择。我省要全面建设小康社会，实现中原崛起，关键是要加快工业化、城镇化和农业现代化的进程。而民营经济的主要部分就是第二产业，因此要加快实现工业化，就必须大力发展民营经济。民营经济的另一个重要组成部分就是第三产业，它的快速发展和第二产业一样必将为城镇建设提供有力的支撑，从而推进城镇化进程。再说农业现代化的实现，首先需要大量资金，必须依靠民营经济的积累和支持。其次，农业产业的升级和增效，也必须依靠产业化龙头企业的牵引和推动，同时也离不开民营企业在产前、产中、产后所提供的多种服务。可以说，没有民营经济的发展，要实现工业化就是"空想"，要实现城镇化就是"空壳"，要实现农业现代化就是"空话"。因此，大力发展民营经济，进一步把民营经济做大做强，有利于解放和发展生产力，是实现我省经济跨越式发展的重要途径，是实现中原崛起的根本出路。

二、大力发展民营经济，必须进一步转变思想观念

长期以来，我们对个体、私营等非公有制经济的认识，从"资本主义尾巴"到公有制经济的"有益补充""同时并存"，再到现在的"重要组成部分""共同发展"，几经变化，逐渐深刻。党的十六大关于民营经济的新理论，达到了空前高度，提出"必须毫不动摇地鼓励、支持、引导非公有制经济发展"。对照这个理论，当前，在我省有些干部群众中仍有六个方面的思想观念问题需要进一步解决。

一是"左"，认为发展民营经济会动摇公有制经济的地位，甚至把民营经济与公有制经济对立起来，或分出主辅、分开层次。二是"怕"，对民营企业怕接触、怕支持，出了偏差怕说不清楚。三是"旧"，观念陈旧、墨守成规。对旧体制下制定的不合时宜的条规照抄照搬，不能以"三个有利于""三个代表"的基本要求和与时俱进的态度看待和处理涉及民营企业发展中的问题。四是"轻"，对发展民营经济重视不够，职能部门没有摆上重要位置；国有企业改制为民营，职工想不通，干部腰不硬。五是"偏"，对民营企业看法有偏见，不能辩证地对待民营企业出现的问题。对民营经济存有歧视现象和"仇富"心理。六是"安"，安于现状，小富即安，小成即满，缺乏进取精神和干大事业的气魄。只有彻底破除这些思想观念的羁绊和阻力，真正把思想认识统一到党的十六大和十六届三中全会

上来，才能使民营经济有一个突破性的发展。

三、大力发展民营经济，必须抓好三支队伍

一个地方的民营经济乃至整个经济与社会要有一个较快的发展，首先要有一支高素质的干部队伍。这支队伍不仅要牢记立党为公、执政为民的宗旨，而且必须具有创新精神。因为发展民营经济必须走发挥优势、突出特色的路子，而从某种意义上讲，特色民营经济也是创新经济。实践证明，任何一种特色民营经济产生和发展的过程，都是一个创新的过程。因此，只有创新，才能为特色民营经济的诞生、成长营造良好的环境；只有创新，才能为有特色产品的生产、销售拓展广阔的空间；只有创新，才能为特色民营经济的可持续发展形成肥沃的土壤。

其次是要有一支阵容强大的企业家队伍。一个地方如果没有一支能打善战的企业家队伍，就不可能把民营经济做大做强。要下功夫培养一批发展经济的带头人，要教育和引导他们克服小富即安、小成即满的思想，树立干大事、创大业、闯大市场、当大老板的雄心壮志，充分珍惜当前发展经济的大好形势，抢抓机遇，乘势而上，努力把企业做大做强，并带领周围群众共同发展。

最后是要有一支实力雄厚的科技人才队伍。科学技术是第一生产力，科技进步正日益成为经济发展、国富民强的决定性因素。我们必须把发展民营经济放在广泛采用现代先进技术尤其是高新技术基础上，提高经济增长的科技含量，一方面要用现代先进技术改造和发展传统特色产业，另一方面要有重点地发展高新技术特色产业，推动民营经济朝着优质、高效的方向发展。

四、大力发展民营经济，必须在"三上""四创"上下功夫

我省民营经济近年来特别是 2007 年以来虽然有了较快发展，但从总体水平看，数量比较少，规模比较小，产品档次比较低，市场竞争能力比较弱，在全省经济总量中占的比重比较低，和江、浙、粤、沪、鲁等先进省市相比差距很大。因此，在发展民营经济的过程中，不仅要保持较快的发展速度，而且要努力把民营经济做大做强。把民营经济做大做强，就是说民营经济的规模要大，效益要好，实力要强。这不仅是每个企业的奋斗目标，而且也是区域民营经济整体上所要努力达到的目标。就一个企业来说，要做大做强，关键是抓好"三上"，即企业上规模，产品上质量，管理上水平。要求每个企业都做大做强是不切实际的，而且民营企业的绝大部分还是属于中小企业。但是，一个地方的民营经济要想有竞争力，必须有一定数量的龙头企业和骨干企业。其他企业做不到大而强，但要做到小而专，小而精，小而特。一个地方的民营经济整体上要做到大而强，就必须在"四创"上下功夫，即要努力打造自己的名牌产品、知名企业、知名工贸园区和知名专业市场。我曾对一个县的民营经济进行调查，企业数量也不少，总量也不小，就是缺少像样的龙头企业和知名品牌，也没有成规模的工业园区和专业市场。当时给我的印象可以用三句话概括："山花烂漫，缺少牡丹；百舸争流，缺少母舰；群山起伏，缺少高峰。"我建议他们实行强强联合，集中布局，下功夫培育龙头企业和名牌产品，创建工贸园区。两年之后再去看，果然变化很大。不仅规模企业焕然一新，工贸园区颇为壮观，而且通过广泛宣传，一些特色产品的知名度和美誉度在全国大大提高。我又概括了三句话："牡丹正在含苞待放，母舰正在打造之中，高峰正在迅速崛起。"由于该县对特色民营经济实施全面提升工程，目前以钢木家具为主的特色产品在全国市场上所占的份额越来越大，竞争能力越来越强。

五、大力发展民营经济，必须优化发展环境

环境是一个地方经济社会发展和对外开放水平的综合体现，环境就是生产力，环境也是竞争力。环境的好坏对民营经济的发展尤其重要。因为民营经济属"候鸟型"经济，如果一个地方的环境和气候适合它们生存和发展，它们就在这里把根留住，繁衍生息；否则就展翅高飞，远走他乡。因此，民营经济要发展，优化环境是关键。优化环境，既要抓好基础设施方面的硬环境，更要抓好优质服务方面的软环境。从全省情况看，当前应从以下五个方面进一步优化民营经济发展的环境。

一要优化舆论环境。要进一步加大宣传力度，充分利用各种媒体，广泛宣传党的十六大精神和加快发展民营经济的重大意义，宣传民营经济对促进我省经济和社会发展发挥的重要作用，使全社会都来关心支持民营经济发展。各级党委、政府对发展经济做出突出贡献的民营企业和民营企业家，要大张旗鼓地表彰和奖励，从而形成一种谁发展谁光荣的社会舆论氛围。

二要优化政策环境。进一步落实鼓励、支持、引导民营经济发展的有关法律、法规和各项政策，促进民营经济做大做强。

三要优化法治环境。要严厉查处吃拿卡要、知法犯法的腐败行为，切实保护民营经济的合法权益。

四要优化市场环境。要加大整治企业经营环境工作的力度，严厉打击危害企业经营活动的欺行霸市、寻衅滋事、敲诈勒索、盗窃哄抢以及诈骗、报复、陷害企业经营者或客商的违法犯罪行为，以保障民营经济能够顺利成长。

五要优化政务环境。各级政府要进一步转变职能，建立健全服务体系，在资金、技术、人才、管理、信息、咨询、培训、维护企业合法权益等方面提供优质服务，促进民营经济快速健康发展。

民营经济强大之日，就是中原崛起之时。让我们结合自己的工作实际，为促进民营经济的快速发展，为实现中原的早日崛起做出应有的贡献。

2008 年 2 月 15 日

对民营经济转变增长方式的思考与建议

当前，河南经济呈现加快发展的势头。越是在这种情况下，越是要按照高质量发展的要求，坚决落实国家宏观调控政策措施，注重处理好发展速度与发展质量、当前发展与长远发展的关系，继续抓紧解决经济运行中的突出矛盾和问题，真正把经济发展的立足点放在转变增长方式、提高质量和效益上来，努力实现经济又好又快发展。这里仅就我省民营经济加快实现增长方式转变的问题，谈一点粗浅的看法。

一、充分认识民营经济在我省转变经济增长方式中的重要作用

改革开放以来，特别是近几年来，我省民营经济得到了长足发展，呈现出强劲的发展势头，经济总量迅速增长，整体实力不断提高，已成为我省经济发展中最具活力的增长点，在实现中原崛起中起着不可替代的作用。

一是民营经济已经成为拉动我省经济增长的重要力量。2018年全省民营经济实现增加值6855亿元，占生产总值的55%，稳占"半壁江山"。二是民营经济已成为我省固定资产投资的重要增长点。2018年全省民间投资比重已由2003年的26.1%提高到54.3%，其中民间投资项目占城镇投资项

目的 65%，对城镇投资的贡献率达 75.6%。三是民营经济已成为我省外向型经济发展的重要平台。2018 年民营企业进出口 10.36 亿美元，增长 87.3%，高于全省增速 64.9 个百分点。四是民营经济已成为我省技术创新的重要载体。2019 年，全省民营科技企业发展到 1443 家，占全省科技企业总数的 90%。五是民营经济已成为我省吸纳就业的重要渠道。2018 年，民营经济从业人员达 1625.1 万人，占全省从业人员的三分之一以上，其中新增就业 110 万人，占全省新增就业的 60% 以上。六是民营经济已成为县域经济发展的重要动力。据统计，全省民营企业已占企业总数的 98% 以上，成为增强全省经济实力和提高农民收入的主要来源。

从以上六个方面不难看出民营经济在我省经济中的重要地位和作用，民营经济不仅是我省经济发展的重要力量，也是我省转变经济增长方式的关键环节。可以说，没有民营经济增长方式的转变，也就不可能实现全省经济增长方式的转变。因此，民营经济能否审时度势，加快实现增长方式的转变，不仅事关民营经济的健康发展，而且对提高全省经济的质量和效益具有举足轻重的意义。

二、我省民营经济转变增长方式势在必行

虽然我省民营经济有了较快的发展，但是应该清醒地看到，民营经济仍然是我省国民经济中的薄弱环节，与发达省相比发展仍然滞后，与党中央提出的转变经济增长方式要求仍然存在很大差距。一是产业结构不够合理。从总体上看，我省民营经济第一、二、三产业的比重仍然呈"橄榄形"的结构，第一产业不仅数量少，而且规模小；第二产业比重偏大，且大多集中在资源开采和传统加工行业，缺乏具有市场竞争力的高精尖产品；第三产业投资和发展的势头不旺，比重偏低。二是企业规模较小，集团化程度低，整体水平不高，难以形成规模效益，走新型工业化道路的实力明显不足。三是企业外向度较低，对国际和发达地区产业结构转移的承

接能力较弱，目前大多数还盯在当地资源上，对国内国外两种资源的开发利用和两个市场的开拓还远远不够。四是企业技术水平较低。大多数民营企业生产装备、生产方式比较落后，产品技术含量较低，科研开发能力不足，缺乏自己的核心技术。五是民营企业的经营者素质不够高。主要表现是，缺乏先进的发展理念，创新意识、竞争意识、机遇意识、品牌意识等比较淡薄；企业家凝聚力不强，企业之间缺乏信息沟通，相互合作；企业家族化管理严重，管理制度不健全，管理水平较低；有些企业家目光短浅，小富即安，缺乏干大事、创大业的勇气和魄力；有些企业信誉不高，缺乏社会责任感；不少企业习惯于传统的经营模式，对转变经济增长方式的重大意义认识不够，缺乏自觉性和紧迫感。

面对我国入世后国际竞争的日益加剧，以及知识经济对传统产业的巨大冲击，我省民营经济的发展遇到了严峻的挑战。实践证明，传统的发展路子越走越窄，难以为继。因此，引导民营企业尽快转变经济增长方式，实施可持续发展战略，实现民营经济跨越式发展，已是迫在眉睫，势在必行。

三、对我省民营经济转变经济增长方式的几点建议

第一，民营经济转变增长方式，首先必须更新发展理念。所谓经济增长方式，就是为了实现经济增长而采取的手段、措施和具体做法。转变经济增长方式有三大含义，一是从粗放型向集约型转变，二是从外延型向内涵型转变，三是从数量型向质量型转变。纵观我省民营经济的发展历程，尽管有一些企业在转变经济增长方式方面取得了一定进展，但仍有不少企业走的是一条粗放型、外延型和数量型的发展路子。在是又好又快还是又快又好的发展理念上，我省不少地方民营经济坚持的是"快"字当先的指导思想。在对资源的开发利用上，实行的是"有水快流"，在项目的选择上注重的是"短平快"，在考评体系上强调的是产值增长速度越快越好，

而对质量效益则注重不够，因此在民营企业的发展中就出现了其兴也匆匆、亡也匆匆的"短命现象"，平均寿命不到三年。这种高投入、高消耗、低产出、低效益的传统增长方式，带来了经济效益低、资源浪费严重、生态环境突出、产业结构不合理、技术进步缓慢、发展难以持续等一系列问题。因此，必须用新发展理念来引导民营企业转变发展观念，牢固树立"好"字当头、"快"在其中的发展思路，坚定不移地走质量型和效益型的发展路子。

第二，民营经济转变增长方式，必须优化结构。调整和优化结构是民营经济转变增长方式的主要途径和重要内容。我省民营经济在产业结构调整上，必须尽快改变"橄榄形"的格局，由"二三一"向"三二一"转变，努力发展三高农业，加快发展先进制造业，大力发展现代服务业，特别要积极进军文化产业。要加强高新技术开发区、工业园区建设和产业集群的发展，培育特色优势产业，努力推动产业结构升级，提高整体结构效益。

第三，民营经济转变增长方式，必须走新型工业化道路。民营企业要牢牢把握新型工业化道路的特点和要求，真正把经济增长的立足点转移到提高效率这个重心上来。一是要加快科技进步及先进技术的成果推广应用，提高科学技术在经济增长中的贡献率。二是要优化资源配置，降低生产成本，提高资金投入产出率。三是要努力提高能源、原材料的利用效率，减少资源占用与消耗。四是要促进节能减排，积极推广清洁生产、文明生产方式，发展绿色产业、环保产业、循环经济。五是要提高劳动者素质，充分发挥我省劳动力成本低廉的优势，提高经济竞争力，既要注意提高生产效益，又要注意不断增加就业。六是要信息化带动工业化，把信息化逐步应用到企业的产品设计、制造、管理、营销、服务等全过程，以企业的信息化建设提升企业管理水平。

第四，民营经济转变增长方式，必须加快自主创新。民营企业家要重视科学技术，增强创新意识，克服在思想观念和企业发展上的"五重五轻"（重资金项目的引进，轻对核心技术的掌握；重眼前利益，轻长远利益；重跟踪仿制，轻自主创新；重扩大生产，轻科技投入；重单打独斗，轻相互合作）现象。要认真解决在创新实践中存在的不愿创新、不能创新、不敢创新和不会创新的问题。民营企业要广泛开展群众性的自主创新活动，尊重知识、尊重人才、尊重创造，营造崇尚创新、勇于突破、鼓励成功、宽容失败的良好氛围。要多渠道加大技术创新投入，建立多元化的技术创新投入机制。要树立以人为本的人才观，努力培养有创新精神、创新能力的人才，使各类人才脱颖而出。要加大对重点行业、重点企业的技术改造力度，培育一批拥有自主知识产权和自主品牌、主业突出、核心竞争力强的大企业。要在加强原始创新、集成创新的同时，注重引进消化吸收创新，要用先进的新技术、新设备、新工艺改造传统产业，建设以技术先进为重要标志的新型产业基地。

第五，民营经济转变增长方式，政府必须转变职能。首先各级党政领导要牢固树立正确的政绩观。要从坚持科学发展、着力改善民生、构建和谐社会的全局出发，用全面的、科学的标准来衡量和引导民营经济的发展，不能片面追求产值、速度指标。其次要深化行政管理体制改革，减少行政审批，提高办事效率，充分发挥市场配置资源的基础性作用。再次要转变职能，在完善法规、落实政策、提供信息、资金扶持、人才培训、维护企业合法权益等方面为民营企业提供切实有效的服务，创造竞争有序的市场环境。最后要大力发展各种中介组织，发挥其"提供服务、反映诉求、规范发展"的职能作用，逐步建立起完善的社会服务体系。

转变经济增长方式是一项长期的系统工程，既要认识到这项工作的重要性、紧迫性，又要看到它的艰巨性和复杂性，强化思想认识，加大工作力度，上下通力合作，各方密切配合，争取使这项工作有一个突破性的进展，推动我省经济更好更快地发展。

2019 年 3 月 30 日

提高自主创新能力　做强做大民营企业

党的十六届五中全会把增强自主创新能力提到了国家战略的高度，强调要致力建设创新型国家。在社会主义市场经济中，自主创新是提升企业科技水平和经济竞争力的关键，也是调整产业结构、转变增长方式的中心环节。要通过改革创新，促使民营经济发展壮大，走出一条挖掘民智，吸引民资，依靠民力，做活民营经济的发展之路，使民营经济成为县域经济的创新主体、发展主体。

改革开放以来，我省民营经济快速发展，已成为全省经济发展的一大亮点，涌现了一批具有一定自主创新能力、规模较大、效益较好的民营科技型企业，民营经济已开始向规模化、智能化方向发展。但与发达地区相比，我省民营企业在自主创新方面还存在很大的差距，概括地说，存在的主要问题是：创新意识不强，创新观念淡薄；创新人才匮乏，发展资金短缺；政策支持乏力，研发经费不足。针对这些问题，建议如下。

一、转变思想观念，强化创新意识

创新是一个民族生存和发展的灵魂，自主创新能力是国家的核心竞争力，也是企业生存和发展的关键。一个企业只有坚持自主创新，才能够在激烈的市场竞争中立于不败之地，我省黄河集团、天瑞集团、环宇集团、宛西制药等一大批民营企业成功的实践都证明了这个道理。但是我们在调查中，也发现不少民营企业创新意识非常淡薄，他们在思想观念和企业发展上存在着"五重五轻"的现象。"五重五轻"的观念和行为，已经成为民营企业自主创新的严重障碍，必须彻底转变。要清醒地认识到走自主创新之路，是把民营企业做大做强的必然选择，是保证企业基业长青的根本所在，要进一步增强紧迫感、危机感和责任感，坚定不移地把自主创新抓紧抓好。

二、优化创新环境，加大投入力度

要营造良好的舆论环境，大力宣传提高自主创新能力的重大战略意义，总结和推广自主创新的典型经验，提高全民的科学素质和创新意识，广泛开展群众性的自主创新活动，尊重劳动、尊重知识、尊重人才、尊重创造，在全社会形成崇尚创新、勇于突破、鼓励成功、宽容失败的良好氛围。要营造良好的政策环境和法治环境，制定和落实鼓励支持企业创新的各项政策，特别是税收优惠政策，大力扶持企业创建名牌产品和驰名商标，加大对名牌产品、驰名商标、出口名牌和专利产品的保护力度和奖励力度。加大投入是提高自主创新能力的基础和前提，要多渠道加大自主创新投入，加快建立财政投入为引导、企业和社会投入为主体的多元化自主创新投入机制。通过制定一系列好产品好项目资金扶持政策、税费减免政策，吸引民营企业加大研发经费的投入力度；通过制定相关的政策法规吸引社会资金，组建各类创业投资公司，强化对民营企业自主创新的资金投入；通过健全担保机构，支持风险投资；通过加大政府财政预算等，使民营企业的自主创新有一个良好环境。

三、坚持以人为本，培育科研团队

人才资源是提高自主创新能力的核心，建议有关部门在重视引进人才的同时，研究制定民营企业自主创新人才队伍建设方案，引导广大民营企业家树立以人为本的人才观，努力培养有创新精神、创新能力的人才，帮助、指导民营企业解决人才资源的开发与使用，让人才的积极性和创造性得到最大程度的发挥，为广大民营企业营造一个平等竞争、宽松和谐的创新环境。实施"高层次创新人才计划"，建立和完善"拔尖人才"制度和突出贡献人才奖励制度，使各类人才脱颖而出，培育和形成多层次的创新团队。改革人才培养模式，提高人才培养质量。加大培养和引进高技能人才的力度，大力培育自主创新意识强的企业家，充分发挥领军人物的作用。

四、强化企业主体地位，构建技术创新体系

民营企业是自主创新的主体，是技术创新体系的中心链条。要把自主创新落到实处，必须努力构筑区域性技术创新体系。要引导民营企业创造条件建立技术研发机构，完善必要的检测和试验手段，安排一定的自主创新经费。加大对重点行业、重点企业的技术改造力度，培育一批拥有自主知识产权和自主品牌、主业突出、核心竞争力强的大企业（集团）。从政府的层面来说，既要有配套的创新政策措施，又要为企业提供自主创新的公共平台，目前要着重研究建立适应本地产业发展的科技孵化器，提供技术手段支撑，使民营企业在进行自主创新的过程中减少研发成本。大力推进各类科技园区、工业园区自主创新，提升自主创新能力，产业聚集能力，技术扩散能力，省内外、国内外资源集聚能力，成为本地区自主创新的重要载体。

　　民营企业自主创新是一个复杂的系统工程，也是一个长期而艰苦的过程，但是不管遇到多少困难，这条路非走不可。站在历史新的起点上，谁抓住了自主创新，谁就抢占了发展先机，谁就能赢得未来的胜利。"请君莫奏前朝曲，听唱新翻杨柳枝。"在民营经济和县域经济的发展中，且莫总是"重复昨天的故事"，要用新的思路、新的理念、新的举措去迎接新的挑战，夺取新的胜利。在"十一五"规划的开局之年，希望我省处处都是创新之地，人人都是创新之人，天天都是创新之时，让灿烂的创新之花结出丰硕的创新之果，使我省的经济和社会发展重振雄风，再创辉煌。

五、大力整合社会资源，建立创新服务体系

　　要以开放共享、提高效益、保障重点、服务创新为原则，打破部门、地区封锁和单位所有制界限，整合科技、资金、设备、人才、机构等各类创新资源，优化资源配置，提高资源利用效率。加强对科技研发、技术创新、产业发展等各项资金的统筹使用，形成创新合力。要采用市场化的运作模式，大力培育各类技术中介服务组织，发展一批自律规范的行业协会，为民营企业提供技术创新、技术诊断、技术咨询、技术转让、人才培训、项目评估、项目投资、成果转化等方面的技术创新服务，使民营企业自主创新由"孤军奋战"变为"协同作战"，从而降低民营企业自主创新的风险和难度。

2020 年 3 月 18 日

民营经济要发展，优化环境是关键

有人说，民营经济属于"候鸟型"经济，意思是如果一个地方的环境和气候适合它们生存和发展时，它们就在这里把根留住，繁衍生息；否则就展翅高飞，远走他乡。以前我对此理解不深，看完《河南日报》"说许昌看发展非公经济"的系列报道之后，才豁然明白。许昌的民营经济之所以能够生机勃勃，迅猛发展，其中一个重要原因就是当地党委、政府为创业者筑了一个"五星级"的"巢"，用民营企业主的话说，就是："许昌的发展环境好！"就是因为环境好，不仅使本地的创业者安下心，扎下根，放开手脚大发展，而且还吸引了大批外地的创业者到许昌这片热土投资兴业。许昌的经验再次告诉我们这样一个道理，民营经济要发展，优化环境是关键。环境就是生产力，环境也是竞争力，抓环境就是抓机遇、抓开放、抓发展，就是抓第一要务。

从河南省的情况看，由于省委、省政府的高度重视，整治企业经营环境工作取得了显著成绩，企业经营环境有了很大改善。但是，不少企业尤其是民营企业普遍反映，经营环境仍不宽松，"四乱"现象屡禁不止，"吃、拿、卡、压"时有发生，对此必须引起高度重视，采取措施加以解决。我认为，当前应从以下四个方面进一步优化民营经济的发展环境。

一要优化舆论环境。要充分发挥宣传和舆论的导向作用，利用报纸、电视、广播、互联网等各种媒体，广泛宣传加快发展民营经济的重大意义；宣传党和国家鼓励、支持、引导民营经济发展的法律、法规和政策；宣传民营企业、民营企业家的先进事迹和成功经验。要引导全社会正确认识民营经济和民营企业家，对他们要看本质、看主流、看贡献。各级党委、政府要大张旗鼓地表彰奖励一批先进的和民营企业家，让他们在政治上有荣誉、社会上有地位、经济上有实惠、政策上有保证，从而形成一种谁发展谁光荣的社会舆论氛围。

二要优化政策环境。对民营经济要坚持平等的"国民待遇"原则，凡是国家的法律、法规没有明令禁止的，都应允许个体、私营经济经营；凡允许外资经营的，都应向个体、私营经济开放；凡国有和集体退出的，都应支持鼓励个体、私营经济大胆进入。各级领导对民营经济和民营企业家不仅不应另眼相看，歧视排斥，而且要高看一眼，厚爱三分。有关部门要在登记申报、土地使用、税费负担、融资信贷和市场准入等方面让民营经济真正享有平等待遇。

三要优化法治环境。市场经济是法治经济，营造一个良好的法治环境是加快民营经济发展的重要条件。执法部门的执法人员要做到依法行政、公正执法和文明执法。坚决纠正有法不依、执法不严、违法不究和随意执法、粗暴执法、以言代法、以罚代管、以罚代刑现象。要严厉查处吃拿卡要、知法犯法的腐败行为，切实保护民营企业和企业主的合法权益。

四要优化市场环境。要加大整治企业经营环境工作的力度，严厉打击危害企业经营活动的欺行霸市、寻衅滋事、敲诈勒索、盗窃哄抢、强装强卸、强买强卖以及诈骗、报复、陷害企业经营者或客商的违法犯罪行为。同时，要坚决打击偷税漏税、制假售假、走私贩私等形形色色扰乱市场经济秩序的行为，进一步净化企业的生产经营环境，使绝大多数守法、规范经营的民营企业能够顺利成长。

发展环境的改善与优化，必将进一步激发投资者、创业者的热情和活力，从而有力地推动我省民营经济乃至整个社会经济的快速健康发展。

1998 年 10 月 8 日

加强民企党建要处理好五个关系

加强和改进民营企业党建工作，对抓好"两个覆盖"，发挥党组织的"两个作用"，加强"两支队伍"建设具有重要意义。近几年来，我们按照中共中央办公厅《关于加强和改进非公有制企业党的建设工作的意见（试行）》精神，对促进和引导民营企业党的建设做了大量工作，总结推广一些先进单位"围绕发展抓党建，抓好党建促发展"的典型经验，对推动民营企业党建工作和促进民营企业健康发展发挥了重要作用。我们从工作实践中体会到加强民营企业党建工作要处理好五个关系。

一、"要我抓"和"我要抓"的关系

"要我抓"就是要充分认识加强民企党建工作的重要性和紧迫性，"我要抓"就是要进一步提高加强民企党建工作的积极性和主动性，两者相互促进，密不可分。在新形势下加强和改进非公有制企业党建工作，是坚持和完善我国基本经济制度、引导非公有制经济的发展、推动经济社会健康发展的需要，是加强和创新社会管理、构建和谐劳动关系、促进社会和谐的需要，是增强党的阶级基础、扩大党的群众基础、夯实党的执政基础的需要，是以改革创新精神提高党的基层组织建设科学化水平、全面推进党的建设伟大工程的需要。改革开放以来，经过三十多年的快速发展，民营经济在我们经济社会发展中的地位和作用越来越重要，就全国而言，民营企业上缴的税金已占财政收入的 50% 以上，民营企业创造的 GDP 已占总数的 60% 以上，民营企业开发的专利和新产品已占总量的 70% 以上，民营企业吸纳的城镇就业已占总量的 80% 以上，民营企业的总数已占所有企业总数的 90% 以上，这就是我们常说的"56789"现象。毫无疑问，对这样规模如此巨大的民营企业实行全覆盖，对加强党的领导具有十分重要的意义。

同时，广大民营企业和民营企业家也从自己的发展实践中体会到，没有共产党就没有改革开放，没有共产党也就没有民营企业的今天。他们认识到，党的正确领导是民营企业前进的方向盘，党的方针政策是民营企业的生命线，只有把党建抓好，企业才能发展好，正如大桥石化党委书记张贵林说的，"党建做实了就是生产力，做强了就是竞争力，做细了就是凝聚力"。因此，广大民营企业要主动地自觉地把党的建设和企业发展结合起来，这是民营企业党建工作蓬勃发展、充满活力的根本原因。

二、党的组织建设和企业治理结构的关系

加强党的组织建设是加强党的建设的基础，要根据企业规模大小和党员多少，因企制宜、因地制宜、因人制宜，分类推进，把党的建设延伸到企业的各个方面。如大桥石化把党委建在集团总部，党总支建在集团分公司，党支部和党小组分别建在公司和加油站等基层单位，党员个人设立党员模范岗，群众形象地说，一个支部好像一面旗，一个党员好像一盏灯，使共产党员真正做到平时工作能看出来，关键时候能站出来，危急时刻能挺出来，这样做就能更好地发挥党组织在群众中的政治核心作用和在企业发展中的引领作用。

三、党的思想建设和企业文化建设的关系

如果说党的组织建设是企业治理机构的纲，那么党的思想建设就是企业文化的魂。要深入扎实地开展"两学一做"学习教育，践行党的宗旨，树立全心全意为人民服务的思想，进一步增强政治意识、大局意识、核心意识、看齐意识。作为民营企业也要把党的全心全意为人民服务的宗旨，当作企业文化建设的灵魂，贯彻到企业宗旨、团队精神、制度建设、品牌打造等各方面，努力把干部职工培养成有理想、有信仰、有社会责任感和奉献精神的先进群体。这方面大桥石化的做法特别值得称赞，他们通过对员工社会主义核心价值观的教育，引导每个职工牢固树立"以服务求生存，以服务求发展"的观念。他们依靠诚信经营、优质服务，受到了广大司乘人员和社会各界的好评。"千里之外，家的感觉"已成为大桥石化的一块金字招牌，大桥石化也因此成为全省乃至全国石油行业的一面旗帜。

四、党的建设与工会、青年团等群团建设的关系

大桥石化等先进单位，不仅党的建设搞得好，其他群团组织如工会、妇联、青年团，包括民兵建设也都开展得有声有色，十分活跃。出现党建带群团、群团助党建的喜人局面，这方面的经验也是十分可贵的。

五、党建工作活动载体的传承与创新的关系

长期以来，我们党在发展中不仅形成了十分宝贵的光荣传统，而且创造出了不少行之有效的活动方式，如党课教育、传统教育、三会一课等，在新的形势下这些形式还要继续坚持，但随着形势的发展和社会进步，以及党员群众队伍的不断变化，也需要不断创新党的活动载体，如大桥石化

举办的各种形式的演讲大赛、红歌大赛、文艺表演，圆方集团创办的微信平台、企业党校、企业党建孵化器等丰富多彩的新形式受到了广大党员和群众的热烈欢迎和积极参与，为党建工作增添了新的生机和活力。同时，民营企业在党建方面也要舍得投入，以保证各种活动正常开展。

在庆祝中国共产党建党 95 周年之际，我们欣喜地看到民营企业党建工作已经呈现出方兴未艾、蓬勃发展的良好势头。尽管当前民企党建发展中还存在着不少困难和问题，但我们坚信在各级党组织的坚强领导下，在广大民营企业的积极努力下，民营企业的党建工作必将迎来一个万紫千红的春天。

2016 年 6 月 30 日

创造特色人生

——记'95 中国乡镇企业十大新闻人物、开封市乡镇企业管理委员会主任郭运敏

李树友

每个人都有自己的追求,郭运敏的追求是——创造有特色的人生。

十六年来,无论他在周口地区社队企业局办公室当秘书、副主任,在河南省乡镇企业局当调研处处长,在许昌县任主管乡镇企业的副县长,还是现在在开封市乡镇企业管理委员会当主任,他始终都在朝着这个目标,坚持不懈地追求着、奋斗着。

如今,他被评为"'95 中国乡镇企业十大新闻人物",其人生已经形成了自己的特色:情系"老乡",志在富民;真抓实干,勇于创新;热爱调研,善于总结;虽年过半百,仍思维敏捷,谈锋犀利,妙笔生花,充满活力,热情,乐观,积极向上,活得潇潇洒洒有滋有味。

回首往事,他感到欣慰和自豪——"我热爱乡镇企业,我选择了乡镇企业,并为它的发展和崛起奋斗了 16 个春秋。"

调研写作 笔耕不辍

调查研究是郭运敏的强项,养成了他求实的工作作风,为他正确决策、卓有成效地开展工作奠定了基础。但,调查研究本身就是一件非常艰难的事,有苦也有甜。

郭运敏深有体会地说:"调查研究最怕调查不细,研究不深;写材料最怕分析不深,内容不新。而要做好这些,必须付出极大的努力才行。"

1989年4月,省局要向省委、省政府汇报工作,局领导要他和几位同志准备材料。

经过讨论,他们先起草了一个详细提纲,向局领导汇报,局长感到不满意。他们重新调整了思路,终于提交了一份较为满意的报告。当时的省长程维高看了这份报告说:"材料写得很好,很精干。像这样有情况,有分析,能提出问题,又有解决办法,观点明确、清晰,分析准确实际,措施比较扎实,用数字说明问题的材料,在省直部门的材料中是很少有的。如果省直部门都能这样,我们省委、省政府就轻松多了,只是决策了。"副省长宋照肃说:"汇报工作不能一盆糨子端上来。这个材料之所以好,是他们这一段做了大量的调查研究工作的。"

为了总结开封县城关镇袁楼村大力发展乡镇企业的经验,他四下袁楼,到乡镇企业调查,听取汇报,找干部群众座谈,几易其稿,终于写成了《"五子登科"看袁楼》的长篇调查报告,从"更新脑子、放开胆子、选准路子、建好班子、迈开步子"五个方面独到地总结了袁楼11年时间从贫穷走向富裕的经验,《中国乡镇企业报》(1995年7月28日)头版头条作了刊载,对中西部地区渴望脱贫、渴望发展,但是路如何走提供了新鲜经验,在全国产生了较好的反响。

作为局级领导,一般来讲,很少有时间动笔写文章。而郭运敏却不同,他爱看书,爱写文章,业余时间,他都用来读书写作了。晚上,一个人在温馨怡人的灯光下,静静地读一些理论书籍,读一些带有哲理思辨色彩的文章,在他看来是一种高级享受。他说:"像农民耕耘一样,工作本身就是一种享受。只要追求,就会有效果。山不在高,有仙则名;水不在深,有龙则灵。职务不在高低,有思想、有建树,就是可取的。否则,职务再高,一事无成,也是不值得称道的。"

这里且不说他已经积累了20本日记,也不说他到开封以来发表了30

多篇文章，仅以 1995 年为例，他就撰写了《乡镇企业快速发展动因试析》《试论乡镇企业主管部门在新形势下怎样转变职能》《树立强烈的发展意识和机遇意识》以及系列文章《情系老乡苦亦甜》等，发表在《河南日报》、省委理论刊物《奋进》杂志和《中国乡镇企业报》等省级及以上报刊上，其中有三篇在《中国乡镇企业报》头版刊出，产生较强反响。因此，《中国乡镇企业报》组织评选"1995 年全国乡镇企业十大新闻人物"时，他因探索乡镇企业发展做出突出贡献而榜上有名，并且全国乡镇企业管理部门仅他一名代表，其他 9 人均为企业代表。

真抓实干　务本求真

郭运敏不仅爱思考探讨问题，而且在真抓实干上也颇有建树。

无论是在许昌县当副县长，还是在开封市乡企委当主任，他的工作方法都是先从调查研究入手，在吃透情况的基础上，再厘清工作思路，选准工作重点，找出工作突破口，然后组织实施。在具体实施过程中，他按照"二八工作法"进行，即十项工作，选出两项必须办好，其他八项作为一般处理。

实践证明，他这套工作方法是行之有效的。

1992 年 8 月，郭运敏从省乡镇企业局来到开封工作，任乡镇企业局的局长、党组书记；两年后，任乡镇企业管理委员会主任。

当年，开封乡镇企业的特点是起步晚，规模小，产品老，农副产品加工型和劳动密集型的企业多，而规模较大、科技含量较高的企业较少，因此在市场上的竞争能力比较差。

怎样加快开封乡镇企业的发展，如何为市委、市政府发挥好参谋助手作用，郭运敏和同志们一道跑五县，下基层，进工厂，搞调研，然后提出了一个符合开封实际，符合党的方针政策，有开封特色的发展思路，即走开放促开发、开放促发展的路子。具体来讲，就是"四联"战略，即"老乡"和"老大"（国有大中型企业）联合，发展城乡联合企业；"老乡"和"老九"（科研单位、大专院校）联合，发展科研生产联合体企业；"老乡"和"老外"（外资企业）联合，发展"三资"企业；"老乡"和"老乡"联合，发展集团公司。

这个意见得到市里高度重视，并且作为振兴开封经济的战略举措广为实施，收到了明显成效。

为了让基础较好的乡镇、村和企业率先跃上新台阶，郭运敏他们还实施了"18 罗汉 200 强，龙腾虎跃闹汴梁"的"重点突破"战略，狠抓了18 个强乡镇、100 个强村、100 个强企业，发挥他们的示范作用，带动全市乡镇企业发展。

在具体工作中，郭运敏强调办实事，鼓实劲，见实效，企业至上，服务第一。为了解决企业缺资金、缺技术、缺人才的难题，他们向市里争取到了 700 万元的财政贷款，作为发展乡镇企业基金，用于重点企业的技术改造，并成立专家经济技术咨询服务团，创办项目库和人才库，为企业提供切实有效的服务，受到企业的欢迎和好评。

郭运敏来开封这几年，开封市乡镇企业有了突飞猛进的发展。

1995 年，全市乡镇企业新发展"四联企业"140 个，其中"老乡"和"老大"联合的 55 个，和"老外"联合的 8 个，和"老九"联合的 42 个，"老乡"相互联合的 39 个，发展东西合作示范工程项目 16 个。乡镇企业亿元乡镇发展到 79 个，千万元村、千万元企业分别发展到 221 个和 62 个，10 个欠发达乡镇有 5 个摘掉了落后帽子。全市乡镇企业总产值 187.38 亿元，乡镇工业产值 105.99 亿元，实现利润 17.03 亿元，上缴国家税金 1.8 亿元。多年来第一次出现效益增长超过速度增长，主要经济指标增长速度均赶上或超过全省平均水平。

岂能尽如人意　但求无愧我心

多年的工作实践让郭运敏深信群众是真正的英雄。领导者的责任就是把大家的积极性、创造性调动起来，组织起来，为着一个远大的目标去奋斗。他刚到局里不久，就提出"团结奋进、争创一流"的奋斗目标，要求每个人都重视自己的价值，维护自己的尊严，施展自己的才华，展示自己的风采，为促进全市乡镇企业的发展，贡献自己的力量。

如今，他的要求已经基本实现：全局风气正，学习气氛浓，工作效率高，曾多次被评为市目标管理先进单位。

郭运敏一直把"岂能尽如人意，但求无愧我心"作为座右铭。他深有感触地说："'政声人去后，民意闲谈时'，一个人只有当他离开工作岗位之后，人们的议论和评价才是客观真实的。人生很短暂，一切都会很快过去的，要想留下点儿什么，是很艰难的。在茫茫人海中，人们记住一个人，往往记住的是他的不同于常人的特色，那就是他特有的贡献和精神。"

创造特色人生，是郭运敏今后仍在继续追求的目标。

（原载《中国乡镇企业》1996 年第 8 期）

郭运敏：我是一个行者

王贤

　　"乡镇企业，是中国农民的伟大创造，也是使亿万农民走向共同富裕的伟大事业。我热爱乡镇企业，我选择了乡镇企业，并为它的发展和崛起奋斗了 30 多个春秋。回顾这段经历，我深感欣慰和自豪。我所吃的苦，我所受的累，我所付出的心血和汗水，都融进了乡镇企业和民营企业那不朽的年轮。我把最美好的年华献给了我心爱的事业，我无怨无悔！

　　"太阳即将落山，我像一个步履匆匆的行者，还没有找到可以歇脚的旅店。"

　　67 岁的郭运敏回望过去的 30 多年，岁月已让他双鬓斑白。他要找的"旅店"，是一份未了的民企情结。

　　他参与并见证了中国乡镇企业发展演化的历程，怀揣着"穷则独善其身，达则兼济天下"的士大夫情怀，在他所服务民营企业的过程中得以抒发。他所经历的年代承载了太多人的光荣与梦想，几乎一代人共同成长的全部记忆。

行者的燃情岁月

　　郭运敏的少年时代是在苦难中度过的。这部苦难史，成就了一个农家子弟鲤鱼跳龙门的故事。

时间跳跃到 1964 年的夏季，命运对郭运敏刚刚绽开一张笑脸。这个吃着发霉菜饼参加高考的青年成为村子里第一个大学生。那一年，他穿着粗布衣，揣着父亲东拼西凑的 30 元钱来到北京，然后靠助学金读完北京师范大学，自此命运峰回路转。

郭运敏自称是一介书生，大学毕业以前，他从未想过进入仕途。人才匮乏的年代，出身寒门的他随着命运的转轮进入仕途。"按照现在的说法，我算是'40 后'。其实我们这一代人有一个特点：一切听从党的指挥，党的安排就是我们的命运。"

曾在周口地区社队企业局办公室当过秘书、靠着勤奋和文笔写了不少有分量的调研报告，随后升至二轻局办公室副主任。凭借个人严谨务实的工作风格，上调到河南省乡镇企业管理局任调研处处长，又在许昌县当过主管乡镇企业和经济工作的副县长。

1992 年，郭运敏被组织上调到开封市乡镇企业局任局长、党组书记。由于历史原因，当时的开封市乡镇企业在全省已是连续 5 年滑坡。组织上派他用意很明显，就是让他过来解决问题。

郭运敏是穷苦人家出身，对吃苦受累倒是看得很淡。他需要的仅仅是一个可以放开手脚大干一场的舞台。他怀着一种壮士断腕、不成功便成仁的悲壮情怀，在这一年的 8 月，慨然赴任。

为了加快开封市乡镇企业的发展，郭运敏和同志们克服各种办公困难，从深入调研着手，摸清开封乡镇企业的整体情况，认为必须走开放促开发、开放促发展的路子。乡镇企业要面向国内、国际两个市场，走联合之路。

于是他提出一个"四联"战略，即"老乡"和"老大"（国有大中型企业）联合，发展城乡联合企业；"老乡"和"老九"（科研单位、大专院校）联合，发展科研生产联合体企业；"老乡"和"老外"（外资企业）联合，发展"三资"企业；"老乡"和"老乡"联合，发展集团公司。

随后他又提出了"18 罗汉 200 强，龙腾虎跃闹汴梁"的"重点突破"

战略。联合 18 个强乡镇、100 个强村、100 个强企业，发挥他们的示范作用，带动全市乡镇企业发展。通过一系列大刀阔斧的改革，很快为开封市的乡镇企业发展打开了局面。

人在做，天在看。1995 年，郭运敏被评为"中国乡镇企业十大新闻人物"。他在北京领奖的时候，时任全国人大常委会副委员长的费孝通亲自为他颁奖并寄予鼓励。他的办公室里放着和费老的合影照，从他脸上的笑容能看出来，那是一段荡气回肠的岁月。

虽然忙于政务，但他依旧保持着知识分子的特点，坚持写作。为了总结开封县城关镇袁楼村大力发展乡镇企业的经验，他四下袁楼，到乡镇企业调查，听取汇报，找干部群众座谈，几易其稿，终于写成了《"五子登科"看袁楼》的长篇调查报告，登上了《中国乡镇企业报》头版头条。

他的办公室里至今保留着那些年发表的各种文章 200 余篇。如果不入仕途，他可能会成为一个优秀的记者。采访过程中，我们甚至聊到了美国著名记者迈克·华莱士。

1996 年，他调回熟悉的郑州，成为河南省乡镇企业管理局总经济师。又是一个十年，他依旧从全局为民营企业的发展呐喊助威。

"让我欣慰的是，当年我亲眼见证的乡镇企业、民营企业已由'一棵无人知道的小草'成长为顶天立地的'好大一棵树'。"郭运敏走入仕途之后，尽管职务不断变化，但和民营企业从未走远；仕途上的每一个环节，始终和乡镇企业、民营企业休戚相关，甘苦与共。

人过六十又一春

2005 年，郭运敏顺其自然地退出领导岗位，他像一棵硕果满枝的果树，果实成熟采摘后，就会浑身轻松。生活，又掀开了新的一页。

一个新的阵地等着他发挥余热。这个阵地就是以河南省人民检察院原检察长李学斌为首创办的一个民间组织——河南省民营经济维权发展促进会（以下简称河南省民促会）。

古人把官员退休称作"致仕"。因为曾经是官，便有了官的履历、地位和社会影响力。河南省民促会聚集的退休官员，凭着丰富的经验和热情的服务，依旧能够为尚处弱势的民营企业维权谋求发展的空间。

来到河南省民促会，郭运敏十分欣慰。他说自己有两个"春天"，第一个春天是在解决矛盾和问题中度过；第二个春天不但活出真性情，而且使他和民营企业的情结又得到了新的延续；并总结为：退休未敢忘民企，人过六十又一春。随后又自嘲这也是"废物利用"。

郭运敏的办公室里有两张照片，一张紧绷着脸，不怒自威，能隐约感觉到他当年从政时的风格；一张满脸笑容，让人如沐春风，这是在河南省民促会的心境写照。他指着这两张照片，笑称自己是个"两面派"。

退休这几年，郭运敏更喜欢用龚自珍写的"落红不是无情物，化作春泥更护花"来描述自己对企业的感情。每天都会有民营企业主来找他倾诉和交流，他总是笑眯眯地接待这些会员，他们称呼郭运敏也很亲切：老兄、老师、老总、郭叔、郭伯伯等。他就像一名老中医，或者说一个心理医生，总是非常认真地倾听，然后再帮他们分析解决问题。

在大桥石化集团董事长张贵林眼里，河南省民促会更像一个大家庭，彼此间犹如亲人，老领导们不辞劳苦地为企业发展保驾护航，令他既感动又敬重。

前段时间，郭运敏不慎大病一场，在医院住了一个月多月的时间。

他说："开始以为是小病，没当回事，住院期间我在想，其实我并不怕死，怕的是生不如死。"

住院期间，很多企业家都以各种方式问候探望他。一个企业家得知他生病后，从晚上十点到凌晨三点，在网上搜集并打印了一大摞相关病理知识以及治疗方法，第二天一大早赶到医院看望他。提起那些细节，他感动不已："有付出就有回报，危难时刻见真情，为民营企业所做的这些工作还是值得的。"

这场病对他来说，也是一个有意识的警示。郭运敏开始回望人生："浏阳河有九道弯，人生就像河流，有十八道弯，每一道弯就是一个拐点，没有航标的河流，才有人生的波澜起伏。"话锋一转，他又用诙谐的短句评价自己：一介书生，步入仕途，没任要职，没举重拳；做事不少，没大贡献；三不欠账，无可遗憾！

他一直想写一本关于自己的书，书名叫《生命的印痕》。"我要让别人知道，我老郭来过这个世界，也无怨无悔地走过这一遭。如果一息尚存，我还将继续走下去。"

"大智慧"成就"大富贵"

商业 2.0 豫商：改革开放初期，乡镇企业是怎样的一种生存状态？

郭运敏：简单地总结一下，就是由地下变地上，由黑色变红色。

商业 2.0 豫商：您见证了无数企业的生死存亡，比较那些做大做强的企业和已经消失的企业，两者之间最大的区别在哪些方面？

郭运敏：其实很多做大做强的企业家，在创业的早期，就像林冲，是被逼出来的。从 1979 年以来，我一直和企业打交道，可以说看惯了市场起起落落，目睹了企业的生生死死，深感企业成长发展之不易。两者比较起来有五点区别：一是从企业成长基因来讲，有人把企业作为事业来做，有人把企业当作生意来做。二是从企业应变能力上讲，有的把危机当作机遇，持续发展；有的企业不耐淹、不耐旱，在危机中死亡。三是从企业的治理结构上讲，有的企业大胆改革，建立了产权清晰的现代企业制度，企业充满活力；有的企业抱残守缺，用人唯亲，甚至产生内讧，窝里斗。四是从资源整合方面讲，有的企业坚持合作共赢，门宽路广；有的企业单打独斗，势单力薄，经受不住考验。五是从企业文化建设上讲，好的企业都注重文化建设，在愿景、使命、核心价值观方面都形成高度共识；而有的企业所谓的企业文化就是"老板文化"，注定走不长久。

商业 2.0 豫商：如今的中小企业目前面临着哪些困难？如何破解？

郭运敏：目前，原材料涨价，工人工资增加，中小企业承受着各种煎熬：出口难、融资难、招工难、订单难、创新难等一系列问题。从政府角度上讲，一要落实国家相关政策，二是想办法减轻企业负担，三是主动加强服务。

从企业自身上讲，需要在转型升级上下功夫，努力实现五个转变：

一是从低成本战略向差异化战略转变。低成本往往产生低端产品，必须差异化竞争，做到人无我有，人有我优，人优我转。二是从"贪大求全"向"专新特优"转变。做企业要专业、专心、专注，找准主业做大做强。比如胡葆森，他这辈子就在河南盖房子，就做成功了。三是从重视规模扩张向注重质量提升转变。四是从盲目求快向可持续发展转变。做任何事情就像走路一样，不怕慢就怕站，做企业一定要戒骄戒躁，稳扎稳打。五是从无序竞争向合作共赢转变。吃独食的人一般是吃不胖的，不但吃不胖，而且还要害病的。

商业 2.0 豫商：豫商要崛起，您认为如何才能提升豫商群体的整体竞争力？

郭运敏：豫商群体地处中原，改革开放之后才逐渐发展壮大，已经取得了很大的成就。在我看来还有几点缺失和需要提升的地方：一是整体相对比较保守，需要增强抗风险意识。二是喜欢模仿，需要提升创新意识。三是还没有真正学会抱团取暖，需要提升合作意识。四是没有领头羊精神，需要提升竞争意识。

商业 2.0 豫商：平时除了忙于工作，听说您还经常研究古代历史和人物，你最推崇哪些历史人物？对现在的企业家有什么样的借鉴意义？

郭运敏：历史上的成功人士灿若星河，值得借鉴之处太多，比如说我前些时间写的《财神的启示》里面提到豫商的三个"代表"："商圣"范蠡、"商祖"白圭、"财神"康百万。他们都是"大智慧成就大富贵"。这三位都是我们河南老乡，他们是河南人的骄傲，也不愧是豫商的杰出代表。

这些人有几个特点值得借鉴：第一，志存高远，敢于干大事，创大业。第二，不畏苦难、百折不挠的创业精神。第三，以民为本，关注民生，胸怀天下。第四，依靠智慧，成就大业。第五，生财有道，以义取利。第六，敢于担当，勇于负责。担当生前事，何计后人评。

（原载《豫商》2012 年第 9 期）

不似春光，胜春光

董海燕

　　他的案头上，整整齐齐摆放着一摞《时代报告》。显而易见，见我之前，他做足了功课，在这本刊物的《看点》栏目，有我写过的习近平总书记的系列情结——焦裕禄情结、新媒体情结、长征情结、强军情结……2017 年最新的系列情结文章是《习近平的强军情结》。

　　我们的话题从习近平总书记的人生情结开始。他 72 岁，我 32 岁。在我眼里，他面貌俊朗，谈吐优雅，浑身上下充满年轻人的蓬勃朝气。虽然相差 40 岁，但我们之间并没有代沟之感，并且因着对总书记共同的崇敬与爱戴，有了更多共同话题，访谈也因此顺利进入佳境。

　　他是郭运敏，前不久荣获河南省委老干部局评选的"时代老人"称号。退休之前，他曾担任河南省中小企业服务局（省乡镇企业管理局）党组成员、巡视员。将他人生的时针继续往前回拨，村、镇、县、市、省五个级别，郭运敏一级不落地都曾干过。正如他在诗中所说，"激情满怀似火焰，酸辣苦甜几十年"，人生路，他走得扎实而稳当。

　　"郭运敏荣获'时代老人'称号"这则消息在微信公众平台"胜春光郭运敏"中发出，署名"紫玫"。"胜春光郭运敏"是郭运敏于 2015 年 5 月创办的个人微信公众号，宗旨是"弘扬真善美，传播正能量"，他将自采自写的报道署名"紫玫"——"自媒（体）"的谐音。

　　2015 年 5 月，恰巧是郭运敏退休的第十个年头。面对滚滚而来的互联网大潮，这位古稀之年的老人，又做了一次"弄潮儿"。

刚开始，郭运敏玩儿不转微信，文字的排版、图片的制作对他来说都是难事儿，但对新媒体的浓厚兴趣和对传播正能量的强烈愿望，让他不肯罢手。他还是当年那股劲儿，不会就学。到了急不可耐的时候，他请来年轻的朋友当"老师"，专门培训了自己几次。慢慢上手之后，竟一发而不可收。如今，这个微信平台已刊发 89 期，发表他的原创作品 22 万多字，有 5 万多人阅读，2000 多次点赞。

"胜春光郭运敏"微信公众号像一个小小的万花筒，有他参加的社会活动，有他主持过的会议，有他旅行的足迹，有他写下的文章和诗篇，有各种各样的精美图片，有他的所见所闻、所思所悟，有他达观向上的人生态度，有他永不停息的探索追求……可以说，小小的平台，浓缩着"时代老人"郭运敏内心的大千世界！

人们习惯于将老年人比作夕阳，喜欢用"夕阳红"比喻他们的晚年。而郭运敏不，他要"胜春光"，比无限春光更出彩。实际上，退休之后还能为党的事业做些什么，一直是郭运敏脑海中的一个大问题。

郭运敏说，每天打开电脑的第一件事，就是浏览各大门户网站的时政新闻。在他的电脑里，有专门的文件夹，用来存放习近平总书记在各个场合发表的重要讲话及论述，总书记关于老干部工作的重要指示让他更加明确了自己的方向，他决心要充分运用好自身具备的"政治优势、经验优势、威望优势"去"讲好中国故事，弘扬中国精神，传播好中国声音"，不遗余力地为党的事业增添正能量。

郭运敏的人生，与民营企业、中小企业打交道最多，即便是退休之后，他仍然割舍不下这份深厚的感情。在"胜春光郭运敏"微信公众号里，有他写下的大量引导民营企业家诚实守信和增强社会责任感的文章，如《金山有路诚为径》《对民营企业创新发展的建议》《企业家成功的八大智慧》《凡是能人三分傻》《企业家如何打造个人品牌》等。这些文章在民营企业家队伍中产生了十分广泛的影响，文中既有典型的精准事例，又有活灵活现的俚语俗语，还有如果不是与这些企业有过"同呼吸、共命运"的特殊经历就绝不会有的真切感受……一字一句，饱含着一位老者的心血和智慧。

2014 年的夏季达沃斯论坛上，国务院总理李克强在公开场合发出"大众创业，万众创新"的号召。次年，李克强总理在政府工作报告中又提出：推动大众创业、万众创新，"既可以扩大就业、增加居民收入，又有利于促进社会纵向流动和公平正义"。此后，全国范围内掀起大规模的"双创"热潮。

对于"大众创业，万众创新"，郭运敏更是拿出满腔的热情为之鼓与呼。他在全省中小企业创新大赛上作了题为《为创业创新鼓与呼》的演讲。在兰考县大讲堂上，他慷慨激昂地呼吁"弘扬焦裕禄精神，让创业创新之花开遍兰考大地"，在这次演讲中，老人几乎是含泪回顾了自己曾在焦裕禄逝世两年后到兰考大地上看到的景象。"整个兰考就像一个大工地，到处是飘扬的红旗和挥动铁锹的人群，"他说，"兰考人民艰苦奋斗的精神，对我来说是感同身受，刻骨铭心的。"2017 年的 3 月，郭运敏走进河南省职业技术学院创业大讲堂，他凝结自己毕生的经验和智慧，送给那些即将迎接未来挑战的莘莘学子"五大法宝"——望远镜、显微镜、发动机、七星剑、金钥匙，希望他们能够从宏观、微观、自身动力、克难攻坚、坚持创新五个方面有所受益。

除了发挥余热，为民企献计献策，作为一名退休老干部，郭运敏还时刻不忘在企业内部加强党的政治建设。在建党 94 周年之际，郭运敏赋诗《七一感怀》："人无信仰如饭囊，年老未敢忘忧党。万众共圆小康梦，国强民富胜汉唐。"他以此抒发自己忧党、忧国、忧民之心。建党 95 周年，在圆方集团非公企业党建研讨会和新乡市非公企业党建暨"两学一做"专题研讨会上，郭运敏以"加强民企党建要处理好五个关系"为题作了发言，受到省市组织部门的充分肯定和基层党组织的赞同。建党 96 周年，郭运敏参加了大桥石化集团组织的书画家作品展开幕式，他满怀深情地写下了《浓墨重彩颂盛世　豪情满怀庆七一》，文中写道："大桥石化作为一家民营企业，多年来，坚持按照'围绕经营抓党建，抓好党建促经营'的工作思路……取得了快速发展，他们始终不忘党恩，这次举办的书画展，就是他们对祖国、对时代、对家乡挚爱之情的表达……"党的十九大过后的第一个重阳节，郭运敏参加了豫清协举行的"重阳节十九大精神分享会"。会上，党的十九大代表，豫清协党委书记、会长薛荣与长期以来关心支持协会发展的老领导、老朋友、老专家分享了自己参加党的十九大的感受，郭运敏以"薛书记畅谈十九大　豫清协敬老话重阳"为题在自己的公众号上做了及时报道。

大桥石化集团是郭运敏密切关注的民企，在郭运敏看来，除了董事长张贵林的个人奋斗史可歌可泣，张贵林夫妇的甘苦与共更加值得抒写赞歌。在为《守望大桥》写下的推介文章中，郭运敏特别提到了张贵林夫妇的爱情。这对曾经荣获豫商她世界最佳创业伴侣奖的夫妇，被郭运敏称为无数"夫妻档"创业者的榜样。秉持"传承优秀传统文化，促进社会和谐稳定"的信念，郭运敏倡议"豫商她世界"开展评选"最佳创业伴侣"活动，目前该活动已评出 29 对夫妇。"每年表彰时，都是我为他们开奖颁奖，"郭运敏说，"作为这项活动的倡导者和参与者，这个时候我感到特别开心和自豪。"

郭运敏喜欢写诗，也爱诗，他用"老牛自知夕阳短，不用扬鞭自奋蹄"的自觉性和紧迫感、"落红不是无情物，化作春泥更护花"的爱心和热情、"春蚕到死丝方尽，蜡炬成灰泪始干"的无私奉献精神来比喻老干部传播正能量要具有的三重境界。

郭运敏的万花筒中，蕴含着大千世界的真善美。他用充满深情和童真的诗句点赞各类花朵、奇石和风景，他骑在自行车上构思《老牛歌》《上网乐》，园中信步、参观旅游，甚至病中所感……都留下他的奇思妙想。他将美好的风景融入人生，构筑起如诗如画的老年生活。正如他到桐柏黄岗观赏红叶时写下的《风景与人生》："观景如同看人生，世间难料谁输赢。风流杨柳叶落尽，怎胜枫栌老来红。"

2017 年 8 月 8 日，72 岁的郭运敏登上海拔 2200 米的关山峰顶，他看到的是这样一番景象："望群峰壁立，如将军列阵，观山道蜿蜒，似玉带环绕。"青山绿水、蓝天白云间，顿感心旷神怡的老人写下了一首《登关山有感》：欲登高山需回旋，人到峰巅心更宽。认定目标莫怕远，向上一步一层天。

诗中，充满了"时代老人"郭运敏登高望远、一览众山小的美好情怀。

（原载《时代报告》2017 年第 11 期）

后记

时光流转，岁月荏苒。从 1978 年到 2022 年，改革开放已经走过 44 年。回望改革开放历程，我国经济发展能够创造"中国奇迹"，民营经济功不可没，特别是民营经济在稳定增长、促进创新、增加就业、改善民生等方面发挥了重要作用，成为推动经济社会发展的重要力量。

幸运的是，笔者是改革开放的亲历者、见证者，也是我国民营经济发展的见证者、参与者。笔者在 40 多年中，与民营企业发展同呼吸、共命运，与民营企业家心连心、情连情，可谓同甘共苦、休戚相关。民营企业在笔者的人生历程中留下永不磨灭的印记。

为了回顾笔者参与民营经济发展的历程，记录笔者与民营企业家之间的情感和友谊，留存笔者为民营经济、民营企业发展"代言"的只言片语，经过半年多的整理和修改，终于完成《商行大道——我与民营经济 40 年》这部书稿。

本书共分为六个部分。第一部分"与民企情缘"，反映民营企业在改革开放中的发展历程和笔者的经历与感悟。第二部分"商为人之道"，既有我国历史上巨商大贾兴衰起伏的经验教训，也有民营企业家如何打造个人品牌的精言妙道和职业经理人的共赢之道，对民营企业家有很强的针对性和实用性。第三部分"民营企业之光"，是笔者长期调研、观察受到党和政府表彰的民营企业家代表与先进地区和单位的典型经验。第四部分

"与民营企业家谈心"，是笔者在民营企业家举行的各种活动和讲堂上发表的演讲。其中既讲了民营企业家如何创业创新，也讲了事业如何成功、家庭如何幸福美满，是笔者和民营企业家的心灵碰撞，情感交流，也是对民营企业家的关爱和期望。第五部分"为民营经济建言"，是笔者关于民营企业地位、作用及发展过程中存在问题与对策的文章、访谈和演讲。这些文章没有不切实际的空泛议论，全是发自内心的真情实感。第六部分"附录"，选了 3 篇省级以上报刊不同时期关于笔者的报道文章，旨在加强读者对书中有关内容和背景的理解。需要说明的是，书中所选文章大部分是笔者在省级以上报刊发表过的，由于年代久远，只在文末标注写作时间，没有注明发表日期及出处，敬请读者谅解。

本书有三个特点，一是史实性。笔者以自己 40 多年来亲力亲为为依据，真实记述了民营企业发展壮大的历史，可以说是一部民营企业的"活化石"。二是实用性。不论是企业家、创业者，还是管理者、研究者，都可以从书中得到有益的启迪和激励。三是可读性。笔者以对民营企业满怀深情的笔触，反映了不同阶段、不同岗位的所作所为、所思所想，富有真情实感，尽可能让人读来亲切感人。但愿本书的出版能够对民营企业的发展有所裨益。

本书定稿过程中，得到了河南省人民检察院原检察长、河南省民营经济维权发展促进会创会会长李学斌先生的指导和支持，得到了中国红色文化研究会理事、报告文学作家王留彦等同志的无私帮助，在此深表谢意。

本书出版过程中，得到了党的十九大代表、圆方集团党委书记兼总裁薛荣；第九届、第十届全国人大代表，郑州市宋砦工贸园区管委会主任宋丰年；河南省政协委员，大桥石化集团党委书记、董事长张贵林；王牌智库（深圳有限公司）董事长上官同君；郑州磴槽集团董事长袁占国；郑州美林通科技股份有限公司董事长张学现；河南林润门业有限公司董事长李海洋；河南省瑞光印务股份有限公司董事长张歌伟等企业家的大力支持，在此表示感谢。

由于笔者才疏学浅，加上年代久远，难免存在遗漏和谬误之处，欢迎各位读者多多批评指正。

作者
2022 年 4 月